BIBLIOTHÈQUE
D'HISTOIRE CONTEMPORAINE

NAPOLÉON Ier

ET

SON HISTORIEN M. THIERS

PAR

JULES BARNI

PARIS

GERMER BAILLIÈRE, LIBRAIRE-ÉDITEUR
17, rue de l'École-de-Médecine,

Londres	New-York
H. Baillière, 219, Regent street.	Baillière brothers, 440, Broadway.

MADRID, C. BAILLY-BAILLIÈRE, PLAZA DE TOPETE, 16.

1869

NAPOLÉON IER

ET

SON HISTORIEN M. THIERS

OUVRAGES DU MÊME AUTEUR :

La Morale dans la démocratie. 1868, 1 vol. in-8 de la *Bibliothèque de philosophie contemporaine.*

Œuvres complètes de Kant, traduites en français, avec des Introductions analytiques et critiques. Paris, 1846-1869. 9 volumes ont déjà paru, comprenant, avec les trois *Critiques*, tout l'ensemble de la morale de Kant.

Considérations destinées à rectifier les jugements du public sur la Révolution française, précédées de la **Revendication de la liberté de penser** auprès des princes de l'Europe qui l'ont opprimée jusqu'ici (1793), par Fichte, avec une Introduction du traducteur. Paris, 1859, Chamerot. 1 vol. in-8.

Les Martyrs de la libre pensée. Genève, 1862, 1 vol. in-18, chez les principaux libraires.

Histoire des idées morales et politiques en France au XVIIIe **siècle.** Paris, 1865-1867, Germer Baillière. 2 vol. in-18 de la *Bibliothèque d'histoire contemporaine.*

Tome Ier (Introduction. — L'abbé de Saint-Pierre. — Montesquieu. — Voltaire).
Tome II (Jean-Jacques Rousseau. — Diderot. — D'Alembert).

POUR PARAITRE PROCHAINEMENT :

KANT. **Prolégomènes à toute métaphysique future,** suivis de divers petits écrits qui se rattachent à la *Critique de la raison pure*, avec une Introduction du traducteur, contenant l'examen de cet ouvrage. 1 vol. in-8.

Histoire des idées morales et politiques en France au XVIIIe **siècle.** — 3e et 4e volumes.

Paris. — Imprimerie de E. MARTINET, rue Mignon, 2.

NAPOLÉON Iᴇʀ

ET

SON HISTORIEN M. THIERS

PAR

JULES BARNI

> « Nous voulons parler librement de Napoléon. Nous ne faisons pas la guerre aux morts ; nous voulons seulement résister à ce que nous regardons comme l'influence perverse des morts. »
>
> (CHANNING.)

PARIS

GERMER BAILLIÈRE, LIBRAIRE-ÉDITEUR

17, rue de l'École-de-Médecine.

Londres	New-York
H. Baillière, 219, Regent street.	Baillière brothers, 440, Broadway.

MADRID, C. BAILLY-BAILLIÈRE; PLAZA DE TOPETE, 16.

1869

Tous droits réservés.

A LA MÉMOIRE

DU COLONEL CHARRAS

MORT SUR LA TERRE D'EXIL

le 23 janvier 1865.

AVANT-PROPOS

Dans quelques jours va se célébrer le centième anniversaire de la naissance de Napoléon Ier. Ce centenaire ne manquera sans doute pas de soulever un nouveau flot de panégyriques et d'apothéoses ; les sectateurs de l'idolâtrie napoléonienne ne peuvent laisser échapper cette occasion de redorer une légende dont l'éclat commence à se ternir, mais qui n'a pas encore perdu tout son prestige.

Le moment a paru bon à un docteur allemand (M. Ellissen, conservateur adjoint à la bibliothèque de Gœttingue) pour publier une traduction de mon livre, *Napoléon Ier et son historien M. Thiers.* Il a pensé que la traduction de ce livre ne serait pas inutile en Allemagne, où, malgré les travaux d'historiens tels que MM. Schlosser,

Scherr, etc., et, ce qui est plus étonnant, en dépit de tant de funestes expériences, l'idolâtrie qu'il est destiné à combattre conserve encore un si grand nombre de partisans.

S'il est opportun aujourd'hui que ce travail sur Napoléon paraisse en Allemagne, à combien plus forte raison ne doit-il pas être utile de le répandre en France même ! A la vérité, il y a été jusqu'ici interdit; mais c'est que, publié à Genève, il tombait dès lors sous la coupe de l'arbitraire administratif, qui exerce, comme on sait, un droit de censure préalable et d'interdiction sans appel sur tous les livres publiés à l'étranger; publié en France il rentre sous la loi commune, dont une étude historique et morale telle que celle-ci ne peut rien avoir à redouter. Voilà ce qu'a pensé comme moi mon éditeur français, M. Germer Baillière. Et voilà comment mes compatriotes vont pouvoir lire librement un livre qui est resté jusqu'ici pour eux un fruit défendu. S'il perd ainsi quelque chose de sa saveur, en revanche la date du 15 août 1869 lui donnera une nouvelle opportunité.

En offrant à mes compatriotes une nouvelle édition de ce livre, j'ai cru devoir lui conserver sa forme primitive, c'est-à-dire celle de la reproduction d'un cours public, professé à Genève. Le temps m'aurait manqué pour lui en donner une autre, et je ne sais si le livre n'y aurait pas perdu. Il gardera ainsi au moins le caractère populaire des leçons qu'il reproduit. Tel est d'ailleurs l'esprit de ces leçons que, bien qu'elles aient été faites à Genève, je n'ai pas à craindre, en les publiant aujourd'hui en France, de les y voir traiter d'étrangères.

Depuis l'édition que j'en ai donnée en 1865, bien des publications importantes sont venues jeter un nouveau jour sur les actes de Napoléon. J'aurais pu en profiter, non pour modifier mes jugements, qu'elles n'ont fait que confirmer, mais pour développer mon thème ; je ne l'ai pas fait, afin de présenter à mes nouveaux lecteurs, comme aux anciens, l'exacte reproduction de mes leçons. J'y ai seulement ajouté quelques notes qui les renvoient aux plus importantes de ces publications, ou mettent sous leurs yeux de curieux extraits. La lumière se fait de jour en jour, et chaque jour elle dévoile davantage la grande erreur que je m'étais proposé de réfuter. La cause est désormais jugée.

Genève, 10 août 1869.

JULES BARNI.

PRÉFACE

DE LA PREMIÈRE ÉDITION.

Ce livre est la reproduction d'un cours public professé en 1863, dans la salle du Grand Conseil de Genève. J'aurais voulu le faire paraître beaucoup plus tôt ; mais le soin que j'ai mis à rédiger mes leçons, pour les rendre plus dignes du public, et diverses circonstances indépendantes de ma volonté m'en ont empêché. Il n'a d'ailleurs, malheureusement, rien perdu de son à-propos : le monstre que j'ai voulu combattre, je veux dire la légende napoléonienne, est toujours là devant nous, toujours dévorant la vérité et la moralité historiques (sans parler du reste) ; et la prétendue philosophie de l'histoire, qui consacre cette légende en érigeant les Césars en grands hommes providentiels et des malfaiteurs en sauveurs des peuples, cette détestable philosophie de l'histoire est à l'heure qu'il est plus triomphante que jamais. Il est donc plus que jamais opportun de rétablir la vérité et la moralité dans l'histoire de Napoléon, comme je me suis efforcé de le faire dans les leçons que je publie aujourd'hui.

Si j'ai pris particulièrement pour objet de ma critique l'*Histoire du Consulat et de l'Empire*, par M. Thiers, c'est que cet ouvrage m'a paru être le monument le plus considérable et le plus dangereux de la grande erreur que je poursuivais. Le renversement de cette erreur est le véritable but que je me suis proposé; l'examen du livre de M. Thiers, je prie qu'on ne l'oublie pas, n'a été pour moi qu'un moyen. Je n'ai attaqué l'historien que pour atteindre le héros; les coups que j'ai portés à son œuvre n'ont tendu qu'à démolir l'idole à laquelle elle sert de piédestal.

Je n'ai pas la prétention d'avoir traité toutes les questions historiques que soulève la vie de Napoléon. L'histoire ne nous offre guère de sujet d'étude plus extraordinaire. Où trouver en effet une destinée plus prodigieuse que celle de cet homme qui, de simple officier d'artillerie, se fit le maître absolu de la France; remplit l'Europe de la terreur de ses armes; releva le trône qu'avaient balayé les orages de la Révolution pour s'y asseoir sous le nom d'Empereur; distribua à ses frères ou à ses compagnons d'armes, comme à des vassaux, les dépouilles des pays conquis; tenta de réaliser, au XIXe siècle, le rêve d'une monarchie universelle; succomba sous les coups de toutes les puissances européennes coalisées contre lui; se vit contraint d'abdiquer et réduit à régner sur l'île d'Elbe, lui naguère le maître de la France et de l'Europe; s'en échappa bientôt pour reparaître un instant aux Tuileries; et, vaincu de nouveau, s'en alla mourir prisonnier sur un rocher de l'Océan Atlantique, laissant un nom aussi fameux que ceux d'Alexandre et de César, un de ces noms qui, comme il le disait du sien même à Sainte-Hélène, remplissent toutes les bouches et sont dans toutes les imaginations? Pour expliquer complétement cette singulière fortune, il y aurait bien plus à dire que je n'ai dit; j'ai voulu seulement réfuter, au nom de la vérité et de la morale, la légende à laquelle elle a donné lieu, et les dangereuses erreurs accréditées par un des historiens les plus illustres de notre temps. Montrer, contre cette légende et contre cet historien, que Napoléon, loin d'avoir été le continuateur de la Révolution, a été, suivant l'heureuse expression de Mme de Staël, *le premier des contre-révolutionnaires ;* que le 18 brumaire, loin d'avoir été un acte de salut, a été un malheur pour la France et, en tous cas, un crime ; qu'il n'y a pas lieu de distinguer entre le Consulat et l'Empire, mais que le premier n'a pas été moins mauvais et moins coupable que le second ; que la prétendue conversion libérale de Napoléon, à son retour de l'île d'Elbe, n'est qu'une nouvelle fable ajoutée à tant d'autres ; qu'enfin son exil à Sainte-Hélène a été la trop juste expiation, aussi mal supportée d'ailleurs que bien méritée, de ce long attentat qui avait commencé au 18 brumaire ; voilà tout ce que je me suis proposé de faire, et ce que j'espère avoir fait. Je sais bien que le succès du 18 brumaire suppose lui-même des causes antérieures à Bonaparte, qui expliquent pourquoi ce coup d'État a été si facilement accepté et pourquoi la Révolution est venue échouer en quelque sorte au port sur l'écueil du césarisme ; mais, si ces causes servent à expliquer le triomphe du nouveau César, elles ne le justifient pas ; et le coup d'État de Brumaire n'en reste pas moins, aux yeux de la morale, un crime public, et, aux yeux de l'histoire, un événement funeste. Pour le juger ainsi, il suffit, d'une part, de soumettre les actes qui ont signalé les journées du 18 et du 19 brumaire au tribunal de la conscience; et, d'autre part, de dérouler les accablantes annales du Consulat, issu de Brumaire, et celles de l'Empire, issu du Consulat.

Ces conclusions ne font pas sans doute le compte de cette philosophie de l'histoire dont je parlais tout à l'heure. Aussi les adeptes de ce beau système ne manqueront-ils pas de m'accuser de n'avoir montré que le petit côté des choses et de n'avoir pas su m'élever aux grandes vues, à ces hauteurs d'où Napoléon apparaît, suivant l'expression de son successeur, le nouvel historien de César, comme un de ces *phares lumineux qui dissipent les ténèbres de leur époque et éclairent l'avenir;* mais je les renvoie eux-mêmes aux faits qu'ils dénaturent, et à la conscience qu'ils outragent. Ce sont là des témoignages irrécusables et devant lesquels tombent leurs ambitieuses théories. Tant pis pour eux s'ils ne sont pas capables de les entendre !

La pensée qui m'a fait dédier ce volume à la mémoire du colonel Charras n'a pas besoin de commentaire, et je n'ajouterais rien à ma dédicace, si je n'avais une dette particulière à acquitter au sujet de ce travail même. Charras en avait accueilli l'idée avec la plus vive sympathie, il m'avait prodigué ses encouragements, il m'avait généreusement aidé de son savoir et de ses livres; ma reconnaissance ne s'est pas éteinte avec lui. J'en dépose le témoignage sur la tombe où il est si prématurément descendu.

Genève, 4 mai 1865.

JULES BARNI.

NAPOLÉON Ier

ET

SON HISTORIEN M. THIERS

PREMIÈRE LEÇON

OBJET, BUT ET PLAN DU COURS. — LA THÉORIE HISTORIQUE
DE M. THIERS.

Un homme d'esprit a publié, il y a quelques années, un petit livre intitulé : *Comme quoi Napoléon n'a jamais existé.* Ce paradoxe, qui n'était dans la pensée de l'auteur qu'une piquante critique du système de Dupuis sur l'origine de tous les cultes, est presque une vérité. Le Napoléon que nous représentent, je ne dis pas seulement l'imagination populaire et les chants des poëtes, mais les histoires les plus accréditées, ce Napoléon-là n'a jamais existé. L'histoire de Napoléon est celle d'hier, et cette histoire ne s'offre guère à nous que comme une légende. L'éclat d'une fortune prodigieuse ; le prestige d'une puissance militaire, si grand parmi les hommes, même chez ceux qui se piquent d'être le plus civilisés, mais qui sont encore si barbares ; de fausses idées habilement calculées et soigneusement répandues pour faire illusion au peuple français et même aux autres peuples ; le mensonge des documents officiels parlant seuls au milieu du silence général ; enfin l'union adultère, mais trop facilement acceptée, qui se fit sous la Restauration entre le bonapartisme et le libéralisme ; toutes ces causes ont concouru à former et à entretenir cette légende napoléonienne, qui s'est si bien substituée à l'histoire, qu'une savante et profonde critique est aujourd'hui nécessaire pour rétablir celle-ci dans toute sa vérité, comme s'il s'agissait du douteux Romulus et du fabuleux Hercule. Si donc, comme le dit M. Thiers dans la préface du tome XII de son *Histoire du Consulat et de l'Empire,* l'histoire est une occupation qui convienne tout spécialement à notre époque, le XIXe siècle ne saurait guère se proposer de sujet plus propre à exercer sa critique historique que l'étude, je dirais volontiers la recherche du vrai Napoléon.

Mais l'admiration irréfléchie que cet homme a su exciter de son vivant, et qui s'attache encore aujourd'hui à son nom, n'a pas seulement dénaturé la vérité de l'histoire ; elle a, ce qui est beaucoup plus grave encore, faussé la conscience de ceux dont elle s'est emparée. Il semble qu'au regard de ses admirateurs, Napoléon soit au-dessus de la morale qui oblige tous les hommes ; il est pour eux comme une idole qu'ils tiennent quitte de tous les devoirs et à laquelle ils immolent les droits les plus sacrés. De là une manière de le juger qui, en s'introduisant dans l'histoire, en corrompt la moralité et contribue à pervertir l'esprit public. Ce n'est donc pas seulement ici la vérité historique, mais la vérité morale qu'il s'agit de restaurer. Il faut, sans se laisser éblouir par l'éclat du génie, et à plus forte raison par une vaine gloire, juger Napoléon selon les imprescriptibles lois de la conscience et de la morale publique, dont il est justiciable, je ne dirai pas autant qu'un autre, mais plus que tout autre, et rétablir dans son histoire la moralité qu'on en a bannie.

Voilà ce que j'entreprends dans ce cours. Je n'ai pas la prétention de refaire en quelques leçons l'histoire de Napoléon; mais je voudrais, en examinant, du point de vue de la morale, les principaux actes de sa carrière, restituer à cette figure son vrai caractère, si singulièrement déguisé par ses admirateurs, à commencer par Napoléon lui-même et à finir par M. Thiers.

C'est précisément l'*Histoire du Consulat et de l'Empire* qui m'a suggéré l'idée de cette étude morale sur Napoléon, et c'est elle qui m'en fournira en quelque sorte la matière. Je vais vous dire pourquoi et comment.

Voici un livre qui est le fruit d'un immense travail, et qui a été écrit par l'un des hommes d'État les plus illustres et des orateurs les plus éminents qu'ait produits en France le gouvernement parlementaire. Ce livre, qui n'a pas moins de vingt volumes, a obtenu un succès inouï en ce temps d'indifférence pour les travaux de l'esprit; il a été prôné par toutes les trompettes de la renommée; il a été lu par tous ceux qui lisent encore; et lorsque récemment l'Académie française a été appelée à désigner pour un prix extraordinaire l'ouvrage qui, dans ces dernières années, avait le plus honoré l'esprit humain, elle n'a pas cru pouvoir faire un autre choix, bien que l'auteur fût un de ses membres, et, à ce titre, dût, ce semble, être exclu du concours. Qui ne serait tenté de croire, d'après tout cela, que ce livre nous offre le vrai mot de l'histoire et de la morale publique sur Napoléon et son époque? Il n'en est rien pourtant. La vérité historique est loin de s'y montrer dans tout son jour, et cette haute moralité, qui doit être la règle constante de l'historien, y fait trop souvent défaut. Ce qui domine en effet dans cet ouvrage, c'est, malgré de tardives et insuffisantes restrictions, l'apothéose d'un homme que le vulgaire peut nommer un grand homme, mais que la morale appelle tout simplement un homme pervers; c'est l'apologie du despotisme; c'est le culte de la puissance militaire et de la conquête; c'est la religion du succès et de la force.

Comment donc a-t-on pu s'aviser de rapprocher le nom de M. Thiers de celui de Tacite? M. Sainte-

Beuve raconte, dans une de ses *Causeries du lundi* (1), qu'un jour, dans une visite que M. Thiers faisait à Royer-Collard, celui-ci lui montra sur sa table un volume de l'*Histoire du Consulat et de l'Empire* entre un volume de Platon et un volume de Tacite, en lui disant : « Vous voyez que vous n'êtes pas en mauvaise compagnie » ; et que M. Thiers ayant répondu que c'était là pour lui un bien redoutable voisinage, Royer-Collard lui répliqua : « N'ayez pas peur, vous vous défendez contre tout le monde. » M. Sainte-Beuve trouve le mot aussi juste que charmant. Je trouve au contraire (j'en demande pardon à la mémoire de Royer-Collard, s'il est vrai qu'il ait dit ce mot) que rien n'est plus faux : M. Thiers se défendrait fort mal contre Tacite; et, quoiqu'il nomme lui-même ce grand historien parmi ceux qu'il admire le plus, j'atteste que l'auteur des *Annales* gémirait profondément s'il lisait ce long plaidoyer en faveur du succès et de la force contre le droit et la justice.

Il ne s'agit pas ici de nier le mérite littéraire de M. Thiers : son rare talent d'exposition, la clarté et le mouvement de ses récits, la facilité et la vie de son style ; ce mérite est assurément considérable, et il a sans doute contribué pour une bonne part au succès de l'ouvrage. Mais, quelque grand qu'il soit, il ne saurait faire oublier, ou à plus forte raison excuser, le vice moral de cette histoire. Plus il est grand, au

---

(1) 8 septembre 1862.

contraire, et plus grand est le succès, plus aussi il importe de mettre ce vice en lumière.

Celui-ci, d'ailleurs, il faut bien le reconnaître, n'a pas été lui-même étranger au succès du livre. En exaltant Napoléon au delà de toute mesure, l'ouvrage de M. Thiers sert un culte, hélas! trop répandu. En courtisant la gloire militaire, en se complaisant dans le récit des batailles au point d'y sacrifier presque tout le reste de l'histoire, comme si les hommes n'avaient eu alors d'autre occupation que de tuer ou de se faire tuer, et comme si toute pensée, toute vie s'était à cette époque retirée dans les camps; en célébrant les victoires et les conquêtes au point d'y perdre tout sentiment de justice et d'humanité, comme si ce genre de gloire suffisait pour couvrir les blessures faites à l'humanité et à la justice, il flatte l'un des goûts les plus prononcés, disons mieux, l'un des plus funestes travers du pays auquel il s'adresse. En glorifiant enfin le succès, il convient à tous ceux (Dieu sait si le nombre en est grand) qui ne connaissent en effet dans ce monde d'autre but et d'autre principe que le succès, qui font bon marché des moyens pourvu qu'on réussisse, et qui ne songent à blâmer les grands coupables que quand la fortune les abandonne. On voit par là à quelle masse de lecteurs il doit plaire, non-seulement en France, mais hors de France. Ajoutez que, grâce aux réserves par lesquelles l'auteur a cru devoir tempérer son enthousiasme pour Napoléon et le régime napoléonien, et grâce à l'équivoque qui résulte de ce mélange, son livre a pu, tout en satisfaisant les plus fanatiques admirateurs du grand homme et de son despotisme, faire illusion à beaucoup d'esprits qui se croient libéraux, mais dont le libéralisme est aisé à contenter. Ainsi ce livre n'a pas moins réussi par ses défauts que par ses qualités. Une bonne partie de mes concitoyens et de nos contemporains y ont retrouvé leur image. Je ne dirai pas avec M. de Lamartine que c'est le livre du siècle (1); je ne dirai même pas que c'est le livre de la France, et j'aime à croire que la postérité ne la jugera pas exclusivement d'après le succès qu'elle a fait à ce livre; mais, n'en déplaise à l'Académie française, ce succès n'a déjà été que trop grand pour l'honneur de l'esprit humain. La critique ne saurait donc protester trop haut contre une telle faveur et dénoncer avec trop de soin les erreurs ou les lacunes que la morale et l'histoire ont à regretter dans cet ouvrage tant lu, tant vanté, tant célébré de toutes manières, à la ville et à la cour, comme on aurait dit autrefois.

Voilà pourquoi il m'a paru que je ferais une chose bonne en le soumettant à un examen sévère, et en réunissant dans une même *étude morale* Napoléon et son historien, M. Thiers. En relevant dans celui-ci cette sorte d'infidélité historique qui résulte du *faux moral*, je replacerai sous son vrai jour la figure

---

(1) *Examen critique de l'Histoire du Consulat et de l'Empire.* (XLIVe *Entretien du Cours familier de littérature*, p. 112).

de celui-là. Je travaillerai ainsi, dans la mesure de mes forces, à détruire cette funeste idolâtrie dont le livre de M. Thiers est aujourd'hui le monument le plus considérable, et qui, en même temps qu'elle fausse l'histoire, sape les bases de la moralité publique.

Étudier ainsi, au point de vue de la morale, Napoléon et le monument que lui a élevé M. Thiers, tel est l'objet de ce cours; redresser l'histoire de ce nouveau César en y rétablissant la moralité proscrite, tel en est le but.

Est-ce là de ma part une entreprise téméraire? Je ne suis pas, grâce à Dieu, le premier qui ait tenté de venger la morale publique des injures de l'idolâtrie napoléonienne. Quelques ravages que cette idolâtrie ait faits dans les âmes, elle n'a pas tellement étouffé dans le monde la moralité politique, que celle-ci n'ait pu faire entendre d'éloquentes protestations par les voix les plus autorisées. C'est, en Amérique, Channing jugeant *la vie et le caractère de Napoléon Bonaparte* du haut de son christianisme si profondément moral et si vraiment humain (1); et c'est sur le même libre sol, Emerson étudiant dans Napoléon *l'homme du monde*, c'est-à-dire l'homme selon le

---

(1) *Remarques sur la vie et le caractère de Napoléon Bonaparte*, traduites par F. Van Meenen (Bruxelles, 1857). — Cette étude a été écrite, en 1827-28, à l'occasion de la *Vie de Napoléon*, par Walter Scott. Channing ne consacre à l'ouvrage de Walter Scott que les premières lignes de son travail. Il reproche à l'auteur de n'y avoir pas apporté toute la maturité nécessaire, et de s'être laissé entraîner, soit

cœur de ces gens du siècle qui subordonnent tout à leurs convoitises (classe d'hommes que l'humoristique écrivain appelle fort improprement le *parti démocratique,* mais qui occupe, il faut le reconnaître, une trop large place dans la démocratie moderne), et dénonçant l'immense égoïsme, le défaut de principe moral qui faisait le fond du caractère de ce personnage tant admiré (1). C'est, en Allemagne, le philosophe Fichte esquissant devant la jeunesse de Berlin un portrait de Napoléon qui n'est pas seulement une leçon de patriotisme indigné, mais de véritable histoire et de morale éternelle (2). C'est, en France, Mme de Staël développant, dans ses *Dix années d'exil* et dans ses *Considérations sur la Révolution française,* des jugements passionnés sans doute, mais justement sévères et qu'on ne saurait trop méditer (3).

par la crainte de paraître injuste à l'égard de l'ennemi de son pays, soit par une admiration excessive pour les qualités brillantes de Napoléon, à pallier les crimes de ce personnage et à communiquer au lecteur des impressions plus favorables que ne l'exige la vérité. Le fait est que l'ouvrage de Walter Scott, qu'on accuse en France de n'être qu'un pamphlet contre Napoléon, lui est encore beaucoup trop favorable.

(1) M. Van Meenen a eu l'heureuse idée de joindre la traduction de cette étude d'Emerson à celle du travail de Channing. Elle a été de nouveau traduite, récemment, avec l'ouvrage même dont elle fait partie (*Les représentants de l'humanité,* par Emerson, trad. par P. de Boulogne). — Le travail d'Emerson ne me paraît pas aussi complétement satisfaisant que celui de Channing ; mais il y règne un sentiment moral très-élevé qui en corrige les défauts et en inspire la conclusion.

(2) Voy. la traduction de ce portrait à la fin de mon livre *Les Martyrs de la libre pensée* (Genève, 1862).

(3) Voy. dans les *Considérations sur les principaux événements de la Révolution française* les derniers chapitres de la IIIe partie, la IVe partie tout entière, et les chap. XIII, XIV et XV de la Ve partie.

1.

C'est, en France encore, ou du moins parmi les écrivains français (car tous, hélas! ne vivent pas en France), Charras refaisant l'histoire de la campagne de 1815 pour restituer aux faits leur vérité, et montrant dans Waterloo non plus le martyre, mais le trop juste châtiment d'un grand coupable (1); Edgar Quinet reprenant l'histoire de cette même campagne pour y rétablir à son tour la vérité et la moralité étouffées par la légende (2); Duvergier de Hauranne décrivant avec la plus exacte précision, dans son *Histoire du gouvernement parlementaire*, le despotisme inauguré par le 18 brumaire, cette « date néfaste », comme il l'appelle (3); Lamartine peignant Napoléon, dans son *Histoire de la Restauration*, sous des couleurs aussi justes que brillantes, et, dans son *Cours familier de littérature*, soumettant l'*Histoire du Consulat et de l'Empire* de M. Thiers à un examen critique qui en dévoile supérieurement les défauts; Eugène Pelletan (4), Lanfrey (5), Scherer (6) et Chauffour-Kestner (7) pesant dans les

(1) *Histoire de la campagne de 1815, augmentée de notes en réponse aux assertions de M. Thiers.*
(2) *Histoire de la campagne de 1815.*
(3) T. Ier, p. 441.
(4) *Revue de Paris* (8 avril 1856).
(5) *Revue nationale* (10 juin 1861). L'étude que je rappelais ici a servi de prélude à cette belle *Histoire de Napoléon Ier* que M. Lanfrey publie en ce moment. (Note de la nouvelle édition.)
(6) *Études critiques sur la littérature contemporaine.*
(7) *M. Thiers, historien : Notes sur l'histoire du Consulat et de l'Empire.*
Lorsque j'ai composé mon travail, l'ouvrage de M. d'Haussonville (*l'Église romaine et le premier Empire*) n'avait pas encore paru. Je

balances de la critique historique et de la morale publique ce même historien et son héros. Voilà des exemples (et j'en pourrais ajouter beaucoup d'autres) bien propres à m'encourager et à me soutenir; voilà les autorités sur lesquelles je m'appuie et dont la forte parole viendra au besoin confirmer mes propres jugements.

Je compte aussi, Messieurs, m'appuyer sur vos sympathies, qui, j'en suis sûr, sont acquises d'avance aux idées que je défends ici. L'entreprise à laquelle je consacre ce cours doit être plus facile à Genève que partout ailleurs. Genève a subi elle-même le joug du despotisme de Napoléon; elle a pu apprécier d'autant mieux ce régime qu'elle avait la tradition de la liberté républicaine, et elle en a conservé un souvenir qui me rendra ma tâche plus aisée. Ce n'est pas ici, je me plais à le reconnaître, que l'idolâtrie napoléonienne peut trouver des adeptes.

Toutefois est-il bien sûr qu'ici même, et à plus forte raison dans les autres parties de la Suisse, il ne reste plus aucun préjugé au sujet du caractère de Napoléon, et que ce caractère y soit toujours envisagé comme il doit l'être. Channing déplore l'admiration que Napoléon inspire même dans les pays libres;

---

le signale à mes lecteurs comme l'une des meilleures sources d'informations que présente la littérature historique de notre temps. Enfin, je leur recommande la *Correspondance de Napoléon I*^{er}. Bien qu'incomplétement publiée, cette *Correspondance* est un témoin à charge accablant et, nul ne peut le contester, irrécusable contre la mémoire de son auteur. (Note de la nouvelle édition.)

et, pour ma part, je me rappelle avoir souvent trouvé, à mon grand étonnement, et je puis dire à mon grand chagrin, dans les auberges ou chalets de la Suisse, une image qui devrait faire horreur à tout homme libre, l'image de l'empereur Napoléon, placée, par exemple, en regard de celle du général Dufour. N'est-ce pas que, comme le dit Channing, « le plus grand attentat contre la société, celui de la spolier de ses droits et de la charger de chaînes, n'excite pas pourtant cette profonde exécration qui lui est due, et qui, si elle était réellement ressentie, imprimerait à l'usurpateur une flétrissure indélébile? » N'est-ce pas que, comme le remarque encore ce noble esprit, « le vrai sentiment moral à l'égard des crimes des hommes publics est encore à créer »? S'il en est ainsi, quel terrain, Messieurs, est plus propre que le vôtre à faire germer ce sentiment?

Ai-je besoin maintenant de développer le plan de ce cours? Il ressort suffisamment du programme qui en a été publié. Mais ce que le programme n'indique pas, et ce que je veux indiquer tout de suite, c'est l'espèce de logique morale qui en relie les différentes parties. Le Consulat est tout entier en germe dans le 18 brumaire, comme l'Empire est tout entier en germe dans le Consulat. C'est en vain que M. Thiers cherche à distinguer le Consulat et l'Empire : il n'y a entre eux qu'une différence de forme. En réalité, ce sont deux attentats identiques, quoiqu'ils se présentent sous deux faces différentes : le premier avec un mensonge de plus, le second avec un mensonge de moins; et le premier n'est pas moins que le second la conséquence logique de l'attentat du 18 brumaire. Et comme Waterloo et Sainte-Hélène forment le dénoûment logique du drame dont le 18 brumaire est le premier acte, c'est dans ce premier acte, et non ailleurs, qu'il faut chercher la raison du dernier. Voilà ce que M. Thiers ne me paraît pas avoir suffisamment compris, et ce que je m'efforcerai de mettre en lumière.

Mais, avant d'entrer dans l'examen de l'Histoire de M. Thiers, et par là dans l'étude de la vie et du caractère de Napoléon, il est bon de rechercher quelle est en général la théorie historique de l'illustre écrivain.

Tout historien, qui n'est pas un simple chroniqueur, a nécessairement une théorie historique, c'est-à-dire une certaine manière de comprendre et de traiter l'histoire en général. Il n'est pas tenu sans doute de l'exposer explicitement, mais elle doit ressortir clairement de sa façon de présenter et de juger les faits. Quelle est la théorie historique de M. Thiers? car il a certainement sa théorie, si peu philosophique que soit son esprit.

Son *Histoire de la Révolution française* a été souvent accusée de fatalisme. M. Thiers appartiendrait-il en effet à l'*école fataliste*? Ou bien faut-il le ranger dans celle que j'appellerai, par opposition à la précédente, l'*école morale*?

Suivant la première, tout ce qui arrive dans l'humanité, comme en général dans le monde, est un résultat *fatal* où la liberté humaine (qui, dans cette théorie, ne peut être qu'une illusion) n'a aucune part et, conséquemment aucune responsabilité, de telle sorte que, tout fait historique étant toujours ce qu'il devait être, il n'y a plus lieu d'en porter aucun jugement moral, et que la moralité est chassée de l'histoire avec la liberté. L'historien, dans cette école, n'a plus d'autre rôle que de dérouler les événements suivant leur enchaînement nécessaire, et de les expliquer par cet enchaînement même, sans avoir à s'inquiéter du principe moral. S'il veut apprécier les actions humaines, il n'a d'autre mesure à consulter que celle du succès. Ceci a réussi, donc c'était bon ; cela a échoué, donc c'était mauvais ; ou plutôt tout est bon à son heure, puisque tout est nécessaire. Telle est l'école fataliste, telle elle se montre en effet lorsqu'elle ose avouer son principe et rester conséquente avec elle-même (1).

La seconde école, sans nier l'enchaînement des faits historiques, ne croit pas cependant que la liberté morale n'y intervienne nullement, et que, par conséquent, il n'y ait pas à tenir compte aux hommes de leurs actions. Convaincue au contraire que, dès qu'il

---

(1) Le fatalisme historique peut dériver, soit d'un certain *idéalisme*, comme celui de Hegel, soit du *pur matérialisme*. Je n'ai pas besoin ici de remonter à ses origines ; il me suffit d'indiquer son caractère général.

y a en eux quelque lueur de raison, ils ont leur part de responsabilité, elle ne craint pas de les louer ou de les blâmer, d'honorer leurs vertus ou de flétrir leurs crimes, et ainsi elle n'apprécie pas seulement leurs actes d'après le succès, mais elle en appelle, pour les juger, au tribunal de la conscience. Telle est l'école morale.

A laquelle de ces deux écoles appartient M. Thiers? J'ai dit que son *Histoire de la Révolution française* a été accusée de fatalisme. Or, on ne peut nier qu'elle ne soit en effet empreinte d'une sorte de fatalisme qui refoule l'élément moral et place en première ligne la considération du succès. On y voit l'auteur exalter et condamner tour à tour les différents partis suivant qu'ils s'élèvent ou qu'ils tombent, en ramenant chaque fois cette formule fataliste : « il fallait ». L'auteur de l'*Histoire de la Révolution française* aurait sans doute énergiquement repoussé le système fataliste, si on le lui eût présenté sous la forme grossière, mais exacte, que j'en ai retracée tout à l'heure ; il n'en est pas moins vrai qu'il obéit, à son insu peut-être, mais trop docilement, au principe de ce système.

Dans l'*Histoire du Consulat et de l'Empire* il cherche davantage à réagir contre les entraînements de cette doctrine ; mais l'élément moral reste tout à fait insuffisant, et c'est, comme je l'ai déjà dit, la théorie du succès qui y domine. Dans les actes que l'auteur condamne en son héros, c'est plutôt à la faute qu'au crime, à l'échec qu'à l'immoralité qu'il s'attache, et ses sévérités ne commencent guère qu'avec les folies et les revers. « C'est, comme l'a dit Lamartine, un écrivain complice de la fortune. »

Mais cet écrivain ne s'est pas contenté de montrer en quelque sorte en action sa théorie historique et de la laisser s'accuser elle-même à l'occasion ; arrivé au milieu de son travail, il a comme senti le besoin d'exposer ses idées sur l'histoire, et il nous a donné, pour ainsi dire *ex professo*, sa théorie historique dans l'*Avertissement* qu'il a placé en tête du tome XIIe, mais qui peut servir de préface à tout l'ouvrage. Examinons donc cette théorie telle qu'elle s'offre à nous dans cet *Avertissement*. En faisant, à sa manière, la théorie générale de l'histoire, l'auteur s'est peint lui-même tel qu'on le verra ensuite à l'œuvre dans son Histoire.

M. Thiers se demande s'il n'y a pas une qualité essentielle, préférable à toutes les autres, qui doit distinguer l'historien, et qui constitue sa véritable supériorité ; et répondant affirmativement à la question qu'il vient de poser, il déclare que cette qualité, c'est l'intelligence.

Quand M. Thiers affirme que l'intelligence est une *qualité essentielle* à l'historien, il a trop raison : il va sans dire que l'historien ne peut se passer d'intelligence, et cela n'est pas vrai seulement de l'historien, mais du philosophe, en un mot de quiconque cherche la vérité. Quand il ajoute que l'intelligence *constitue sa véritable supériorité*, il a trop raison encore, s'il s'agit de supériorité intellectuelle : il est évident que plus un historien aura d'intelligence, plus il aura de supériorité intellectuelle. Mais si l'on prend l'expression de supériorité dans un sens plus général, l'assertion de M. Thiers, de trop vraie qu'elle était, devient fausse : il n'est pas vrai que la supériorité d'intelligence constitue *toute* la supériorité de l'historien. Peut-être par intelligence M. Thiers n'entend-il pas seulement la faculté de démêler, en histoire, le vrai du faux, mais celle aussi de discerner le bien du mal, ce que l'on appelle vulgairement la *conscience morale*, auquel cas son assertion courrait le risque de redevenir trop évidente ? Cherchons donc au juste l'idée qu'il se fait de l'intelligence.

Il la définit « la faculté heureuse qui, en histoire, enseigne à démêler le vrai du faux, à peindre les hommes avec justesse, et à éclaircir les secrets de la politique et de la guerre, à narrer avec un ordre lumineux, à être équitable enfin ». Dans cette énumération des qualités que M. Thiers rattache à l'intelligence, je vois bien figurer l'équité du jugement ; mais comment entend-il que l'intelligence doive rendre l'historien équitable ?

« C'est, dit-il (p. xi), que rien n'abat les passions comme la connaissance profonde des hommes. » Or cette profonde connaissance de l'humanité, c'est-à-dire de ses faiblesses (car c'est là ce qu'entend

M. Thiers), peut sans doute inspirer une juste indulgence pour les fautes des hommes; mais elle ne suffit pas pour constituer la moralité de l'historien. M. Thiers reconnaît lui-même (*ibid.*) qu'elle ne doit pas faire tomber toute sévérité; mais où puise-t-il et à quel rang place-t-il les principes de cette sévérité qu'il regarde aussi comme nécessaire? C'est ce que l'on ne voit guère dans sa théorie, qui ramène toutes les qualités de l'historien à l'intelligence, et l'intelligence à la faculté de comprendre.

Il convient cependant plus bas qu'il importe de mettre quelque restriction à cette assertion trop absolue : « Comprendre, dit-il (p. xiv), est presque tout, mais pourtant n'est pas tout. » Que faut-il donc encore, selon M. Thiers? Sans doute il va nous parler de cette conscience morale que je rappelais tout à l'heure, de l'amour de la vertu, même opprimée, de l'horreur du crime, même triomphant, de ces haines vigoureuses que demande *le Misanthrope* de Molière;

ces haines vigoureuses
Que doit donner le vice aux âmes vertueuses.

Mais non, il ne nous parle encore que de *l'art de composer, de peindre, de ménager les couleurs, de distribuer la lumière*, qualité qu'il avait précédemment fait rentrer dans l'intelligence, et qui est sans doute essentielle à l'historien, mais qui ne suffit pas encore pour le rendre complet.

Il ne s'agit point là d'une querelle de mots, mais d'une véritable lacune, qui ne se fait que trop sentir dans l'ouvrage de M. Thiers : l'omission de l'élément moral dans l'histoire. Les nouveaux développements auxquels se livre notre historien dans la suite de sa préface achèvent de montrer combien peu il songe à ce principe.

« L'intelligence complète des choses, dit-il (p. XIX), en fait sentir la beauté naturelle, et la fait aimer au point de n'y vouloir rien ajouter, rien retrancher, et de chercher exclusivement la perfection de l'art dans leur exacte reproduction. » Mais qu'entend cet écrivain par la beauté naturelle des choses en histoire ? Les choses en histoire ne sont pas belles par cela seul qu'elles sont, et l'historien ne saurait les aimer par cela seul qu'il les comprend. Je comprends parfaitement la conduite de tel scélérat dans telle circonstance, cela ne m'empêche pas de la détester ; il en doit être de même de l'historien. Il s'en faut que tout soit beau dans l'histoire : elle ne nous offre au contraire que trop d'actes qui révoltent la conscience ; l'historien ne saurait donc se borner à les reproduire fidèlement, sans autre souci que d'être exact. Expliquant sa pensée par une comparaison où il rapproche l'œuvre de l'historien de celle de Raphaël peignant, non un tableau d'invention, mais un portrait, M. Thiers conclut que « l'histoire, c'est le portrait » (p. XX). Sans doute l'histoire doit être la fidèle peinture du passé ; mais peindre n'est pas tout pour l'historien : il faut qu'il juge aussi, d'après les règles éternelles du droit et de la justice, les hommes et les actes qu'il peint. Raphaël peignant « un vieux prince de l'Église au nez rouge et boursouflé, au visage sensuel, aux yeux petits, mais perçants (*ibid.*) », ne pouvait faire autre chose avec son pinceau que reproduire les traits de son modèle; mais l'historien qui raconterait la vie de ce prince de l'Église aurait à faire quelque chose de plus. C'est que la mission de l'histoire, surtout de ce que M. Thiers nomme la grande histoire, est plus étendue et plus haute que celle de l'art du portrait. On verra d'ailleurs si l'Histoire de M. Thiers est en effet un portrait fidèle de Napoléon et de son époque, si elle contient une peinture exacte et complète du Consulat et de l'Empire, ou s'il n'y a pas dans ce tableau bien des erreurs ou des lacunes, qui s'expliquent précisément par cette omission de l'élément moral que je relève ici dans la théorie de l'auteur.

Malgré ce qu'il vient de dire, et au risque de se contredire (ce qui lui arrive assez souvent), M. Thiers ne refuse pas complétement à l'historien le droit de juger, pourvu qu'il soit équitable. A la bonne heure ; mais l'équité qu'il prescrit à l'historien et qu'il prétend tirer tout entière de l'intelligence des choses humaines (p. xxvii. Cf. p. xxxii), cette équité-là ressemble fort, il faut le reconnaître, à l'indifférence morale. J'en pourrais donner pour preuve l'application qu'il en fait ici même à la vie de Napoléon

(p. xxix); mais le cours de son Histoire nous fournira assez souvent l'occasion de surprendre sur le fait cette regrettable indifférence.

La première condition de l'équité, comme l'entend M. Thiers, « c'est d'éteindre toute passion dans son âme » (p. xxx). Quoi ! Même la passion du bien, du juste, du droit, de la liberté ? Même l'horreur de la tyrannie et le mépris de la servilité ? M. Thiers, qui entrevoit l'objection, y répond en demandant s'il n'est pas possible de détruire la passion sans détruire le sentiment (p. xxxi); mais il fait du sentiment une affaire de goût et de caractère (*ibid.*), et en définitive en revient à l'intelligence comme à la seule qualité essentielle de l'historien.

Il se montre d'ailleurs lui-même infidèle au précepte qu'il vient de donner, d'éteindre toute passion dans son âme, quand il se proclame « un historien admirateur ardent de Napoléon » (p. xxxviii). Mais c'est là justement la plus fâcheuse infidélité qu'il puisse faire à sa règle; car, entre les passions que l'historien doit, en effet, éteindre dans son âme, c'est par celle-là qu'il faudrait commencer : il n'y en a pas de plus funeste. Il ajoute, il est vrai, qu'il est « ami plus ardent de la France »; mais il y a encore quelque chose au-dessus de la France, comme au-dessus de toute nation, si grande qu'elle soit, c'est (M. Thiers l'oublie trop) la justice et l'humanité, qui n'excluent nullement le patriotisme, mais qui l'épurent, et qui, loin de nuire à la vérité de l'histoire, servent à la rectifier.

Pour moi, je voudrais que l'historien, au lieu de chercher à étouffer toute passion dans son âme, comme le demande M. Thiers, y poussât au contraire jusqu'à la passion l'amour de la justice et de l'humanité. L'histoire ainsi faite ne serait point sans doute impartiale, en ce sens qu'elle ne chercherait point à garder un sage et prudent équilibre entre le bien et le mal; mais elle ne doit pas être impartiale en ce sens-là; comme le dit quelque part M. Michelet (1), elle doit être au contraire partiale, franchement et vigoureusement partiale, pour le droit et la vérité. Mettre dans le combat du monde ce fatal opium de la philosophie de l'histoire, c'est mettre la mort dans la vie, tuer et l'histoire et la morale, faire dire à l'âme indifférente : « Qui est le mal? Qui est le bien ? » On voit dans quel esprit de moralité historique j'ai conçu l'étude que j'entreprends. Aussi ai-je pris pour devise ces paroles de Channing : « Nous voulons parler librement de Napoléon.... Nous ne faisons pas la guerre aux morts; nous voulons seulement résister à ce que nous regardons comme l'influence perverse des morts. Nous voulons nous dévouer à la cause de la liberté et de l'humanité, à cette cause perpétuellement trahie par une folle admiration envers le crime heureux et l'ambition insatiable. » Défiant l'histoire du haut de son rocher de Sainte-Hélène, comme il avait bravé le monde au temps de sa puissance,

---

(1) *La Ligue et Henri IV*, p. 444.

Napoléon disait que ceux qui oseraient attaquer sa mémoire mordraient sur du granit, et que ceux qui voudraient être beaux le loueraient (1). Je me soucierais peu, pour ma part, d'être beau à ce prix; et quoique je ne connaisse que trop le prestige de cette mémoire sur l'imagination des hommes, je suis loin de penser qu'elle soit un granit inattaquable à des dents qui ne sont pas celles du serpent jaloux, mais les dents de fer de l'histoire et de la morale. A l'œuvre donc. Il ne s'agit pas de déclamer, mais de juger. « Les déclamations passent, disait très-justement cette fois Napoléon, les actions restent. » Laissons les déclamations, voyons les actions et jugeons-les comme il convient.

(1) *Mémorial*, 21 octobre 1816.

DEUXIÈME LEÇON

LE DIX-HUIT BRUMAIRE.

Napoléon se vantait, à Sainte-Hélène, de s'être élevé du rang de simple particulier à la hauteur de la puissance suprême sans avoir commis de crime pour y parvenir (1). Il ne regardait pas comme un crime le coup d'État du 18 brumaire, et son historien, M. Thiers, jugeant ce coup d'État nécessaire, le trouve par là même tout à fait légitime. Il est vrai que Napoléon avait la conscience fort large, et que, chez M. Thiers, d'une part ce système de prétendues nécessités qui domine ses jugements, et, de l'autre, son extrême admiration pour son héros émoussent singulièrement le sens moral. Pour moi, je n'hésite pas à qualifier de crime ce coup d'État militaire contre un gouvernement constitutionnel et contre la liberté, et je pense que ce crime doit être flétri d'au-

---

(1) O'Meara, *Napoléon dans l'exil.* — Cf. Las Cases, *Mémorial de Sainte-Hélène.*

tant plus énergiquement qu'il a été, comme je le montrerai, le principe générateur de tous les attentats et de tous les maux qui ont suivi. C'est de là que date ce règne de la violence et de l'iniquité qui remplit l'histoire du Consulat et de l'Empire. Arrêtons-nous donc d'abord sur cet attentat primordial, source de tous les autres. Jugeons-le comme il doit être jugé, dans son but et dans ses moyens, et voyons comment le présente et l'apprécie l'illustre historien de Napoléon. Pour cela, il faut que nous remontions de son *Histoire du Consulat et de l'Empire* à son *Histoire de la Révolution française*, dont le dernier chapitre contient le récit et l'appréciation du 18 brumaire. Il y aurait sans doute de l'injustice à aller reprendre cette appréciation, si M. Thiers l'avait abandonnée dans sa seconde Histoire; mais il n'est que trop vrai de dire que les conclusions de l'*Histoire de la Révolution française* au sujet du 18 brumaire sont restées celles de l'*Histoire du Consulat et de l'Empire*, et qu'il y a, sur ce point, une parfaite harmonie entre les deux ouvrages.

Bonaparte s'était déterminé à partir pour l'Égypte, parce que d'après son propre aveu, il ne se sentait *pas encore assez fort pour marcher tout seul* (1), et que cette expédition lointaine, en frappant l'imagination populaire, était de nature à accroître le prestige que lui avait déjà donné la campagne d'Italie. Le 5 fruc-

---

(1) *Mémorial*, chap. XII.

tidor de l'année suivante, an VIII (22 août 1799), ayant jugé, d'après les nouvelles qu'il avait reçues de ses frères, que le moment était venu, il quitta furtivement l'Égypte, abandonnant son armée, que son devoir lui commandait de protéger, pour aller poursuivre en France le but de son ambition, c'est-à-dire le pouvoir suprême.

Dans son *Histoire de la Révolution française* (t. X, chap. XVIII), M. Thiers croit justifier suffisamment le départ furtif de Bonaparte en parlant ainsi : « Ce n'était pas, comme on l'a dit, une lâche désertion ; car il laissait une armée victorieuse pour aller braver des dangers de tout genre, et le plus horrible de tous, celui d'aller porter des fers à Londres. » Mais M. Thiers prend ici le change : ce n'est pas le courage de Bonaparte qui est en cause dans cette circonstance (il serait absurde de l'accuser de lâcheté à ce sujet), mais la moralité de sa conduite, chose dont son historien oublie de parler.

Dans l'*Histoire du Consulat et de l'Empire* (t. I, liv. V), tout en reconnaissant que *tout l'ascendant* de Bonaparte était nécessaire pour retenir en Égypte les officiers et les soldats que le vainqueur de l'Italie avait entraînés dans ces contrées lointaines et inconnues, M. Thiers ne songe pas davantage à blâmer Bonaparte d'avoir délaissé son armée ; il l'en loue au contraire. C'était, selon lui, un *mouvement irrésistible de patriotisme et d'ambition* qui, à la nouvelle des désastres de la République, l'avait entraîné à retourner en France. Que l'ambition, qu'une de ces témérités, comme disait M. Thiers dans sa précédente Histoire, qu'une de ces témérités par lesquelles les grands ambitieux tentent le ciel, ait poussé Bonaparte à retourner en France, cela est hors de doute, mais ne peut guère servir, ce me semble, à le justifier ; quant au patriotisme, il me paraît assez étrange d'attribuer ce sentiment à un général qui déserte son poste pour aller asservir son pays.

Au moment où Bonaparte allait s'embarquer, il dit au général Menou, qui, seul des officiers laissés en Égypte, avait été initié au secret de son départ : « Mon cher, tenez-vous bien vous autres ici ; si j'ai le bonheur de mettre le pied en France, le règne du bavardage est fini (1). » Ainsi s'exprimait le patriotisme admiré par M. Thiers. Ce que Bonaparte appelait le règne du bavardage, c'était cette libre discussion des lois et du gouvernement qui fait la dignité et la garantie des citoyens, que la Révolution de 89 avait eu pour but de fonder, et qui, après tant et de si terribles orages, commençait à s'établir et à se régulariser. Voilà le bien si chèrement acheté qu'il allait ravir à sa patrie. Arrière la liberté constitutionnelle ! Place au gouvernement militaire ! « Le règne du bavardage est fini », c'est-à-dire le règne du sabre va commencer.

Sans doute, le gouvernement et même la Consti-

---

(1) *Mémorial*, 29 et 30 août 1816.

tution que Bonaparte allait renverser laissaient beaucoup à désirer. Bien que je sois loin d'admettre toutes les accusations dirigées contre le Directoire par l'auteur et les complices du 18 brumaire, trop intéressés à le calomnier, je ne me dissimule nullement ses fautes ou ses faiblesses, non plus que les défauts de la Constitution alors en vigueur; mais, tel qu'il était, ce gouvernement était un gouvernement constitutionnel sous la forme la plus régulière et la plus modérée qui eût encore été tentée du système républicain; et, si Bonaparte avait été animé d'un véritable patriotisme, parlons nettement, s'il avait été un honnête homme, — je sais bien que ce que je vais dire là n'était pour lui qu'une *bêtise vulgaire* (1), mais je ne le dirai pas moins, — au lieu de détruire le gouvernement directorial par la violence de ses armes et de fouler aux pieds la Constitution établie, il eût employé son génie et sa puissance à consolider et à améliorer les institutions républicaines que la Révolution avait conquises. La chose ne lui eût pas été impossible, quoi qu'il en ait dit; mais elle ne faisait pas son compte : il ne voulait pas être un Washington, pouvant être un César. C'était le pouvoir absolu que convoitait son ambition; il ne fallait rien moins à ce soldat parvenu que de pouvoir dire, comme autrefois Louis XIV : l'État, c'est moi !

Le jour même où Bonaparte avait débarqué à Fré-

---

(1) *Mémorial*, 29 et 30 novembre 1815.

jus, le 17 vendémiaire an VIII (9 octobre 1799), il voulut monter en voiture pour se rendre à Paris : il lui tardait de mettre à exécution les desseins liberticides qui l'avaient rappelé en France. Deux heures après son arrivée à Paris, le 24 vendémiaire (16 octobre), il courait chez le président du Directoire, Gohier. M. Thiers ne fait que mentionner cette entrevue ; mais la relation que Gohier lui-même en a donnée dans ses *Mémoires* (t. I, p. 199) mérite bien d'être rapportée : « Monge, dit Gohier, l'accompagnait. Que je suis aise, mon cher président, me dit Monge, de trouver la République triomphante à notre arrivée !... Je m'en réjouis également, dit Bonaparte *d'un air un peu embarrassé*. Les nouvelles qui nous sont parvenues en Égypte étaient tellement alarmantes, que je n'ai pas balancé à quitter mon armée pour venir partager vos périls. » M. Thiers raconte plus complétement ce qui se passa le lendemain devant le Directoire. Bonaparte déclara qu'il se réjouissait de voir la République, qu'il avait cru perdue, sauvée par les exploits de ses frères d'armes, et il ajouta, en mettant la main sur le pommeau de son épée, que jamais il ne la tirerait que *pour la défense de cette République*. Il ajouta même : « *et celle de son gouvernement* » (Gohier, *ibid.*). Notre historien néglige ces derniers mots, mais que pense-t-il de la duplicité de langage qu'il rapporte lui-même ?

Il vante *cette politique profonde* par laquelle Bonaparte *affectait de se soustraire aux empresse-*

ments dont il était l'objet, semblait ne se prêter qu'à regret à tous ces hommages et différait de jour en jour. « Quand on est nécessaire, dit l'écrivain, il ne faut pas craindre d'attendre. On irrite l'impatience des hommes, ils accourent à vous, et vous n'avez plus qu'à choisir. » Mais l'historien n'entre pas encore assez dans la profondeur de cette politique : il n'en peint pas tous les raffinements, ce mélange de charlatanisme et d'astuce dont elle se composait, ou encore cette double adresse qui, comme l'a remarqué madame de Staël (1), consistait dans l'art d'éblouir les masses et de corrompre les individus. Il manque à sa peinture plus d'une couleur caractéristique, que nous aurons occasion de rétablir en passant. Voici pourtant un petit trait que M. Thiers n'a pas négligé et que je veux rapporter, d'après lui, comme un exemple de ce charlatanisme dont je viens de parler. « Il portait, depuis son retour, une petite redingote grise et un sabre turc attaché à un cordon de soie. Pour ceux qui avaient eu la bonne fortune de le voir, c'était un emblème qui rappelait l'Orient, les Pyramides, le mont Thabor, Aboukir. » Ainsi tout était calcul chez Bonaparte, tout, jusqu'au costume. Il avait fait l'expédition d'Égypte pour frapper les imaginations par une sorte de couleur orientale; il en portait un emblème éclatant pour en entretenir le prestige.

Bonaparte avait d'abord songé à s'introduire dans

---

(1) *Considérations sur la Révolution française*, IVᵉ partie, ch. I.

la place, je veux dire dans le Directoire, pour s'emparer plus sûrement du pouvoir. Il avait cherché à supplanter Sieyès; mais, ayant échoué dans cette combinaison et comprenant combien pouvait être utile à l'exécution de ses desseins celui qu'il avait voulu évincer, il résolut d'en faire son complice. Leur première entrevue, depuis son retour d'Égypte, avait été bien curieuse. Elle avait eu lieu chez le président du Directoire, Gohier, qui la raconte ainsi dans ses *Mémoires* (t. I, p. 202-203) : « Quelques jours après son arrivée, Bonaparte dîna chez moi avec quelques membres de l'Institut qu'il m'avait prié d'inviter. Je crus ne pouvoir me dispenser d'inviter Sieyès, qui en était membre. « Qu'avez-vous fait? me dit madame Bonaparte en l'apercevant dans mon salon; Sieyès est l'homme que Bonaparte déteste le plus, *c'est sa bête noire!* » En effet, Bonaparte ne dit pas un mot à Sieyès; il affecta même de ne pas le regarder. Sieyès, en se levant de table, sortit furieux. « Avez-vous remarqué, me dit-il, la conduite de ce petit insolent envers le membre d'une autorité qui aurait dû le faire fusiller? » Peu de temps après, le 8 brumaire (29 octobre), avait lieu entre ces deux personnages, d'abord si hostiles l'un à l'autre, une nouvelle entrevue où fut scellée l'alliance qui devait assurer le succès du 18 brumaire. C'est que Bonaparte avait vu quel précieux instrument serait pour lui Sieyès, et que Sieyès, de son côté, croyait trouver dans son alliance avec Bonaparte le meilleur moyen d'arriver enfin à réaliser la constitution qu'il rêvait, et, en tous cas, de servir ses propres intérêts.

Sieyès était un homme qui, à un esprit supérieur sans doute, mais systématique et à certains égards chimérique, joignait un orgueil démesuré et un profond égoïsme, même une basse cupidité. C'est lui, lui l'un des promoteurs de la Révolution française, qui répondait à quelqu'un lui demandant ce qu'il avait fait pendant la Terreur, ce mot si tristement célèbre : « J'ai vécu. » Ainsi cet homme d'État, ce révolutionnaire, ce conventionnel, ce régicide, n'avait eu, au milieu de ces terribles événements, d'autre souci que de vivre. Lorsqu'après le 18 fructidor il entra dans le Directoire, dont il avait d'abord refusé de faire partie, il dit à Gohier ces paroles qui ne décèlent pas moins tristement son caractère : « Nous voilà membres d'un gouvernement qui est, nous ne pouvons nous le dissimuler, menacé de sa chute prochaine. Mais, mon cher collègue, quand la glace se rompt, des pilotes habiles savent toujours échapper à la débâcle ; un gouvernement qui succombe n'entraîne pas toujours dans sa perte ceux qui se trouvent à la tête (1). » En s'alliant à Bonaparte pour l'aider à renverser le gouvernement dont il était un des membres, et se faire, grâce à cette trahison, une place dans le nouveau, il ne faisait que pratiquer la théorie qu'il avait exposée d'avance. Il espérait d'ailleurs at-

---

(1) *Mém.* de Gohier, t. I, p. 38. Dans son *Hist. du droit de guerre*, M. Marc Dufraisse a tracé un bien remarquable portrait de Sieyès.

teindre ainsi le but de son orgueil, c'est-à-dire l'adoption de la constitution issue de son cerveau; et, il se flattait d'être *la tête* pendant que Bonaparte serait *le bras*. Il ne connaissait guère encore Bonaparte ; mais, lorsqu'il l'eut connu, lorsqu'il eut compris qu'il avait un maître, et la France avec lui, il se consola aisément de sa déconvenue et de l'échec de son système : la grosse somme d'argent qu'il s'était attribuée le lendemain de sa trahison (1),

(1) « Dès la première réunion des trois Consuls en séance, raconte le *Mémorial* (5 juillet 1816), et dès qu'ils furent seuls, Sieyès alla mystérieusement regarder aux portes si personne ne pouvait entendre ; puis, revenant à Napoléon, il lui dit avec complaisance et à demi-voix en lui montrant une commode : « Voyez-vous ce beau meuble? Vous ne vous doutez peut-être pas de sa valeur? » Napoléon crut qu'il lui faisait considérer un meuble de la Couronne, et peut-être qui aurait servi à Louis XVI. « Ce n'est pas du tout cela, lui dit Sieyès voyant sa méprise ; je vais vous mettre au fait. Il renferme 800 000 francs!!! et ses yeux s'ouvraient tout grands. Dans notre magistrature directoriale, nous avions réfléchi qu'un Directeur sortant de place pouvait fort bien rentrer dans sa famille sans posséder un denier, ce qui n'était pas convenable. Nous avions donc imaginé cette petite caisse, de laquelle nous tirions une somme pour chaque membre sortant. En cet instant, plus de Directeurs ; nous voilà donc possesseurs du reste. Qu'en ferons-nous ? » Napoléon, qui avait prêté une grande attention et commençait à comprendre, lui répondit : « Si je le sais, la somme ira au Trésor public ; mais si je l'ignore, et je ne le sais point encore, vous pouvez la partager, vous et Ducos, qui êtes tous deux anciens Directeurs ; seulement dépêchez-vous, car demain il serait peut-être trop tard. » Les collègues ne se le firent pas dire deux fois, observait l'Empereur. Sieyès se chargea hâtivement de l'opération, et fit le partage, comme dans la fable, en lion: Il fit nombre de parts : il en prit une comme plus ancien Directeur, une autre comme ayant dû rester en charge plus longtemps que son collègue, une autre parce qu'il avait donné l'idée de cet heureux changement, etc., etc.; bref, dit l'Empereur, il s'adjugea 600 000 fr. et n'en envoya que 200 000 au pauvre Ducos. » — D'après ce que Cohier dit tenir de Ducos lui-même (t. II, p. 3), celui-ci n'aurait reçu que 100 000 francs,

le magnifique domaine qu'il se fit donner à titre de *récompense nationale*, la lucrative sinécure d'une place de sénateur et, plus tard, le titre de comte de l'Empire, l'aidèrent à se résigner au rang subalterne, qui était désormais son partage ; et au despotisme auquel il avait ouvert la porte en croyant y faire passer sa constitution. Tel était Sieyès, le principal coopérateur de Bonaparte dans le coup d'État du 18 brumaire.

M. Thiers, qui ne songe point à blâmer la conduite de Sieyès, et qui, même abstraction faite de la question morale, élève beaucoup trop haut ce personnage, ne me paraît pas, en revanche, admirer assez la tactique qu'employa Bonaparte en s'alliant avec lui ; il ne nous en révèle pas du moins toute l'habileté. Outre que, par cette alliance, Bonaparte s'assurait l'appui du Conseil des Anciens, où Sieyès avait la majorité, et qu'il annulait le gouvernement lui-même, dont Sieyès faisait partie, il masquait ses vrais desseins, ses projets de despotisme militaire derrière le nom d'un homme qui était alors regardé par beaucoup d'esprits libéraux et même républicains comme l'oracle de la Révolution, et qui passait pour avoir toute prête une merveilleuse constitution. C'est ainsi qu'il parvint à faire illusion à des républicains tels que Daunou, Chénier, Cabanis, et à une grande partie de la nation. C'est ainsi qu'il put se couvrir sans trop d'invraisemblance du mot même de république pour étouffer la République.

Et ici, puisque l'occasion s'en présente, relevons en passant et une fois pour toutes l'habile usage, trop peu remarqué par M. Thiers, que Bonaparte fit alors et depuis de ce mot *république*. Comme César, Auguste et leurs successeurs, il savait combien il importe de conserver les mots en supprimant les choses; et le mot république, par son étymologie latine, lui offrait une équivoque commode pour tromper les esprits. Il venait, disait-il, sauver la République; et, tandis que l'on entendait par là *le gouvernement républicain*, il sous-entendait, lui, un autre sens : *la chose publique*, qu'il prétendait personnifier. La chose publique, n'est-ce pas aussi le sens de ce mot *respublica?* Ce mensonge, qui assura le succès du 18 brumaire, passa dans la langue officielle du Consulat, et persista même quelque temps encore sous l'Empire. Vous avez pu voir quelquefois des pièces de monnaie de cette époque ayant pour exergue, d'un côté, ces mots : *République française*, et de l'autre : *Napoléon, Empereur.* Mais ce mensonge, alors vraiment trop grossier et devenu tout à fait inutile, finit par disparaître.

Une autre habile fourberie, que M. Thiers ne cache pas, mais qu'il oublie de qualifier, ce fut le prétexte dont Bonaparte se servit pour accomplir son coup d'État. Il avait compté pour cela sur les désastres de la République; mais la République était alors victorieuse sur tous les points. Il lui fallait donc un autre prétexte. Ce prétexte, il le chercha dans un odieux mensonge. Les Jacobins n'avaient plus alors aucune force (1) ; mais la peur qu'ils causaient encore était un fantôme qu'exploitaient les habiles pour effrayer les faibles. Bonaparte ne rougit pas de *supposer de leur part un projet d'attentat contre la représentation nationale* (ce sont les expressions mêmes de M. Thiers) (2) ; et, chose curieuse, ce fut ce mensonge qui lui fournit le moyen d'attenter lui-même à cette représentation nationale qu'il accusait faussement les Jacobins de vouloir renverser pour rétablir le règne de la Terreur. C'est ainsi que, sous prétexte de sauver le pays d'un danger imaginaire, inventé par lui-même et par Sieyès, il le précipita sous un fléau trop réel : le despotisme militaire.

Le mensonge imaginé par Sieyès et par Bonaparte eut l'effet qu'ils s'en proposaient. Le 18 brumaire au matin, le Conseil des Anciens, qui avait été convoqué extraordinairement pour sept heures, mais dont on avait eu soin de ne pas appeler les membres qui ne paraissaient pas suffisamment sûrs, décrétait, sur le rapport du président de la commission chargée de veiller à la sûreté du Corps législatif, M. Cornet (depuis le comte de Cornet), la translation des deux Conseils de Paris à Saint-Cloud, translation que la Constitution l'autorisait à prononcer ; et, ce qui était beaucoup moins constitutionnel, il déférait au géné-

---

(1) Mme de Staël, *Considérations sur la Révolution française*, IVe partie, chap. II.
(2) Cf. *Mémoires* de Cohier, t. I, p. 104.

ral Bonaparte le commandement de toutes les troupes et de toutes les gardes nationales de Paris et des environs.

Lorsque Bonaparte reçut ce décret, qu'il attendait, il était déjà entouré d'une foule d'officiers et de généraux en grand uniforme qu'il avait convoqués dans sa maison de la rue Chantereine, et auxquels il représentait les prétendus dangers de la République. Après qu'il leur eut lu le décret qui lui confiait la mission de la défendre, il leur demanda s'il pouvait compter sur leur appui. Tous répondirent, en mettant la main sur leur épée, qu'ils étaient prêts à le seconder. M. Thiers, qui raconte cette scène, y ajoute un détail caractéristique, que je lui sais gré de n'avoir pas négligé : « Le général Lefebvre (qui commandait la garnison de Paris), voyant les troupes en mouvement sans son ordre, avait interrogé le colonel Sébastiani, qui, sans lui répondre, lui avait enjoint d'entrer chez le général Bonaparte. Lefebvre était entré avec humeur. — Eh bien, Lefebvre, lui dit Bonaparte, vous, l'un des soutiens de la *République*, voulez-vous la laisser périr dans les mains de ces *avocats*? Unissez-vous à moi pour m'aider à la sauver. Tenez, ajouta Bonaparte en prenant un sabre, voilà le sabre que je portais aux Pyramides ; je vous le donne comme un gage de mon estime et de ma confiance. — Oui, reprit Lefebvre tout ému, jetons les *avocats* à la rivière. » Pour compléter le portrait militaire que nous offre cette anecdote j'ajouterai que, la veille même, le général Lefebvre serrait Gohier dans ses bras en lui disant que, si jamais on attaquait la République, il ferait un rempart de son corps au président du Directoire (1).

Mandé à la barre du Conseil des Anciens afin d'y prêter serment, Bonaparte monta aussitôt à cheval pour se rendre aux Tuileries, où siégeait ce Conseil. « Presque tous les généraux de la République, dit M. Thiers, étaient à cheval à ses côtés. Moreau, Macdonald, Berthier, Lannes, Murat, Leclerc, étaient derrière lui comme ses lieutenants. Il trouva aux Tuileries les détachements du 9me, les harangua, et, après les avoir enthousiasmés, entra dans le palais. » Mais il manque encore un trait à ce tableau : c'est que, dans cette harangue, Bonaparte tonna contre les factieux qui voulaient perdre la République. « C'est être par trop impudent, dit Gohier à ce sujet (2), d'oser parler de factieux quand on n'est soi-même qu'un chef de factieux. »

Bonaparte se présenta ensuite devant les Anciens, accompagné de ce que M. Thiers appelle son magnifique état-major. Cet historien remarque l'habileté du serment qu'il prêta devant ce Conseil : il s'y prit de façon à *éviter de prêter serment à la Constitution;* mais le serment, tel qu'il le prononça, n'en reste pas moins entaché de mensonge, et c'est ce qu'il eût été bon de remarquer aussi : « Nous voulons, disait-il,

---

(1) *Mémoires* de Gohier, t. I, p. 242.
(2) *Ibid.*, p. 251.

la République... nous la voulons fondée sur *la vraie liberté*, sur *le régime représentatif...* Nous l'aurons, je le jure en mon nom, et au nom de mes compagnons d'armes. » Sur quoi les généraux et officiers présents à la barre répétèrent : « Nous le jurons tous. »

On vient de voir que Moreau faisait partie du cortége de Bonaparte. C'était le plus illustre des généraux qu'il avait gagnés à sa cause. Que fit Bonaparte ? Il lui donna la commision d'aller, avec cinq cents hommes, bloquer les Directeurs dans le Luxembourg, sous prétexte de veiller à leur sûreté. M. Thiers reconnaît lui-même que c'était là *une commission singulière et certainement la moins honorable de toutes.* Mais il n'en fait pas ressortir le motif si profondément machiavélique : Moreau joignait à une grande illustration beaucoup d'ambition, et pouvait devenir un jour embarrassant pour Bonaparte ; il importait à celui-ci, non-seulement de le compromettre plus qu'aucun autre, mais de l'avilir autant que possible dans le coup d'État qui s'accomplissait. C'était un coup de maître que de faire accepter à l'ancien général en chef des armées du Rhin et de la Moselle le soin de bloquer, avec cinq cents hommes, les deux Directeurs fidèles à leur devoir, Moulins et Gohier.

Ceux-ci, qui n'avaient pas su prévoir et prévenir le coup d'État, firent du moins ce qu'ils purent, quand ils le virent éclater, pour résister à l'usurpation. Mais le complot avait été organisé de manière à tourner contre eux la Constitution même qu'ils voulaient défendre. Aux termes de cette Constitution, aucune délibération ne pouvait être prise par le Directoire, s'il n'y avait au moins, sur les cinq Directeurs, trois membres présents. Or, des cinq Directeurs, deux étaient dans le complot : Sieyès, qui l'avait concerté avec Bonaparte, y avait entraîné Roger-Ducos; tous deux remirent leur démission au moment voulu. Un troisième, Barras, séquestré de ses collègues par l'amiral Bruix et M. de Talleyrand, ministres du Directoire et complices de Bonaparte, se laissa aisément arracher la sienne, et partit pour sa terre de Gros-Bois, escorté par un régiment de dragons. Les deux autres, les deux seuls qui fussent honnêtes et incorruptibles, Moulins et Gohier, voyaient donc leur pouvoir annulé par la Constitution elle-même, suivant le plan conçu par Bonaparte et Sieyès, et loué par M. Thiers en des termes qu'il est bon de noter en passant : « Ce plan était parfaitement conçu, car *il faut toujours*, quand on veut faire une révolution, déguiser l'illégal autant qu'on le peut, se servir des termes d'une constitution pour la détruire et des membres d'un gouvernement pour le renverser. » Réduits à eux seuls, Moulins et Gohier ne se découragèrent pas. Ils se transportèrent aux Tuileries dans l'espoir d'agir sur Sieyès et Ducos, dont ils ignoraient encore le vrai rôle dans le complot, et ils ne craignirent pas d'affronter Bonaparte au milieu de son état-major et de ses forces. J'accorde à M. Thiers que cette démarche était bien *inutile*, mais elle était honnête et courageuse. Leur attitude devant l'usurpateur fut digne de leur magistrature. En vain Bonaparte voulut les pousser à donner leur démission, en leur représentant l'inutilité de la résistance à une révolution inévitable ; ils répondirent énergiquement qu'ils ne déserteraient pas leur poste, et osèrent braver en face le nouveau César (1). De retour au Luxembourg, ils adressèrent un message aux Conseils des Anciens et des Cinq-Cents, mais ce message fut intercepté. Ils étaient dès lors les prisonniers de Moreau par les ordres de Bonaparte.

Le Directoire était désorganisé et annihilé ; il s'agissait maintenant, pour compléter l'œuvre commencée, d'amener à composition ou de dissoudre les Conseils législatifs. C'était pour cela même que les auteurs du complot avaient fait rendre le décret qui transférait ces Conseils de Paris à Saint-Cloud, et remettait à Bonaparte la mission de les protéger. Ce coup décisif fut frappé le lendemain 19.

Toutes les mesures nécessaires pour en assurer le succès avaient été prises pendant la nuit. Des troupes nombreuses environnaient le château où devait siéger la représentation nationale. Elles avaient « l'ordre, dit M. Thiers, de sabrer le premier indi-

---

(1) *Mémoires* de Cohier, t. I, p. 259.

vidu qui se présenterait pour les haranguer, représentant ou général, n'importe. »

Une grande agitation régnait dans le Conseil des Anciens, dont beaucoup de membres n'avaient pas été convoqués la veille, et dont beaucoup aussi, même parmi ceux qui avaient contribué à rendre le décret de translation, voyaient maintenant avec regret les conséquences de ce décret; mais, composé en grande partie de ces hommes faibles, de ces sages selon le monde, dont la première règle est le soin de leur bien-être, ce Conseil se laissa assez aisément gagner par la harangue que lui adressa Bonaparte. Cette harangue était un mélange de mensonge et d'impudence terminé par une effrayante menace.

Quand Bonaparte affirme qu'il était tranquille dans sa demeure au moment où il avait reçu le décret des Anciens, et qu'il avait alors rassemblé ses camarades pour voler au secours des représentants du peuple, il ment impudemment, puisqu'il avait lui-même organisé, de concert avec Sieyès, la conspiration qu'il exécutait à cette heure, et que, lorsqu'il reçut le décret de translation, il était déjà entouré de ses camarades tout prêts à seconder ses desseins. Quand il ajoute que sur les cinq Directeurs, quatre avaient donné leur démission, il ment encore, puisque deux, Moulins et Gohier, avaient refusé énergiquement de la donner, et qu'ils étaient, tous deux, en ce moment, prisonniers par ses ordres. Quand, avec une feinte indignation, il parle des calomnies dont on l'abreuve en l'accusant de vouloir suivre l'exemple de César ou de Cromwell, et qu'il jure qu'il n'a d'autre but que de sauver la liberté, il ment toujours, puisqu'il n'a en effet d'autre but que de confisquer la liberté et de jouer le rôle d'un nouveau César. Et quand sur l'interpellation d'un membre républicain qui l'invite à prêter serment d'obéissance à la Constitution établie, il s'écrie, après un moment d'embarras : « La Constitution de l'an III, vous n'en avez plus, vous l'avez violée au 18 fructidor », il montre ici une rare impudence, lui qui avait conseillé ce coup d'État (1), et il feint d'ailleurs d'oublier la différence qui sépare le 18 fructidor du 18 brumaire, le premier destiné à sauver la République réellement menacée par les partisans de l'ancien régime (2), le second n'ayant d'autre but que la domination d'un seul homme. Enfin, comme dernier argument, il se

---

(1) Après avoir, par la saisie des papiers du consul d'Angleterre à Venise et par les aveux d'un des agents les plus actifs de l'émigration, le comte d'Antraigues, acquis la preuve des relations de Pichegru avec le prince de Condé, Bonaparte en avait donné avis au Directoire. De plus, afin de l'encourager à étouffer par un coup d'État la conspiration royaliste, il avait fait signer par ses soldats des adresses, dans lesquelles on jurait guerre implacable aux ennemis de la Constitution de l'an III, et dans sa correspondance avec les Directeurs, il avait insisté énergiquement sur le parti qu'il convenait d'en tirer. Enfin, il écrivait à La Reveillère-Lepeaux, à Rewbell et à Barras : « Vous pouvez, d'un seul coup, sauver la République, deux cent mille têtes peut-être qui sont attachées à son sort, et conclure la paix en vingt-quatre heures. Faites arrêter les émigrés, détruisez l'influence des étrangers. Si vous avez besoin de force, appelez les armées. Faites briser les presses des journaux.... » (Lanfrey, *Histoire de Napoléon Ier*, p. 297 et suiv.)

(2) A l'appui de cette assertion, je me bornerai à citer le passage suivant de Mme de Staël (*Considérations sur la Révolution française*,

déclare, d'une voix menaçante, prêt à en appeler à ses grenadiers dont il montre, non loin de lui, les baïonnettes, et termine sa harangue par un mot calculé pour frapper les imaginations, mais où il se peignait vraiment tout entier : « Songez, dit-il, que je marche accompagné du dieu de la fortune et du dieu de la guerre. » Les Anciens n'en demandèrent pas davantage; ils jugèrent prudent de se soumettre à un tel homme.

Le Conseil des Cinq-Cents, composé d'hommes plus jeunes, plus fermes et sincèrement attachés, pour la plupart, à la République et à la liberté, ne devait pas être de si facile composition. Mais il avait le malheur d'être présidé par un frère de Bonaparte, Lucien, complice lui-même de la conjuration. La veille, à Paris, les Cinq-Cents s'étaient vus réduits au silence par ce président conspirateur, au nom même de la Constitution, qui leur interdisait toute délibération dès qu'un décret de translation leur avait été signifié par les Anciens. Ils ne savaient pas encore au juste, d'ailleurs, de quoi il s'agissait. Le 19 brumaire,

---

IIIe partie, chap. xxiv) : « L'opposition au Directoire ne fut pas d'abord formée par des royalistes purs; mais ils s'y mêlèrent par degrés. On vit s'agiter de toutes parts un esprit de réaction intolérable; à Lyon, à Marseille, on assassinait des hommes, il est vrai, très-coupables, mais on les assassinait. Les journaux proclamaient chaque jour la vengeance, en s'armant de la calomnie, en annonçant ouvertement la contre-révolution. Il y avait, dans l'intérieur des deux Conseils, comme au dehors, un parti très-décidé à ramener l'ancien régime, et le général Pichegru en était un des principaux instruments. Le Directoire avait de grandes raisons de se mettre en défense. »

à Saint-Cloud, ils ne pouvaient plus avoir de doute à ce sujet, et il fallut employer la force pour anéantir leur résistance. Lorsqu'ils virent Bonaparte franchir, avec les grenadiers qui lui servaient d'escorte, le seuil de l'Orangerie, où ils siégeaient, ils l'accueillirent aux cris de : *Vive la Constitution! A bas le dictateur! à bas le tyran!* Plusieurs membres se précipitèrent à sa rencontre, l'entourèrent et le sommèrent de sortir du sanctuaire des lois. Bonaparte pâlit, recula et cria aux grenadiers qu'il avait laissés au fond de la salle : « Tirez-moi d'ici ! » Il rapporta faussement à ses troupes qu'on avait voulu l'assassiner. Il est possible, dit M. Thiers à ce sujet, que des poignards fussent dans plus d'une main. Des républicains qui croyaient voir un nouveau César pouvaient s'armer du fer de Brutus sans être des assassins. Il y a une grande faiblesse à les en justifier. » Je suis ici de l'avis de M. Thiers, et j'ajoute que ces républicains n'auraient fait en cela que suivre la règle de conduite que Lucien leur traçait, quelques jours auparavant, en disant, à propos des projets de dictature que l'on attribuait à son frère : « Est-il un seul qui ne s'armât du poignard de Brutus, et qui ne punît le lâche et ambitieux ennemi de la liberté de sa patrie (1)?» Mais il n'est pas vrai que la vie de Bonaparte ait été menacée (2). Quoi qu'il en soit, il se

(1) *Mémoires* de Gohier, t. I, p. 133.
(2) Il est vrai qu'une pension fut accordée à un grenadier, le sieur Thomé, pour avoir couvert Bonaparte de son corps dans la journée du 19 brumaire; mais justice a été faite plus tard de cette

montra fort troublé de l'accueil qu'il avait reçu au Conseil des Cinq-Cents. Il fallut que l'homme d'église vînt ici en aide à l'homme d'épée : Sieyès pressa Bonaparte d'employer la force. Cependant Lucien, qui avait vainement essayé de justifier son frère, et qui venait de quitter le fauteuil de président pour ne pas être forcé de le mettre hors la loi, fut à son tour enlevé de la salle par les grenadiers que lui avait envoyés Bonaparte. Il monte à cheval à côté de celui-ci, et, adressant aux troupes une harangue aussi mensongère que violente, il leur enjoint de marcher pour délivrer *la majorité* du Conseil des Cinq-Cents, qu'il peint sous la terreur de *quelques représentants à*

---

jonglerie et de la fable qu'elle était destinée à accréditer. En 1819, la Chambre des députés fut appelée à délibérer sur la pension accordée par Bonaparte à son prétendu sauveur : « Bien qu'évidemment, dit M. Duvergier de Hauranne dans son *Histoire du gouvernement parlementaire*, t. V, p. 154, le sieur Thomé trouvât sur les bancs de la droite, aussi bien que sur ceux de la gauche, un certain nombre de partisans, il suffit, pour faire écarter sa réclamation, d'un court discours de Dupont (de l'Eure) : « Aujourd'hui, dit gravement M. Dupont (de l'Eure), le sieur Thomé, grenadier au Corps législatif, en l'an VIII, vient nous demander le prix d'un danger qu'il n'a pas couru, et d'une mauvaise action dont il a consenti à devenir l'instrument. » Et il adjura ses collègues, MM. Daunou, Chabaud-Latour, Jard-Panvilliers et Girod (de l'Ain), comme lui membres du Conseil des Cinq-Cents, de dire si « la tentative d'assassinat du général Bonaparte, dans cette circonstance, n'était pas un mensonge imaginé pour justifier l'attentat commis par la force des armes sur la représentation nationale. » — Après ce discours, et quelques dignes paroles de M. de Serre, la Chambre, à la presque unanimité, fit justice de la demande de l'ancien gendarme, et il demeura bien constaté que la tentative d'assassinat, dont les partisans intéressés du coup d'État de Brumaire avaient fait si grand bruit, était une habile fiction destinée à rendre odieux les hommes que l'on venait d'expulser par la force. »

stylet. Bonaparte les harangua de son côté, en confirmant le même mensonge. Ainsi le mensonge servait à couronner l'attentat que le mensonge avait inauguré. Bonaparte donne ses ordres. Les baïonnettes se mettent en mouvement; mais, comme par un reste de pudeur, elles s'arrêtent un instant au seuil de l'Orangerie, devant les protestations des représentants du peuple. « En avant! grenadiers! » s'écrient les officiers; les baïonnettes reprennent leur marche, le roulement du tambour couvre les cris des députés, et la force militaire chasse devant elle la représentation nationale. Ce que Bonaparte voulait est accompli : le voilà passé César.

Telle fut cette œuvre de trahison, de mensonge et de violence, ce triomphe de la force aidée de la ruse, cette résurrection du césarisme dans la France du xviii° siècle et de la Révolution, qui s'appelle le 18 brumaire. Et M. Thiers n'a pas, dans tout le chapitre où il raconte cette odieuse histoire, un seul mot de blâme contre un tel attentat! Il prétend, au contraire, le justifier pleinement en disant qu'il était nécessaire. Et pourquoi, s'il vous plaît? Parce qu'il fallait alors une véritable dictature pour continuer, en France et en Europe, l'œuvre de la Révolution; et, selon M. Thiers, Napoléon ne faisait encore que continuer la Révolution, quand il se plaçait, lui plébéien, sur un trône; quand il faisait venir le Souverain-Pontife à Paris pour verser l'huile sacrée sur son front; quand il se créait une nouvelle aristocratie; quand il recevait dans son lit la fille des Césars. C'est ainsi que M. Thiers prétend justifier l'usurpation de Brumaire précisément par ce qui l'aggrave : le despotisme consulaire et impérial; et voilà ce qu'il appelle saisir et respecter les desseins de la Providence. C'est ce que j'appelle, moi, insulter à la conscience humaine et dépraver l'esprit public. Mais on a beau vouloir, pour justifier le crime triomphant, invoquer ces profondes nécessités, ces missions providentielles, toutes ces grandes raisons inventées par les intéressés et consacrées par une détestable philosophie de l'histoire, la conscience ne perd pas ses droits, elle proclame en face de ces ambitieuses et funestes théories, que rien de ce qui est mauvais n'est nécessaire, et qu'entre toutes les choses mauvaises, il n'y en a pas de pire que l'usurpation. Elle dit avec Channing (1) que « celui qui lève une main parricide contre les droits et la liberté de son pays, qui pose le pied sur le cou de trente millions de ses concitoyens, qui concentre dans sa seule main les pouvoirs d'un puissant Empire, en consume les trésors, en verse le sang comme de l'eau pour rendre les autres nations esclaves et faire du monde sa proie : que cet homme, réunissant tous les crimes dans sa carrière sanglante, devrait être mis au ban de la race humaine et porter sur son front une marque aussi infamante que celle de n'importe

---

(1) Page 21.

quel assassin ! » Voilà ce que dit la conscience par la voix de Channing ; et quand elle voit tomber l'usurpateur, et tomber par les instruments mêmes qui lui avaient servi à s'élever (Talleyrand et Fouché), c'est alors que, dans ce spectacle de justice vengeresse, elle croit vraiment reconnaître la main de la Providence.

TROISIÈME LEÇON

LE CONSULAT.

Je veux montrer maintenant dans la politique du Consulat les conséquences funestes, mais parfaitement logiques, de l'attentat du 18 brumaire. On va voir à quelle espèce de despotisme, à quel renversement de tous les principes qui font la sécurité et la dignité des citoyens, à quel anéantissement de tous les progrès si chèrement achetés par la Révolution française, devait aboutir ce premier attentat célébré par ses auteurs et par ses prôneurs comme un acte de salut pour la société et la Révolution elle-même.

M. Thiers, qui, dans son *Histoire de la Révolution française*, avait fait l'apologie du 18 brumaire, et qui reproduit cette apologie dans son *Histoire du Consulat et de l'Empire*, M. Thiers est parfaitement conséquent avec lui-même quand il exalte la politique consulaire, qui est le fruit naturel de ce coup d'État; reste à savoir seulement si, en louant sans mesure cette politique, il est aussi fidèle à la vérité et à la moralité de l'histoire qu'à la logique. C'est là une question que ce chapitre et le suivant n'auront pas de peine à résoudre.

Voyons d'abord comment fut faite et ce que fut la nouvelle constitution que Bonaparte substitua à celle qu'il venait de renverser par la violence de ses armes.

Dans la nuit qui suivit le 19 brumaire, quelques membres du Conseil des Cinq-Cents, qu'on avait trouvés errants çà et là, non sans motif, dans les appartements ou les jardins de Saint-Cloud, et que Lucien avait décidés, sans peine, à se former en assemblée, avaient rendu un décret, approuvé, bien entendu, par le Conseil des Anciens, qui instituait, à la place du Directoire, un gouvernement provisoire, composé de Bonaparte et de ses deux complices dans le gouvernement renversé, Sieyès et Roger-Ducos, et qui substituait au Corps législatif deux commissions, chacune de vingt-cinq membres, soigneusement choisies dans les deux Conseils. Ces commissions étaient chargées de préparer, de concert avec le gouvernement, la nouvelle constitution que les *Consuls provisoires* devaient présenter au pays dans un délai prochain, c'est-à-dire, en réalité, ce qui plairait à Bonaparte.

Le grand instrument dont il se servit ici fut encore

Sieyès. La confiance que cet homme d'État inspirait alors à beaucoup d'amis de la liberté lui servait à rassurer les esprits sur ses desseins, et le système tombé de la bouche de cet oracle [cette expression n'est point une métaphore, mais elle est vraie à la lettre (1)], en rendant illusoires l'élection populaire et la discussion des lois, lui offrait tout justement le moyen d'établir le gouvernement qui lui convenait. Il n'y avait qu'un rouage à changer à la machine, et le despotisme était pleinement constitué.

Tel fut en effet le caractère de la Constitution de l'an VIII. Elle attribuait en réalité la toute-puissance au *citoyen Bonaparte*, nommé *Premier Consul* pour dix ans, en attendant le Consulat à vie. Les deux Consuls qu'elle lui adjoignait n'avaient que voix consultative ; et d'ailleurs ils furent choisis de telle sorte qu'ils ne pussent être gênants pour lui : c'étaient Cambacérès et Lebrun, le premier, l'un de ces légistes toujours prêts à seconder le pouvoir triomphant; le second, le collaborateur du chancelier Maupeou dans le coup d'État qui, sous Louis XV, avait

---

(1) « Ce législateur singulier, dit M. Thiers (*Histoire du Consulat et de l'Empire*, t. I, p. 73), méditant toujours, mais n'écrivant pas beaucoup plus qu'il n'agissait, n'avait jamais écrit sa constitution. Elle était dans sa tête, et il fallait l'en faire sortir. Cela n'était pas facile pour lui, quelque désir qu'il eût de la voir produite au dehors et convertie en loi. On le pressait beaucoup de la faire connaître, et il se décida enfin à communiquer sa pensée à un de ses amis, M. Boulay (de la Meurthe), qui se chargea de la transcrire au fur et à mesure des entretiens qu'ils auraient ensemble. C'est ainsi que cette conception remarquable a pu être recueillie avec exactitude, et conservée à la postérité, dont elle est digne. »

brisé la seule barrière que rencontrât encore l'omnipotence royale : les parlements. Ainsi composé, le gouvernement avait seul l'initiative des lois. Ce que la Constitution voulait bien appeler le *Pouvoir législatif* se composait de deux corps, chargés, l'un, le *Tribunat*, de discuter les lois sans les voter, l'autre, le *Corps législatif*, de les voter sans les discuter. Les membres de ces deux corps, recevant un traitement annuel, les *tribuns*, de quinze mille francs, et les *législateurs*, de dix mille, et renouvelés par cinquième tous les ans, mais indéfiniment rééligibles, étaient nommés, sur des listes de notabilités formées suivant le système hiérarchique de Sieyès, par un *Sénat*, appelé *conservateur* parce qu'il avait pour mission de veiller à la conservation de cette belle Constitution, et dont chaque membre touchait, pour cette grande occupation, un traitement égal au vingtième de celui du Premier Consul, soit vingt-cinq mille francs. Les trente et un premiers membres de ce Sénat, c'est-à-dire la majorité, devaient être nommés et furent nommés en effet par les deux anciens Consuls provisoires, Sieyès et Roger-Ducos, et par les deux nouveaux, Cambacérès et Lebrun, c'est-à-dire par les complices ou les créatures de Bonaparte. Enfin, pour couronner l'œuvre, tous les juges criminels et civils autres que les juges de paix et les juges de cassation, étaient nommés par le Premier Consul, qui devenait ainsi le maître du pouvoir judiciaire, comme il était celui du pouvoir législatif. Il est vrai que la Constitution déclarait que les juges, une fois nommés, seraient irrévocables ; mais on sait assez ce que signifie chez des magistrats nommés par le gouvernement et attendant de lui leur avancement cette condition d'indépendance qu'on appelle l'inamovibilité. Les sénateurs n'étaient-ils pas aussi inamovibles ?

Ainsi plus d'élection populaire, plus de représentation nationale, plus aucune participation de la nation à la confection de ses lois et à la conduite de ses affaires, mais un homme représentant à lui seul un peuple tout entier, un maître absolu entouré de fantômes d'institutions républicaines, telle était la Constitution de l'an VIII. Voilà le fruit que portait, après quarante-cinq jours de gestation, l'attentat du 18 brumaire. Voilà où devaient aboutir, entre les mains du général Bonaparte et avec l'aide du métaphysicien Sieyès, les prodigieux efforts et le long travail de la Révolution française. Et voilà, dois-je ajouter, l'œuvre de servitude que le libéral M. Thiers admire sans réserve. Il est vrai qu'il n'y voit pas encore le triomphe du pouvoir absolu : « Telle qu'elle était, dit-il (t. I, p. 110), si le vainqueur de Marengo n'y avait apporté plus tard deux changements considérables, l'hérédité impériale de plus, le Tribunat de moins, cette Constitution aurait pu fournir une carrière qui n'eût point été le triomphe du pouvoir absolu. » Nous verrons plus tard s'il est vrai qu'il y ait à cet égard une différence réelle entre la Constitution consulaire et la Constitution impériale, mais, en même temps qu'il apprécie de cette façon la Constitution de l'an VIII, M. Thiers déclare qu'il *fallait alors une véritable dictature* (ibid., p. 102), chose qui me paraît ressembler beaucoup au pouvoir absolu. Aussi vante-t-il comme un acte de haute raison et de patriotisme éclairé la résignation avec laquelle Sieyès disait à Talleyrand, dès le lendemain du 19 brumaire : « Nous avons un maître qui sait tout faire, qui peut tout faire et qui veut tout faire » (p. 23); celle avec laquelle cet homme, digne, selon M. Thiers (p. 7), d'être le Solon de la Révolution française, si la Révolution française avait pu avoir un Solon, sut plier ses savantes combinaisons aux volontés du maître qu'il comprenait si bien ; celle enfin avec laquelle, « après avoir, suivant les paroles mêmes de notre historien (p. 110), mis à la main du général Bonaparte l'épée qui avait servi à renverser le Directoire et après avoir fait une constitution, il livra la France à l'activité dévorante du jeune Consul pour se retirer dans une activité méditative (et lucrative aussi) qu'il préférait au mouvement agité des affaires ».

M. Thiers, qui admire la Constitution politique de l'an VIII, n'admire pas moins l'organisation administrative qui fut établie en même temps et suivant le même esprit de despotisme gouvernemental. En cela il se montre conséquent, comme l'était Bonaparte lui-même quand il détruisait la liberté municipale après avoir anéanti la liberté politique. Mais, pour donner une idée exacte de cette nouvelle organisation administrative et du changement qu'elle introduisit dans l'état du pays, tel que l'avait constitué la Révolution française, je ne puis mieux faire que de citer une excellente page de l'*Histoire du gouvernement parlementaire* de M. Duvergier de Hauranne (t. I, p. 467) :

« La pensée fondamentale de la loi du 28 pluviôse an VIII, de cette loi qu'on peut considérer comme la *charte de la centralisation*, c'est que les individus ou les familles dont la réunion constitue la commune, l'arrondissement, le département, sont radicalement incapables, non-seulement de participer aux affaires de l'État, mais de régler leurs propres affaires, et que, pour les empêcher de faillir, une sagesse supérieure doit toujours les tenir en tutelle; c'est, en outre, que cette sagesse supérieure ne peut résider utilement qu'au centre même du gouvernement. De là un système qui détruit toute indépendance, qui supprime toute vie locale, qui habitue les citoyens à ne rien attendre de leurs propres efforts, et à subir directement toute impulsion qui leur est transmise par la voie hiérarchique. Dans l'organisation de 1790, le gouvernement central n'était maître de rien, ni de personne, et c'est par l'intermédiaire de fonctionnaires électifs, locaux, indépendants, qu'il devait maintenir l'ordre public, percevoir les contributions et accomplir les éminentes fonctions qui lui étaient nominalement attribuées par la Constitution. Dans l'organisation de l'an VIII, au contraire, le gouvernement était maître de tout et de tout le monde, et c'est par des fonctionnaires dépendants et révocables qu'étaient gérés, sous sa direction, les plus petits intérêts des plus petites communes. » « Il y a, écrivait en 1849 (*Revue des deux mondes*) M. Michel Chevalier, aujourd'hui sénateur du second Empire, il y a une grande roue qui tourne et dont tout suit servilement la rotation, des rives du Var aux rochers du Finistère. Qu'on soit maître de la roue, et l'on est maître de la France. » Si ce système était mauvais en 1849, quand les conseils de département, d'arrondissement, municipaux, étaient électifs, et que certaines attributions leur avaient déjà été conférées, combien ne devait-il pas l'être davantage en 1800, quand les membres de ces conseils avaient cessé d'être les représentants de leurs concitoyens, pour devenir de purs fonctionnaires? Ainsi que l'a si bien démontré M. de Tocqueville, ce n'était pas là continuer l'œuvre de l'Assemblée constituante, c'était la détruire ; ce n'était point s'éloigner de l'ancien régime, c'était y retourner. Ce que les rois de France et les ministres avaient fait lentement, graduellement, confusément, Bonaparte, Premier Consul, le faisait d'un seul coup.

Rien n'est plus juste. Bonaparte ne faisait ici encore que détruire, dans ce qu'elle avait de meilleur, l'œuvre de la Révolution, dont il se disait et dont ses admirateurs, y compris M. Thiers, le proclament encore aujourd'hui le représentant : il en mettait à néant les institutions les plus libérales, afin d'établir son pouvoir absolu sur les ruines de toutes les libertés. Et ici encore l'Empire ne fit que continuer le Consulat. Les préfets de l'Empire, que Napoléon appelait à Sainte-Hélène des *empereurs au petit pied*, n'étaient-ils pas déjà tout entiers dans les préfets du Consulat, dont le rapporteur de la loi, Rœderer, définissait ainsi les attributions : « Instruction, impulsion, direction, inspection, surveillance, sanction des propositions utiles, contrôle des actes suspects, censure, réformation, redressement, punitions, voilà les fonctions que suppose cette partie de l'administration qu'on peut appeler procuration d'action, et qu'il suffit d'analyser pour prouver tous les avantages qu'on peut attendre de l'établissement des préfectures. » Ajoutez à toutes les fonctions énumérées ici par Rœderer la confection des listes du jury, ce qui mettait dans les mains de l'administration cette institution elle-même, la dernière sauvegarde de la liberté des citoyens.

En général, l'organisation judiciaire, que M. Thiers ne trouve *pas moins bien imaginée* (p. 158) que l'organisation administrative, était empreinte du même caractère : elle accusait le même esprit d'absorption de tous les pouvoirs en un seul, ou, pour parler plus exactement encore, dans celui d'un seul homme. On a vu que les préfets choisissaient les jurés, que les juges étaient nommés par le Premier Consul.

Ainsi la justice, de toutes les fonctions de la société celle qui exige le plus d'indépendance, relevait presque entièrement de l'administration et du gouvernement, c'est-à-dire en définitive d'un homme, dispensateur suprême de toutes les places et de tous les honneurs. Cet homme, en supprimant le principe électif établi par la Révolution, ramenait l'adage de l'ancien régime : « toute justice émane du roi », mais avec cette différence que, dans l'ancien régime, la constitution de la magistrature, si vicieuse qu'elle fût, offrait au moins quelque garantie d'indépendance, tandis que, dans le régime substitué par Bonaparte à celui de la Révolution, toute garantie vraiment sérieuse disparut : toute justice émana, non plus *éminemment*, comme on dirait en termes métaphysiques, mais *réellement* du chef de l'État, qui s'appelait alors le Premier Consul, en attendant qu'il s'appelât l'Empereur. Mais ces tribunaux, dont les juges étaient nommés par lui et les jurés par ses préfets, ne suffirent pas à Bonaparte : il lui fallut des tribunaux plus sûrs encore et plus expéditifs, il lui fallut des *tribunaux militaires*. J'aurai occasion de rappeler plus loin quel terrible usage il en fit. Il ne se contenta même pas de ces derniers, et j'aurai aussi à rappeler tout à l'heure quel supplément il y ajouta.

Il va sans dire que la liberté de la presse ne pouvait trouver place dans un pareil régime. Comment le despotisme souffrirait-il la libre expression de la pensée? Il ne saurait vivre qu'à la condition de la tuer. Le 17 janvier 1800, un arrêté des Consuls, provoqué par le ministre de la police Fouché, fixait le nombre des journaux et autorisait la suppression de ceux qui inséreraient des articles contraires au *pacte social*, à la *souveraineté du peuple*, à la *gloire des armées*. Dès lors, il n'y eut plus d'autre feuille périodique que le *Moniteur*, dont Bonaparte fit, suivant son expression, *l'âme et la force de son gouvernement* (1), ou que les échos du *Moniteur* répétant à l'unisson les louanges du maître. On eût dit qu'il n'y avait plus en France qu'une seule voix. Après les journaux, ce fut le tour des livres : avant même que le Consulat eût fait place à l'Empire, un décret (27 août 1803) portait que, *pour assurer la liberté de la presse*, aucun libraire ne pourrait vendre un ouvrage avant de l'avoir présenté à une commission de révision, laquelle le rendrait, s'il n'y avait pas lieu à *censure*.

C'est ainsi que Bonaparte interprétait ces droits sacrés de la liberté qu'invoquait le préambule de la Constitution consulaire, et ces principes de 1789 où ce préambule déclarait la Révolution désormais fixée. Ce qui était réellement fixé, c'était la tyrannie.

Après avoir montré, dans cette trop courte mais exacte esquisse, ce que devint, après le 18 brumaire, la constitution politique, administrative et judiciaire de la France, et l'état de la presse sous ce nouveau

---

(1) *Mémorial*, 13 juin 1816.

régime, il faut, pour achever de peindre la politique du Consulat, mettre en lumière les principaux moyens qu'employa Bonaparte, afin d'affermir et d'accroître son pouvoir. On retrouvera ici ces *arcana imperii* que Tacite a dévoilés chez les successeurs de César et d'Auguste, dont Machiavel a tracé la théorie, et que Diderot a repris à son tour pour les dénoncer à la haine publique (1). En général, les grands moyens d'action de la tyrannie sont, avec le mensonge et la violence, la corruption et la terreur. Ces moyens avaient servi à faire le 18 brumaire; ils servirent à consolider le despotisme inauguré ce jour-là.

Le système de corruption, qui devait être un des grands éléments de la politique de Bonaparte, s'étala assez naïvement dès le début. Dans le décret rendu pendant la nuit du 19 brumaire par ce soi-disant Conseil des Cinq-Cents dont j'ai parlé plus haut, un article (l'article VII) invitait les représentants du peuple à accepter, au nom du bien public, les places qu'on voudrait bien leur offrir (2). « Oh! vous êtes par trop honnête, dit en riant un des conjurés au rédacteur de cet article. Connaissez mieux la plupart des

---

(1) *Principes de la politique des souverains.* J'ai donné une analyse de ces maximes dans le second volume de mon *Histoire des idées morales et politique en France au* XVIIIe *siècle*, p. 373-384 (Note de la nouvelle édition).

(2) Voici cet article : « Ils peuvent, sans perdre leur qualité de représentants du peuple, être employés comme ministres, agents diplomatiques, délégués de la commission consulaire exécutive, et dans toutes les autres fonctions civiles. *Ils sont même invités, au nom du bien public, à les accepter.* »

gens à qui vous vous adressez. Tous les petits esprits (et il y en a beaucoup), tous les ambitieux (il y en a encore davantage) n'ont pas besoin de votre invitation pour se laisser prendre au leurre que vous leur présentez (1). » Cet appel à l'ambition cupide ne trouvait, en effet, que trop d'écho dans les âmes. On connaît cette cynique réponse d'un ancien conventionnel à Mme de Staël, qui, pendant la discussion de la nouvelle Constitution, lui exprimait ses alarmes au sujet de la liberté : « Oh ! madame, nous en sommes arrivés au point de ne plus songer à sauver les principes de la Révolution, mais seulement les hommes qui l'ont faite (2). » Ce mot était la règle de bien des hommes, révolutionnaires ou autres, tout disposés à partager avec le maître les dépouilles de la République. La Constitution nouvelle offrait la plus vaste carrière à leur convoitise. Le général Bonaparte, dit M. Thiers lui-même (p. 113), chargé de nommer les agents du pouvoir exécutif (à quoi il faut ajouter, avec l'article 41 de la Constitution de l'an VIII, les membres des administrations locales, les commissaires du gouvernement près les tribunaux, et tous les juges criminels et civils autres que les juges de paix et les juges de cassation); MM. Sieyès, Roger-Ducos, Cambacérès et Lebrun, chargés d'élire les membres du Sénat, lesquels devaient à leur tour composer le Corps législa-

---

(1) *Mémoires* de Gohier, t. I, p. 334.
(2) *Considérations sur la Révolution française*, IVe partie, chap. III.

latif et le Tribunat, étaient assiégés de sollicitations de tout genre. Il s'agissait en effet, pour les solliciteurs, d'obtenir des fonctions de sénateurs, de membres du Corps législatif, de tribuns, de conseillers d'État, de préfets, et ces hautes fonctions, toutes à donner à la fois, toutes largement rétribuées, avaient de quoi tenter les ambitions. Beaucoup de révolutionnaires ardents, ennemis du 18 brumaire, étaient déjà fort apaisés. Beaucoup de ces incertains, qui ne se décident qu'après le succès, commençaient à se prononcer hautement. Il y avait alors comme toujours une expression courante qui peignait parfaitement l'état des esprits. *Il faut se montrer*, disait-on ; il faut prouver que loin de vouloir créer des obstacles au nouveau gouvernement, on est prêt, au contraire, à l'aider à vaincre ceux qui l'entourent : ce qui signifie qu'on désirait attirer sur soi l'attention des cinq personnages chargés de toutes les nominations. M. Thiers convient qu'il y avait dans ce spectacle de quoi inspirer du dégoût (ce n'est pas moi qui le contredirai sur ce point); mais il oublie entièrement la part de responsabilité qui en revient à son héros. Il ajoute, d'ailleurs, que le *Moniteur* lui-même, qui n'était pas encore journal officiel, mais qui le devint quelques jours après (le 7 nivôse), *crut devoir flétrir ces bassesses*. Mais, tout en flétrissant ces bassesses, dont la concurrence les alarmait sans doute, les écrivains du *Moniteur* tiraient de là même l'occasion de glorifier celui en qui il en eût fallu flétrir le premier auteur. Après avoir dépeint *le prodigieux changement de scène* qui s'était *opéré en un moment depuis que la Constitution* avait *créé une quantité de places richement dotées*, le Moniteur ajoutait : « Espérons que le héros de la liberté, celui qui n'a encore marqué dans la Révolution que par des bienfaits, verra ces manœuvres avec le dégoût qu'elles inspirent à toute âme élevée, et qu'il ne souffrira pas qu'une foule de noms obscurs ou flétris cherchent à s'envelopper des rayons de sa gloire. »

Malgré la pudeur affectée des écrivains du *Moniteur*, la corruption, développée sur une si large échelle, ne tarda pas à porter ses fruits. Tous les corps publics, ainsi constitués et ainsi rétribués, donnèrent à l'envi l'exemple de la servilité et de l'adulation. Seuls, quelques membres du Tribunat tentèrent de résister au torrent; ces hommes, auxquels M. Thiers reproche d'avoir *méconnu le mouvement général des esprits et le besoin du temps* (t. II, p. 356), furent bientôt éliminés, en attendant que le Tribunat lui-même, si complaisant d'ailleurs et en tout cas si impuissant, fût aboli. Le Sénat conservateur dépassa tout ce que Bonaparte en pouvait espérer; on eût dit qu'il voulût rivaliser avec le Sénat d'Auguste et de Tibère.

A la vérité, il commit la faute de prendre d'abord au sérieux la feinte modestie de Bonaparte et de ne pas seconder tout de suite ses desseins dans la comédie qui se joua en 1802 pour transformer en Consulat à vie le Consulat décennal. Le Tribunat ayant émis le vœu qu'il fût donné au général Bonaparte, Premier Consul, un gage éclatant de la reconnaissance nationale, le Sénat se borna à proroger de dix ans les pouvoirs du Premier Consul. Il croyait aller ainsi au delà des désirs de Bonaparte; il ne savait pas combien il restait en deçà. Mais lorsqu'il eut compris sa faute, il la répara largement et ne laissa plus rien à désirer.

Bonaparte, que le sénatus-consulte du 6 mai 1802 avait d'abord rendu furieux, mais à qui le sage Cambacérès avait suggéré le moyen d'en tirer parti pour atteindre, par une autre voie, le but même qu'il poursuivait, répondit au message du Sénat, dans un langage digne d'Auguste, que, quoique l'intérêt de sa gloire et celui de son bonheur semblassent avoir marqué le terme de sa vie publique au moment où la paix du monde était proclamée (la paix d'Amiens qu'il venait de conclure, mais qu'il devait rompre si tôt), puisque le Sénat jugeait qu'il devait au peuple un nouveau sacrifice, il était prêt à se dévouer si le vœu du peuple lui commandait ce qu'autorisait le suffrage du Sénat. Là-dessus, le second et le troisième Consuls, après s'être concertés avec le Conseil d'État, rendaient un arrêté déclarant que la résolution du Premier Consul était un hommage à la souveraineté du peuple, que celui-ci, consulté sur ses plus chers intérêts, ne devait connaître d'autre limite que ces intérêts mêmes, et statuant que le peuple français serait consulté sur cette question : Napoléon Bonaparte sera-t-il Consul à vie? et qu'il serait ouvert à cet effet, dans les mairies, au greffe des tribunaux, chez les notaires et chez tous les officiers publics, des registres où les citoyens seraient invités à consigner leurs vœux. En conséquence des vœux ainsi consignés, le Sénat proclamait le 2 août 1802 Napoléon Bonaparte Premier Consul à vie, et décrétait : 1° qu'une statue de la Paix, tenant d'une main le laurier de la victoire et de l'autre le décret du Sénat, attesterait à la postérité la reconnaissance de la nation; 2° que le Sénat porterait au Premier Consul l'expression de la reconnaissance du pays. Enfin Bonaparte répondait au discours bassement adulateur du président du Sénat, Barthélemy : « La vie d'un citoyen est à sa patrie. Le peuple français veut que la mienne tout entière lui soit consacrée. J'obéis à sa volonté..... *La liberté, l'égalité, la prospérité, seront assurées.* »

Deux jours après était proclamée loi de la République un sénatus-consulte qui bouleversait la Constitution de l'an VIII pour concentrer encore plus fortement tous les pouvoirs dans la main du Premier Consul à vie, ou ce qui revenait au même, de son Sénat (1).

---

(1) « Sénateurs, disait le rapporteur de la nouvelle loi, Cornudet, il faut fermer sans retour la place publique aux Gracques. Le vœu des citoyens sur les lois politiques auxquelles ils obéissent s'exprime par la prospérité générale ; la garantie des droits de la société place absolument la pratique de la souveraineté du peuple dans le Sénat, qui est le lien de la nation. Voilà la seule doctrine sociale. »

Bonaparte ne pouvait trop bien payer une assemblée si complaisante ; il avait besoin d'ailleurs de toute sa docilité pour accomplir encore de plus grands desseins. Aussi la combla-t-il de faveurs nouvelles. Il lui assigna une dotation de cinq millions, au moyen de laquelle le minimum du traitement d'un sénateur se trouva porté à 40 000 francs ; cette dotation fournissait en outre à la dépense extraordinaire d'un conseil d'administration composé de six grands officiers richement rétribués. Enfin, des sénatoreries furent créées dans divers départements avec 25 000 francs de rente et une résidence, pour être données en surcroît à ceux des sénateurs qui montreraient le plus de dévouement. Lorsque toutes ces dispositions furent présentées au Sénat, elles furent votées, est-il besoin de le dire? à l'unanimité. « Pas un membre, disait Joseph Bonaparte à Miot au sortir de la séance, pas un membre n'a ouvert la bouche contre les mesures proposées, et ne s'est même donné la peine de montrer au moins un désintéressement feint. Les plus républicains prenaient un crayon pour calculer ce qui reviendrait à chacun dans le partage du dividende commun (1). » Joseph Bonaparte en concluait qu'il n'y avait plus en France de républicanisme ; ce n'était pas du moins parmi les sénateurs qu'il en fallait chercher la trace.

On a donc eu raison de le dire : « corrompre pour

(1) Cf. l'article de M. Viel-Castel sur les *Mémoires* de Miot de Mélito, dans la *Revue des deux mondes* (1ᵉʳ avril 1859).

asservir » (1), telle était la maxime de Bonaparte et des hommes de Brumaire. A cette hiérarchie de places richement payées qu'il avait imaginées pour séduire les âmes à la tyrannie par la convoitise, il voulut joindre encore une hiérarchie de *décorations* accompagnées d'ailleurs de dotations, qui, en flattant la manie puérile des distinctions extérieures, lui enchaînassent les hommes par la vanité. Ainsi il les attaquait à la fois par les deux plus puissants des mauvais mobiles du cœur humain, la cupidité et la vanité. De là cette institution de la *Légion d'honneur* que M. Thiers célèbre en termes pompeux comme une grande pensée (livre XIV), mais qui n'était pour Bonaparte qu'un nouvel instrument de règne. « Les complaisances pour les puérilités de l'homme, dit très-bien à ce sujet M. de Lamartine (*Entretien* XLV, p. 205), ne sont pas du génie ; elles sont une corruption officielle et elles perpétuent son enfance. » M. de Lamartine reproche très-justement, en cette occasion, à l'Histoire de M. Thiers de prendre trop souvent l'expédient pour droit et l'habileté pour principe de gouvernement. J'ajoute que cet historien se paye aussi trop aisément des sophismes dont Bonaparte s'était servi pour tromper l'opinion et dépraver l'esprit public. « Une institution tendant à placer sur la poitrine du simple soldat, du savant modeste la même décoration qui devait figurer sur la poitrine

---

(1) Gohier, I, p. 335.

des chefs d'armée, des princes et des rois, voilà, selon M. Thiers (*loc. cit.*, p. 469), le triomphe le plus éclatant de l'égalité même. » Je ne sais si *ce beau système de récompenses*, comme il l'appelle, était aussi favorable qu'il l'affirme à l'esprit d'égalité; mais ce que je sais bien, c'est qu'il devait achever de ruiner ce qui pouvait subsister encore, je ne dirai pas seulement d'esprit républicain, mais de vertu civique, en donnant au chef de l'État le moyen d'allécher et de s'attacher par ces distinctions dont il disposait en maître, non-seulement les soldats de son armée, mais les fonctionnaires de son gouvernement ou de son administration, et en général les citoyens de tous les rangs. « Cette institution, s'écrie M. Thiers dans son enthousiasme (*ibid.*), ne compte guère plus de quarante ans, et elle est déjà consacrée comme si elle avait traversé les siècles! » Je le crois bien : une institution qui offre aux gouvernants un instrument si commode et aux gouvernés des *hochets* si recherchés [que nul ne me jette le gant pour cette expression : elle est de Napoléon lui-même (1)], une telle insti-

---

(1) « *C'est avec des hochets* que l'on mène les hommes, disait à ce propos Bonaparte au Conseil d'État. Je ne dirais pas cela à une tribune; mais dans un conseil de sages et d'hommes d'État, on doit tout dire. Je ne crois pas que le peuple français aime *la liberté et l'égalité.* » Et dans la suite de son discours il présentait la Légion d'honneur comme un moyen d'asseoir définitivement la République! « Croyez-vous que la République soit définitivement assise? Vous vous tromperiez fort. Nous sommes maîtres de la faire; mais nous ne l'avons pas, et nous ne l'aurons pas si nous ne jetons sur le sol de la France quelques masses de granit. » Voy. *Mémoires de Thibaudeau.* — Cf. *Histoire de la Révolution française,* par Mignet, t. II, p. 298.

tution ne pouvait manquer de fleurir sur un sol que Napoléon avait rendu au système monarchique. Toutefois l'esprit qui avait fait la Révolution n'était pas encore complétement étouffé ; il s'éleva, même au sein des corps officiels, contre cette institution rétrograde. Elle n'obtint dans le Conseil d'État que quatorze voix contre dix, dans le Tribunat que trente-huit contre cinquante-six, et dans le Corps législatif que cent soixante-six contre cent dix. « L'opinion, remarque M. Mignet (t. II, p. 300), montra pour ce nouvel ordre de chevalerie une répugnance encore plus marquée : ceux qu'on en investit d'abord en furent presque honteux, et le reçurent avec une sorte de dérision. »

A la maxime que je rappelais tout à l'heure : corrompre pour asservir, Bonaparte en joignit une autre qu'on pourrait formuler ainsi : effrayer pour asservir. La terreur fut aussi un de ses grands moyens de succès. Il l'employa de deux façons. D'une part, il exploitait à son profit et au moyen du mensonge la peur que causait aux esprits faibles le nom seul du jacobinisme ; cette tactique qui lui avait réussi au 18 brumaire, il continua de l'employer toutes les fois que cela lui était utile. Il paralysait, dit madame de Staël (1), toute espèce de résistance à ses volontés par ces mots : « Voulez-

---

(1) *Considérations sur la Révolution française*, IVᵉ partie, chap. III.

vous que je vous livre aux Jacobins? » D'autre part, tandis qu'il faisait ainsi du jacobinisme un épouvantail, il renouvelait la terreur pour son propre compte; et à cet égard il aurait fort bien pu s'appliquer à lui-même ce qu'il disait à Sainte-Hélène, que « les terroristes et leur doctrine avaient survécu à Robespierre » (1).

A peine installé au pouvoir (26 brumaire), Bonaparte rendait un arrêté condamnant un certain nombre de citoyens, et parmi eux des représentants du peuple, les uns à l'internement dans le département de la Charente-Inférieure, les autres à la déportation dans la Guyane française. Cet arrêt où se trouvaient accolés à quelques noms, à tort ou à raison mal famés, des noms de citoyens recommandables ou illustres, comme Jourdan, le vainqueur de Fleurus, excita une telle indignation (l'opinion publique n'était pas encore tout à fait écrasée) que le triumvirat ne put l'exécuter; il se contenta de soumettre à la surveillance de la police les individus compris sur sa liste. Mais Bonaparte ne laissa pas longtemps dormir cette arme exécrable de la déportation arbitraire : un an après, à la suite de l'attentat de la *machine infernale*, le Premier Consul rendit un arrêté par lequel il déportait hors du territoire de la République, c'est-à-dire à Cayenne, cent trente individus dont le ministre de la police Fouché avait dressé la liste, bien

---

(1) *Mémorial*, 18 novembre 1815.

qu'il les sût parfaitement innocents du crime qu'on leur imputait. « Tous ces hommes, disait l'ex-conventionnel dans son rapport au Conseil d'État, n'ont pas été pris le poignard à la main; mais tous sont universellement connus pour être capables de l'aiguiser et de le prendre. Il ne s'agit pas seulement de punir le passé, mais de garantir l'ordre social. » Bonaparte lui-même à ce moment doutait au moins de leur culpabilité, puisqu'il ne voulut pas que les Jacobins fussent dénoncés comme auteurs de la *machine infernale*; il n'en signa pas moins cet arrêté *sans aucune hésitation*, dit M. Thiers (t. II, p. 331), et le Sénat, suivant un arrangement secret concerté d'avance, déclara que la résolution du Premier Consul était une mesure *conservatrice de la Constitution*.

M. Thiers, à qui j'ai emprunté les précédents détails, ajoute plus loin (p. 336) que, quand les auteurs de la *machine infernale* eurent été découverts, « le Premier Consul, qui ne se souciait guère des formes violées et ne songeait qu'aux résultats obtenus, ne laissa voir aucun regret. Il trouva que ce qu'*on* avait fait était bien fait. » On ne peut reprocher ici à l'historien d'avoir voulu complétement justifier un acte non-seulement aussi arbitraire, mais aussi inique; mais il faut reconnaître aussi qu'il est loin de le flétrir comme il convient, et qu'il cherche même à en atténuer l'odieux autant qu'il lui est possible, tant il pousse loin la complaisance pour la gloire de son héros!

C'est à cette époque que le Premier Consul, qui avait déjà à son service les *commissions militaires*, fit voter une loi instituant des *tribunaux spéciaux*, composés de trois juges ordinaires, de *trois militaires* et de *deux adjoints, ces cinq derniers choisis par le gouvernement*. Cette loi, « aigrement attaquée, dit M. Thiers (p. 341) par les opposants ordinaires (Daunou, Constant, Ginguené et autres), » rencontra même une certaine opposition dans le Corps législatif, « dans cette assemblée toute dévouée au gouvernement », où Français de Nantes « fit entendre, dit encore M. Thiers, un langage peut-être trop peu mesuré » ; mais enfin, ai-je besoin de le dire? elle fut votée selon le vœu de Bonaparte.

A ces déportations arbitraires, à ces commissions militaires, à ces tribunaux spéciaux sur lesquels le Premier Consul étayait son pouvoir, joignez cette armée d'espions qui couvrait le sol de la République ; ces oreilles toujours ouvertes dans toute la France pour saisir au passage, comme dit Channing, les moindres chuchotements des mécontents ; cet œil inquisitorial de la police qui pénétrait partout, dans les théâtres, dans les cafés, dans les promenades publiques, dans les salons, même dans les appartements les plus secrets des courtisans, et jusque dans le cabinet du Premier Consul, comme le prouvait un jour Fouché à Bonaparte, qui se plaignait de ce que la police était mal faite (1) ; cet écho dont parlait Fon-

(1) *Mémoires* de Gohier, t. II, p. 19.

tanes lui-même dans une lettre à Guéneau de Mussy au sujet de Chateaubriand (1), *cet écho qui redit tout et qui est à la poste où toutes les lettres sont décachetées;* enfin, ce qui est plus odieux encore que tout le reste, ces agents provocateurs, qui poussaient des malheureux comme ceux dont M. Thiers raconte la déplorable histoire (2) à comploter contre le Premier Consul, afin de fournir à celui-ci une occasion de répression et par là de terreur. Tout cela n'est que l'exacte vérité, et combien d'autres traits je pourrais ajouter à ce tableau? J'en veux citer encore un assez remarquable.

Un des griefs le plus souvent allégués contre le Directoire était la loi des otages, « loi injuste et violente, comme dit avec raison M. Thiers (t. I, p. 10), en vertu de laquelle tous ceux qui étaient ou parents

---

(1) Citée par M. Sainte-Beuve dans son ouvrage *Chateaubriand et son groupe littéraire.*

(2) Il importe de signaler cette histoire à l'attention de nos contemporains. La voici donc, telle que la raconte M. Thiers (t. II, p. 333-334). « Ceracchi, Arena, Demerville et Topino-Lebrun étaient entrés, au mois d'octobre précédent (c'est-à-dire deux mois avant l'attentat du 3 nivôse), dans un complot tendant à assassiner le Premier Consul à l'Opéra. Mais aucun d'eux n'avait le courage, peut-être même l'intention bien arrêtée de contribuer à l'exécution du complot. Les agents de police qu'on leur fournit, et auxquels ils donnèrent des poignards, développèrent en eux, plus qu'elle n'y était, la résolution du crime. Mais en tous cas, ils ne s'étaient pas présentés sur le lieu d'exécution, et Ceracchi, arrêté seul à l'Opéra, n'était pas même armé de l'un des poignards qu'ils s'étaient distribués entre eux. C'étaient des déclamateurs qui souhaitaient certainement la destruction du Premier Consul, mais qui jamais n'auraient osé la consommer. On les jugea le 9 janvier (1801)...... Tous les quatre, condamnés à mort, furent, après un inutile pourvoi devant la Cour de cassation, exécutés le 31 janvier suivant. »

ou complices supposés des Vendéens, devaient être détenus et punis de certaines peines, en répression des actes qui se commettaient dans les localités dont ils répondaient comme otages. » M. Thiers félicite le gouvernement consulaire d'avoir aboli cette loi, que d'ailleurs le gouvernement du Directoire avait laissé dormir; fort bien, mais à peine la loi des otages était-elle rapportée, que le *Moniteur* fulminait les menaces suivantes contre les communes suspectes de chouannerie :

« On n'attend plus, pour prendre les mesures les plus rigoureuses contre les rebelles, que quelques renseignements sur les véritables dispositions de leurs chefs. Au nombre des moyens arrêtés on cite l'abandon à l'armée et aux gens fidèles du pays de tous les biens de ceux qui auront pris les armes ou qui ne justifieront pas de leur résidence chez eux depuis une époque donnée. On assure que cette mesure aura lieu deux jours après une dernière sommation, qui sera faite aux insurgés; que quiconque aurait pris les armes pour opérer l'anéantissement des rebelles sera admis au partage de leurs biens; que le partage se fera sur-le-champ et après la prise de possession de chaque pays; que les commissaires partageront les propriétés des rebelles en lots équivalant à 300 fr. de revenu; et que les soldats ou habitants fidèles, dont les noms sortiront les premiers de l'urne où on les renfermera, jouiront des premiers lots, ainsi de suite, jusqu'à ce que le pays se trouve entièrement soumis et peuplé de propriétaires intéressés au maintien de la République. »

Et quatre jours après, un arrêté déclarait les communes circonscrites dans l'arrondissement de l'armée d'Angleterre hors la Constitution et les traitait comme ennemis du peuple français.

Pourquoi, demanderai-je avec M. Pelletan (1), M. Thiers, qui blâme si énergiquement la loi des otages, garde-t-il ici le silence ?

L'article et l'arrêté que je viens de rappeler marquent les débuts du Consulat, ces débuts tant admirés par M. Thiers; l'exécution du duc d'Enghien le couronne dignement.

Tout le monde connaît cet acte odieux; mais il ne sera peut-être pas inutile d'en rappeler les principales circonstances et d'en bien préciser le caractère et le but.

Le duc d'Enghien vivait retiré et tranquille à Ettenheim, dans le grand-duché de Bade. Conjecturant, sur de vaines apparences, que ce prince n'avait pas été étranger à la conspiration de Georges, et confirmé dans ses soupçons par le faux rapport de l'espion envoyé à Ettenheim, Bonaparte, sans chercher d'autre éclaircissement, et au mépris du droit des gens et de la foi des traités qui proclamaient l'inviolabilité du territoire habité par le duc d'Enghien, le fait enlever (15 mars 1804) par un détachement de dragons et

---

(1) *Revue de Paris*, 1ᵉʳ avril 1856, p. 101.

transporter à Vincennes. Là, une commission militaire, nommée d'après ses ordres pour juger le prévenu *sans désemparer*, l'interroge à deux heures du matin; à quatre, sans pouvoir alléguer aucune autre pièce que l'arrêté des Consuls, sans avoir entendu aucun témoin ni appelé aucun défenseur, elle rend un jugement qui le condamne à mort, et, suivant l'ordre qu'elle a reçu elle-même, *ordonne que le présent jugement sera exécuté de suite*. Ce jugement avait été rédigé avec une telle précipitation qu'il laissait en blanc le titre de la loi en vertu de laquelle on était censé condamner le duc d'Enghien, et qu'il fallut le lendemain, après l'exécution, en rédiger un second.

En vain le prisonnier, fort de son innocence, a demandé une entrevue avec le Premier Consul, ce qu'il n'avait cessé de faire depuis son arrestation; l'ordre a été donné par Bonaparte au colonel Savary (le futur duc de Rovigo) de tout finir dans la nuit. Aussi, avant que le jour eût reparu, on faisait descendre le malheureux jeune homme par un escalier tortueux dans les fossés du château, on le fusillait à la lueur des lanternes, et on le jetait tout habillé dans la fosse qu'on avait creusée la nuit pendant qu'on le jugeait. Les ordres de Bonaparte étaient exécutés.

M. Thiers, qui analyse ces ordres si *complets* et si *positifs*, suivant ses expressions (t. IV, p. 602), ajoute que le soir même où le duc d'Enghien devait être jugé, un nouvel ordre fut envoyé au ministre de la police, Réal, de se transporter à Vincennes pour interroger longuement le prisonnier, mais que les serviteurs de ce ministre n'ayant pas osé réveiller leur maître, cet ordre, qui eût pu sauver la vie du prince, ne fut remis à Réal qu'à cinq heures du matin, quand tout était fini.

Il est bien peu vraisemblable que si Bonaparte eût réellement donné ce nouvel ordre, ou que si, l'ayant donné, il eût tenu à le faire exécuter, il n'eût pas pris toutes les mesures nécessaires pour qu'aucun obstacle ne pût l'entraver : il ne négligeait rien en pareil cas (les instructions précédemment envoyées le prouvent assez), et avec lui il n'y avait pas de sommeil qui tînt. En tous cas, ce fut par ses ordres que le duc d'Enghien fut enlevé d'Ettenheim, transporté à Vincennes, jugé, condamné et fusillé *sans désemparer;* et Bonaparte a lui-même revendiqué devant la postérité l'entière responsabilité de cette sauvage exécution en écrivant dans son testament : « Dans une circonstance semblable, j'agirais encore de même. »

L'excuse alléguée ici par M. Thiers n'est pas, d'ailleurs, la seule singularité de son récit. Croirait-on qu'il profite de cette occasion pour déclarer que le cœur du Premier Consul était généreux et bon ? Croirait-on qu'il ne s'attendrit pas moins sur les exécuteurs du meurtre que sur la victime ? « Ces malheureux juges, dit-il (p. 605); affligés de leur rôle plus qu'on ne peut dire (1), prononcèrent la mort. »

Mais quel fut le but de cet acte odieux, « l'un des plus révoltants auxquels ait pu s'abandonner un gouvernement absolu », comme disait, en 1823, M. Dupin aîné dans une brochure destinée à fournir aux Français *de nouveaux motifs pour se réjouir de l'abolition du gouvernement militaire* (p. 9) (2)?

(1) M. Thiers représente aussi le général Caulaincourt, qui avait été l'un des instruments de l'attentat d'Ettenheim, poussant des cris de désespoir à la nouvelle de la fin tragique du duc d'Enghien. Mais, ainsi que le dit M. Charras dans une note de la quatrième édition de son *Histoire de la campagne de* 1815, p. 458, « comment croire à ce désespoir en voyant Caulaincourt non-seulement ne pas se démettre de ses fonctions d'aide de camp du Premier Consul, mais encore se laisser combler de faveurs? Trois mois après le meurtre du duc d'Enghien, il était nommé grand-écuyer de la Couronne, six mois plus tard grand-aigle de la Légion d'honneur et général de division, et, à deux ans de là, duc de Vicence. » — M. Thiers a d'ailleurs commis, au sujet du rôle de Caulaincourt dans l'affaire du duc d'Enghien, une très-grave erreur relevée par M. Charras dans la même note. L'auteur de l'*Histoire du Consulat et de l'Empire* affirme que Caulaincourt n'eut pour sa part qu'une lettre à porter (au grand-duc de Bade). A cette assertion, M. Charras oppose les instructions de Bonaparte au ministre de la guerre. D'après ces instructions, Caulaincourt devait non-seulement se rendre à Offenbourg pour arrêter plusieurs agents du gouvernement anglais, dont la présence dans ce lieu avait été signalée, mais aussi aider le général Ordener dans sa mission (l'enlèvement du duc d'Enghien). Il n'est qu'équitable de rappeler ici que Caulaincourt, nommé ambassadeur de France à Pétersbourg, adressa au czar de Russie des pièces établissant qu'il était resté complétement étranger à la capture du duc d'Enghien, et qu'Alexandre admit, après examen, sa justification. Enfin, Caulaincourt a écrit dans son testament les lignes suivantes : « On ne ment pas à Dieu en présence de la mort. Je jure que je n'ai jamais été pour rien dans l'arrestation du duc d'Enghien. » (*Histoire des trois derniers princes de la maison de Condé*, par Crétineau-Joly, t. I, p. 317.)

(2) *Pièces historiques relatives au procès du duc d'Enghien, précédées de la discussion des actes de la commission militaire,*

Pour répondre à cette question, je pourrais, comme on l'a déjà fait, renvoyer au *Prince* de Machiavel (chap. VIII); j'aime mieux citer Bonaparte lui-même : « J'ai fait juger et exécuter promptement le duc d'Enghien, disait-il à son Conseil d'État, pour éviter de tenter les émigrés qui se trouvent ici (1). » Il avait dit à M. de Fontanes, dans une entrevue qui eut lieu le jour même de l'exécution, et où ce triste personnage s'était montré épouvanté, mais silencieux : « On y regardera à partir d'aujourd'hui, car *on saura de quoi nous sommes capables* (2). » Ainsi c'est un coup de terreur qu'il avait voulu frapper en frappant ce malheureux jeune homme au mépris de toute justice et de toute loi. Il avait voulu *terrifier* ses ennemis et leur prouver qu'aucun obstacle, aucun sang n'était capable de l'arrêter. Mais en parlant à M. de Fontanes et au Conseil d'État de la nécessité de défendre sa personne, et dans sa personne ce qu'il appelait la Révolution, il ne disait pas encore

---

1823. — M. Dupin aîné, devenu sous le second Empire procureur général de la Cour de cassation et sénateur, terminait ainsi cette brochure : « Lave tes mains, ô Pilate..., elles sont teintes du sang innocent! Tu l'as sacrifié par faiblesse; tu n'es pas plus excusable que si tu l'avais sacrifié par méchanceté! Juges iniques de tous les temps, de tous les pays, de tous les régimes; vous tous qui avez eu l'affreux malheur de juger sans pouvoir, sans formes et sans lois; instruments dociles des vengeances du pouvoir, de l'ambition d'un chef ou de la réaction des partis, que l'infamie vous suive à travers les âges futurs! Que la postérité vous déteste comme un exemple à fuir pour ceux qui seraient tentés de vous imiter! C'est le devoir et l'intérêt de toutes les générations! *C'est mon sentiment particulier.* »

(1) *Mémoires* de Miot.
(2) Thiers, p. 608.

tout ce qu'il pensait : il ne disait pas que le cadavre du duc d'Enghien lui devait servir de marche pied pour monter au trône impérial (1).

(1) L'exécution du duc d'Enghien eut lieu le 21 mars 1804 ; le 18 mai de la même année, Napoléon se faisait saluer du titre d'Empereur.

QUATRIÈME LEÇON

LE CONCORDAT. — LE CODE CIVIL. — LA POLITIQUE
EXTÉRIEURE DU CONSULAT.

On a vu quel despotisme, renouvelé de l'ancien régime ou plutôt des Césars, l'auteur du 18 brumaire, devenu le Premier Consul de la République, étendit sur la France dans l'ordre politique, administratif, judiciaire, et par quel système de corruption et de terreur il soutint et consolida cet effrayant édifice. Mais cette image du despotisme consulaire n'est pas encore complète : il y a encore un autre ordre de choses et d'autres droits sacrés que ce despotisme devait être jaloux d'absorber pour que rien ne manquât à son omnipotence, je veux parler de l'ordre religieux et des droits de la conscience humaine. Bonaparte devait aspirer à gouverner le monde religieux (je me sers ici de ses propres expressions) (1) avec la même facilité qu'il gouvernait déjà le monde

(1) *Mémorial*, 17 août 1816.

politique; et plus la religion peut avoir d'empire sur les âmes, plus il lui importait d'en faire un instrument de règne. Tel fut le but du *Concordat*. M. Thiers le caractérise lui-même très-justement, plus justement peut-être qu'il ne le croit, en disant (t. III, p. 226) « qu'il n'avait d'autre but que de réorganiser, autant que possible, l'Église sur le même pied que l'État », c'est-à-dire, en vérité, sur le modèle du despotisme le plus absolu qui fût jamais.

Que M. Thiers vante cependant le Concordat comme « une œuvre admirable, la plus belle de Napoléon », il n'y a rien là qui doive nous étonner, après ce que nous avons déjà vu de cet historien; mais qu'il cesse alors de nous représenter Napoléon comme le continuateur de la Révolution, car il n'y a pas de point sur lequel celui-ci ait plus audacieusement anéanti le progrès accompli par la Révolution, et plus manifestement rétrogradé vers l'ancien régime pour satisfaire son amour du despotisme et accomplir ses desseins ambitieux.

La Révolution, en effet, qui, je suis le premier à le reconnaître, s'était engagée au début dans une fausse voie en décrétant *la constitution civile du clergé*, si peu conforme au principe de la liberté des cultes, et qui, par suite de cette intervention dans les affaires ecclésiastiques, avait été entraînée à de regrettables violences à l'égard des prêtres, auxquels leur conscience n'avait pas permis de prêter le serment exigé; la Révolution était enfin arrivée, après bien des erreurs et bien des déchirements, à reconnaître et à pratiquer les vrais principes en matière religieuse.

La Constitution si indignement foulée aux pieds par Bonaparte, la Constitution de l'an III (art. 354) les formulait ainsi : « Nul ne peut être empêché d'exercer, en se conformant aux lois, le culte qu'il a choisi. Nul ne peut être forcé de contribuer aux dépenses d'aucun culte. La République n'en salarie aucun. »

Ainsi le principe de la *liberté de conscience*, et, ce qui en est la conséquence logique, celui de la séparation de l'Église et de l'État, étaient formellement proclamés par la Constitution de l'an III. Aux termes de cette Constitution, la religion et le culte redevenaient ce qu'ils auraient dû toujours être, et ce que depuis ils n'auraient pas dû cesser d'être, des choses de foi intime, une affaire de conscience, que l'État abandonnait, comme il convient, à la liberté de chacun, et qu'il affranchissait de toute intervention et de toute contrainte publiques.

La loi du 4 vendémiaire an IV, consacrant ces grands principes, en avait tiré les applications qu'ils comportent, et avait entrepris de fonder en France le régime de la liberté religieuse tel qu'il existait dès lors aux États-Unis (1).

(1) « Sauf, dit M. V. Chauffour-Kestner dans ses *Notes sur l'Histoire du Consulat et de l'Empire, par M. Thiers*, p. 57-58, « sauf un très-petit nombre de dispositions, qui portent l'empreinte du temps

Cette liberté n'était pas restée une lettre morte : elle s'était largement établie, en fait, à la faveur de la loi. Toutes les communions se gouvernaient elles-mêmes dans une entière indépendance, et l'Église catholique, placée sur le même pied que toutes les autres, jouissait de la même liberté.

A la vérité, une loi révolutionnaire, portée le lendemain du coup d'État provoqué par les machinations des royalistes et d'une partie du clergé catholique, la loi du 19 fructidor an V, avait rétabli pour tous les ecclésiastiques la nécessité de prêter le serment de haine à la royauté et à l'anarchie, d'attachement et de fidélité à la République et à la Constitution de l'an III; mais cette loi, si regrettable d'ailleurs, avait un caractère exclusivement politique, nullement religieux; et il suffisait de la rapporter et de faire tomber du même coup les mesures de rigueur exercées contre les prêtres réfractaires au serment qu'elle exigeait d'eux, pour que le régime de la liberté de conscience se trouvât rétabli dans toute son étendue.

C'était aussi tout ce que demandait l'opinion publique. « Le vœu général de la nation, dit Mme de Staël (1), se bornait à ce que toute persécution cessât désormais à l'égard des prêtres, et qu'on n'exigeât

---

et qui ne tiennent pas au principe, cette loi pourra être reprise quand la France moderne, revenant à sa tradition, voudra fonder sérieusement la liberté de conscience, en lui donnant pour base la séparation de l'Église et de l'État. »

(1) *Considérations sur la Révolution française*, IVe partie, chapitre VI.

plus d'eux aucun genre de serment; enfin que l'autorité ne se mêlât en rien des opinions religieuses de personne. » Or il n'y avait pour cela qu'à consolider et à perfectionner l'œuvre entreprise par la loi de l'an IV, conformément aux principes proclamés par la Constitution de l'an III, et la liberté religieuse existait en France aussi complète qu'en Amérique, plus complète qu'elle ne l'est encore aujourd'hui dans aucun pays de l'Europe, même parmi les plus libres.

Voilà le fruit si précieux, et, comme tous les autres fruits de la Révolution, si chèrement acheté, qu'allait écraser Bonaparte, ce représentant de la Révolution, comme il s'appelait et comme l'appelle M. Thiers, pour restaurer le système de la *religion d'État*, ou du moins de la religion *reconnue par l'État*, de la réglementation du culte par l'État, en un mot de l'oppression des consciences par l'État.

Le but que poursuivait le Premier Consul en agissant ainsi était bien clair, et il faut en vérité toute la bonne volonté de M. Thiers pour se faire illusion à ce sujet. « Il lui fallait, ainsi que le dit Mme de Staël (1), un clergé comme des chambellans, comme des titres, comme des décorations, enfin comme toutes les anciennes cariatides du pouvoir »; il lui fallait ce qu'un des anciens serviteurs de Bonaparte, le comte Miot de Melito, appelle dans ses *Mémoires* (2) *des professeurs d'obéissance passive à son profit;*

---

(1) *Loc. cit.*
(2) Tome II, p. 22.

Mais écoutez M. Thiers : il n'y a que des *détracteurs* de Bonaparte, qui aient pu vouloir donner l'ambition « comme l'unique motif de sa conduite en cette circonstance ; *il n'en avait pas d'autre alors que de faire le bien en toutes choses;* et sans doute, s'il voyait comme récompense de ce bien accompli une augmentation de pouvoir (le trône impérial), il faut le lui pardonner. C'est la plus noble, la plus légitime ambition que celle qui cherche à fonder son empire sur la satisfaction des vrais besoins du peuple » (t. III, p. 209).

Quels étaient donc ici, suivant M. Thiers, ces vrais besoins du peuple que le Premier Consul cherchait à satisfaire ? « Il faut, dit notre historien (p. 205) en commentant les motifs que Bonaparte avait soin de mettre en avant auprès de certains hommes, il faut une croyance religieuse, il faut un culte à toute association humaine. » Mais si, ce que je ne conteste pas, ce besoin d'une croyance religieuse est si profond, il trouvera bien à se satisfaire, comme il arrive en Amérique, sans que l'État y intervienne ; et l'État, en y intervenant, ne peut qu'en étouffer la libre manifestation et en altérer la pureté. Il est vrai que M. Thiers ne voit que *trouble profond* dans les *divergences religieuses* qui naissent de la liberté des opinions, et que *l'aspect moral d'une société déchirée par mille sectes* (p. 202) comme celle de l'Amérique, l'afflige presque autant qu'elle affligeait Bossuet. Comme Bonaparte, il ne voit la vie que dans l'*unité*;

et, puisque cette unité existait dans la religion catholique, et que « cette religion, une fois la tempête passée, s'était retrouvée au fond des âmes, comme *la croyance naturelle et indispensable de la France et de l'Europe* (p. 207), » Bonaparte agissait avec une profonde sagesse, « il était dans le vrai rôle que lui assignait la Providence en relevant de ses mains victorieuses cet autel vénérable »; car, s'écrie M. Thiers, « quoi de plus indiqué, de plus nécessaire en 1800 que de relever cet autel de saint Louis, de Charlemagne et de Clovis un instant renversé »!

Mais que veut dire notre historien par cette belle phrase? A l'époque où Bonaparte s'empara du pouvoir, le culte catholique s'exerçait publiquement et librement. Au moment du Concordat, la religion catholique, suivant Thibaudeau (1), n'avait pas moins de 7 500 000 adhérents, c'est-à-dire 7 500 000 personnes qui, sans aucune espèce de contrainte de la part de l'État, contribuaient volontairement aux frais du culte. L'autel catholique n'était donc plus à relever, et M. Thiers n'oserait soutenir cette grosse erreur historique, si souvent répétée, que Bonaparte a rendu au catholicisme le droit d'exercer son culte et rouvert les églises; mais ce qu'il entend par relever l'autel de saint Louis, de Charlemagne et de Clovis, c'est restaurer l'édifice temporel de la religion catholique, cet édifice gothique si justement

---

(1) *Mémoires sur le Consulat*, t. II.

renversé par la Révolution, en consacrant, à Rome, le pouvoir temporel du Pape, et en restituant, en France, au catholicisme, le caractère, sinon de la religion d'État, du moins d'une *religion officielle*, proclamée celle de la majorité des Français.

Voilà ce qui, selon M. Thiers, était indiqué et nécessaire en 1800 ; voilà ce qui répondait, suivant lui, aux vrais besoins du peuple, à l'esprit du temps. Et pourtant il convient (p. 232) que « si les patriotes français, tout pleins encore des idées du XVIII⁵ siècle, voyaient avec peu de satisfaction le rétablissement de l'Église catholique (dans le sens où l'entend notre historien), les patriotes italiens voyaient avec désespoir relever chez eux le gouvernement des prêtres. » Il constate la résistance que le Concordat rencontra en France dans tous les corps de l'État, si dévoués pourtant et si serviles : au Conseil d'État, où il fut accueilli avec une froideur glaciale ; dans le Tribunat, où il souleva une vive opposition ; dans le Corps législatif, dans le Sénat lui-même, parmi les ministres de Bonaparte, parmi ses généraux et chez ses propres frères. Mais M. Thiers n'en persiste pas moins à penser que le Premier Consul, en faisant le Concordat, comprenait mieux que personne ce qu'exigeait l'esprit du temps.

Il ajoute qu'en agissant ainsi Bonaparte obéissait d'ailleurs à sa constitution morale qui le portait aux idées religieuses (p. 209), c'est-à-dire aux idées catholiques, car il semble qu'il n'y en ait pas d'autres pour M. Thiers. J'ai déjà eu occasion de rappeler, dans mon livre sur les *Martyrs de la libre pensée*, (p. 268-270), ce qu'étaient les sentiments religieux ou catholiques de Bonaparte (1); mais au petit tableau où notre historien nous représente ici Bonaparte, nourri dans un pays inculte et religieux, sous les yeux d'une mère pieuse (madame Lœtitia), se déclarant ému au son des cloches du village voisin de la Malmaison et à la vue du vieil autel catholique, je veux opposer le mot que disait à Cabanis, au rapport de madame de Staël (*loc. cit.*), l'auteur du Concordat : « Savez-vous ce que c'est que le Concordat que je viens de signer ? c'est la vaccine de la religion ; dans cinquante ans, il n'y en aura plus en France (2). » Veut-on de son respect

---

(1) Sur la nature des sentiments religieux de Napoléon, voy. l'ouvrage de M. de Pressensé, *l'Eglise et la Révolution française*, t. IV, ch. I. — M. de Pressensé a aussi fait justice de ce mensonge historique, que le Premier Consul a relevé les autels : quoiqu'il se montre fort injuste à l'égard du Directoire et qu'il ne tienne aucun compte des machinations d'une partie du clergé catholique contre la République, il a très-bien montré que le culte catholique n'avait point attendu le Consulat pour se relever, que l'Église constitutionnelle s'était librement reconstituée et largement développée sous le régime antérieur, et que, pendant un certain temps au moins, jusqu'au 18 fructidor, les insermentés eux-mêmes n'avaient rencontré à Paris aucune difficulté pour le rétablissement de leur culte. Il constate que de 1795 à 1799, trente-deux mille paroisses avaient été rouvertes.

(2) M. Thiers contesterait peut-être ce propos ; voici un témoignage qu'il ne saurait récuser, c'est le discours que le général Bonaparte adressa au Directoire, au retour de sa première campagne d'Italie : « Le peuple français, disait-il (*Moniteur*, t. XXIX, p. 90), pour obtenir une constitution fondée sur la raison, avait *dix-huit siècles de préjugés à vaincre*. La Constitution de l'an III et vous,

pour la religion catholique un autre exemple, tiré du *Mémorial* lui-même (1) : il avait, de son propre aveu, à l'époque du Concordat, songé à faire cardinal l'ex-évêque d'Autun, le prêtre renégat et marié, M. de Talleyrand, et à le mettre à la tête des affaires ecclésiastiques.

Mais laissons de côté les sentiments religieux de Bonaparte, et voyons ce que c'était en réalité pour lui que le Concordat. Il est facile d'en déterminer le vrai sens, et l'ouvrage même de M. Thiers suffirait presque pour cela.

Le Concordat était destiné à régler, de concert avec le Pape, les rapports du clergé catholique et de l'État, mais de manière à faire du Pape et du clergé catholique les instruments de la domination du Premier Consul, le futur Empereur. Écoutez Napoléon lui-même parler du Concordat (2) : après avoir déclaré, ce que M. Thiers a oublié de rapporter, que, sur les ruines où il se trouvait placé, il pouvait choisir entre le catholicisme et le protestantisme, et que les dispositions du moment poussaient toutes à celui-ci, il ajoutait : « Avec le catholicisme j'arrivais bien plus aisément à tous mes grands résultats... Au dehors le catholicisme me conservait le Pape ; et avec mon influence et mes forces en Italie, je ne déses-

---

avez triomphé de ces obstacles. La *religion,* la féodalité et le royalisme ont successivement depuis vingt siècles gouverné l'Europe ; mais de la paix que vous venez de conclure datera l'ère des gouvernements représentatifs. »

(1) 12 mars 1816.
(2) *Mémorial,* 17 août 1816.

pérais pas tôt ou tard, par un moyen ou par un autre, de finir par avoir à moi la direction du Pape, et dès lors, quelle influence ! quel levier d'opinion sur le reste du monde ! » Est-ce assez clair ? En parlant ainsi à Sainte-Hélène, Napoléon ne faisait que confirmer ce qu'il avait dit, d'après l'Histoire même de M. Thiers (t. III, p. 216), dans le temps où il préparait le Concordat : « Il me faut le vrai Pape catholique, apostolique et romain, celui qui siége au Vatican. Avec les armées françaises et des égards, j'en serai toujours suffisamment le maître. Quand je relèverai les autels, quand je protégerai les prêtres, quand *je les nourrirai* et les traiterai comme les ministres de la religion méritent de l'être en tous pays, il fera ce que je lui demanderai... Il calmera les esprits, les réunira sous sa main et les *placera sous la mienne.* » L'esprit du Concordat est là tout entier : se servir du Pape et du clergé comme d'instruments pour placer les esprits sous sa main, voilà bien ce que voulait Bonaparte. Aux termes du Concordat, le Pape donnait l'institution canonique aux évêques, mais c'était le Premier Consul qui les nommait ; et, pour commencer, il s'était arrangé de manière à avoir à nommer tous les évêques (de même que par la Constitution de l'an VIII il s'était attribué, directement ou indirectement, le renouvellement de tous les corps de l'État et la nomination de tous les fonctionnaires publics). Ces évêques furent pourvus de très-gros traitements (il avait promis de les bien nourrir); il les accabla à la fois de richesses, de dignités et d'honneurs, et leur livra ce qui pouvait rester encore de liberté philosophique. Immédiatement après le Concordat, le gouvernement consulaire interdit le culte des *théophilanthropes*, culte ridicule peut-être, mais certainement fort innocent et fort inoffensif. Bientôt (août 1802), lorsque Bonaparte réorganisa, ou, pour parler plus juste, désorganisa l'Institut, cette création de la Convention nationale, il eut bien soin de supprimer la classe des *Sciences morales et politiques,* qu'il fit rentrer dans celle des *Belles-lettres,* afin, dit M. Thiers (t. IV, p. 217), de « se défaire d'une société littéraire (les *idéologues*) qui contrariait ses vues politiques à l'égard du rétablissement des cultes ».

Grâce à cette politique, il trouva, en effet, dans le clergé français, aussi longtemps du moins que sa puissance demeura intacte, un instrument docile à ses desseins, en même temps qu'il en recueillit le plus grossier encens ; mais il reconnut plus tard qu'il s'était trompé en croyant qu'il l'enchaînerait à jamais à son char. « La suite a prouvé, dit le comte Miot de Mélito (t. II, p. 21), qu'au temps de ses revers il n'eut pas de plus intraitables ennemis que ces prêtres auxquels il avait rendu une si dangereuse influence sur la société. » Quant à la paix religieuse que le Concordat, suivant M. Thiers, avait eu uniquement pour but d'assurer, elle ne fut guère de plus longue durée que la paix politique qu'il venait de signer.

Bonaparte ne tarda pas à s'apercevoir qu'il ne viendrait pas aussi aisément à bout du Pape qu'il l'avait espéré. A peine le Concordat était-il signé, que déjà les froissements et la lutte commençaient; et à peine quelques années s'étaient-elles écoulées que la rupture éclatait, que l'Empereur faisait prisonnier le Pape qu'il n'avait pu diriger à sa guise, emprisonnait les cardinaux, et réunissait Rome à l'Empire. Voilà où aboutissait ce Concordat célébré par M. Thiers comme « le chef-d'œuvre de la politique (1) ».

Mais en attendant, et malgré les difficultés qui s'étaient déjà élevées, le premier Consul voulut qu'une fête solennelle fût célébrée à Notre-Dame en l'honneur du Concordat. « Bonaparte, raconte madame de Staël, se rendit à l'église dans les anciennes voitures du roi, avec les mêmes cochers, les mêmes valets de pied marchant à côté de la portière ; il se fit dire, jusque dans le moindre détail, toute l'étiquette de la cour ; et, bien que Premier Consul d'une république, il s'appliqua tout cet appareil de la royauté. Rien, je l'avoue, ne me fit éprouver un sentiment d'irritation pareil. Je m'étais enfermé dans ma maison pour ne pas voir cet odieux spectacle ; mais j'y entendais les coups de canon qui célébraient la servitude du peuple français... Au retour de Notre-Dame, le Premier Consul, se trou-

---

(1) Sur le Concordat et les relations de Napoléon avec le Saint-Siége, voy. les *Mémoires* de Consalvi et l'ouvrage de M. d'Haussonville.

vant au milieu de ses généraux (qu'il avait dû forcer à assister à la cérémonie), leur dit : « N'est-il pas vrai qu'aujourd'hui tout paraissait rétabli dans l'ancien ordre ? » — « Oui, répondit noblement l'un d'entre eux, excepté deux millions de Français qui sont morts pour la liberté et qu'on ne peut faire revivre. » — Ce général avait raison ; je trouve seulement qu'il avait attendu un peu tard pour s'apercevoir de la chute de la liberté et regretter les milliers d'hommes qui s'étaient sacrifiés à cette cause.

M. Thiers, malgré ce qu'il a dit lui-même de l'opposition que souleva le Concordat et du mécontentement qui éclata le jour même de la cérémonie dans l'entourage de Bonaparte, M. Thiers prétend (t. III, p. 452) que ce jour-là, la « satisfaction était partout », et que « quiconque n'avait pas dans le cœur les mauvaises passions des partis, était heureux du bonheur public ». Or, entre tant d'autres témoignages contraires qu'on pourrait lui opposer (je ne parle plus de madame de Staël, à laquelle il reprocherait sans doute d'avoir eu dans le cœur les mauvaises passions des partis), voici ce que je trouve dans les *Mémoires* de Miot de Mélito, qui gouvernait alors la Corse : « Malgré l'attachement qu'en général les Corses portent à la religion catholique, la résolution qui la fondait de nouveau en France (comme religion politique) produisit en général très-peu de sensation. L'appareil que je fis mettre à la publication de la loi, le *Te Deum* et les messes solennelles ne firent qu'un assez médiocre effet. L'instinct pénétrant des Corses leur faisait deviner que ce n'était pas à la conviction intime de l'excellence du catholicisme que la démarche du Premier Consul devait être attribuée, mais à des desseins plus profonds. »

Quelles que fussent d'ailleurs les dispositions des esprits, trop souvent enclins à retomber dans la vieille ornière pour peu que le pouvoir les y pousse, il est incontestable que Bonaparte, en faisant le Concordat, se séparait une fois de plus de la Révolution française qu'il prétendait continuer, tournait le dos à ces grands principes de liberté de conscience qu'elle avait consacrés comme les lois distinctives de l'ère moderne, et rengageait la société dans les voies du moyen âge où elle se traîne encore si péniblement aujourd'hui, et où l'Italie rencontre en ce moment même de si dangereux écueils. Il ne faut point s'en étonner : comme le dit spirituellement Mme de Staël, « la cérémonie du Concordat n'était que la répétition habillée du couronnement ».

Ainsi, sur tous les points où la Révolution avait conquis la liberté, Bonaparte établit le despotisme. On a prétendu qu'en concentrant tous les pouvoirs dans sa main, il n'avait fait que suivre l'exemple de la Convention nationale; mais il y a entre la Convention nationale et Bonaparte une différence capitale qu'on oublie ou qu'on ne veut pas voir.

Quelque dictatoriale, quelque sanglante même qu'ait été la carrière de la Convention, elle n'en a pas moins travaillé à fonder et elle n'en a pas moins légué en fait les institutions les plus libres. Si l'on envisage à part ces institutions, on voit qu'elle s'y est en tout montrée fidèle à l'esprit de liberté qui avait animé la Révolution dès son début. La Constitution de l'an III, par exemple, qui fut l'œuvre de la Convention, respire, sous la forme républicaine, le même esprit libéral que la Constitution de 1791 sous la forme monarchique. Prenez au contraire les institutions de Bonaparte, il n'en est pas une qui ne porte le cachet du despotisme. C'est que, chez lui, la dictature n'était pas seulement un moyen, mais un but. Il emprunta bien à l'arsenal de la Révolution ses armes les plus terribles, mais pour les tourner contre les libres institutions qu'avait enfantées, à travers la crise la plus violente, le génie de la Révolution.

Celle-ci avait eu deux grands buts : la *liberté* et l'*égalité*. J'ai montré ce que Bonaparte fit de la liberté, et comment il anéantit sur ce point toutes les conquêtes accomplies ; mais sur le second point, l'égalité, il lui convint de s'approprier, sauf à la dénaturer bientôt à son tour, l'œuvre même de la Révolution. C'est en effet le propre du despotisme de chercher à consoler les hommes de la servitude par l'égalité. La liberté politique n'était plus qu'un vain mot ; il fallait au moins consacrer l'égalité civile et en arrêter la législation, en attendant qu'on pût y faire aussi les brèches qu'on croirait utiles au despotisme lui-même. Ainsi s'explique l'ardeur avec laquelle le Premier Consul travailla à la confection du *Code civil*. C'est ainsi que, déjà sous les Césars romains, on avait vu le droit civil se développer en raison inverse du droit politique, si toutefois on peut encore parler de droit civil là où l'Empereur est le maître absolu de la liberté, des biens et de la vie des citoyens, là où il peut faire emprisonner, déporter, dépouiller et tuer qui bon lui semble. Mais ici la besogne était toute préparée : il n'y avait qu'à recueillir, au profit de la tyrannie, l'héritage de la Révolution ; c'est ce que fit Bonaparte.

Il se vantait d'être le *créateur du Code civil* : « On ne peut m'enlever, disait-il à Sainte-Hélène (1), ce code de lois que j'ai *créées* ; il passera à la postérité la plus reculée. » Ses courtisans n'avaient pas manqué de le lui rapporter, comme s'il était en effet sa création. Le 3 septembre 1807, au milieu de l'Empire, ce code qui avait été décrété, à l'époque du Consulat, sous le simple titre de *Code civil des Français*, fut baptisé du nom de *Code Napoléon*, qu'il perdit depuis, mais qu'il a, hélas ! repris de nos jours. Cette flatterie courtisanesque a porté ses fruits : c'est aujourd'hui une opinion généralement admise, une sorte de thème historique, que le Code civil est le produit du génie de Napoléon. C'est là une exagération aussi ridicule que banale. Aussi ne sera-t-il pas sans intérêt et sans importance de la réfuter, et de mon-

---

(1) *Napoléon dans l'exil*, par O'Meara.

trer quelle fut au juste la part de Napoléon dans cette œuvre.

Et d'abord l'idée d'un code de lois uniformes pour toute la France devait naître avec la Révolution elle-même : elle lui était inhérente. Aussi, dès le 5 juillet 1790, l'Assemblée constituante décréta-t-elle que les lois seraient revues et réformées par les législateurs, et qu'il serait fait un *code de lois simples, claires et appropriées à la Constitution*. La Constitution de 1791 reproduisait elle-même cette disposition en ces termes : « Il sera fait un code de lois civiles *communes à tout le royaume*. » L'Assemblée législative, qui succéda à la Constituante, invita, par une adresse en date du 16 octobre 1791, tous les citoyens et *même les étrangers* à lui fournir leurs vues sur la formation du nouveau code. Enfin, lorsque la monarchie eut fait place à la république, la Convention, poursuivant la même idée, décrétait, le 24 juin 1793, « que le code des lois civiles et criminelles serait uniforme pour toute la République ».

Cette idée ne resta pas à l'état de pure conception. De grands travaux furent exécutés pour la réaliser. Dès le lendemain de la décision que je viens de rappeler, la Convention prescrivait au comité de législation de lui présenter, sous un mois, un projet de code civil (1). Deux mois après, un projet ayant été présenté par un

---

(1) Voyez le beau chapitre intitulé *le Code civil* dans la *Révolution* d'Éd. Quinet (t. II, p. 107-118).

des membres du comité, Cambacérès, vingt-six séances à peu près consécutives furent consacrées à la discussion de ce projet. On finit par l'abandonner parce qu'il parut trop compliqué. Un second projet, également présenté par Cambacérès, fut rejeté à son tour comme trop concis. Enfin un troisième projet, encore présenté par Cambacérès, sous le Directoire, après avoir été discuté à plusieurs reprises par le Conseil des Cinq-Cents, fut renvoyé à une commission chargée de mettre en ordre toutes les lois qui devaient composer le code. Cette commission travaillait activement, et déjà elle avait préparé plusieurs titres, lorsque survint le 18 brumaire.

On voit à quelle longue élaboration avait été déjà soumis le Code civil au moment où Bonaparte s'empara du pouvoir suprême. Sans doute ce Code n'était pas encore achevé : une telle œuvre ne s'accomplit pas dans un jour, surtout en temps de révolution; mais le travail était fort avancé, et les Conseils législatifs, renversés par Bonaparte, n'eussent pas manqué de le mener à bonne fin. Le nouveau pouvoir n'eut donc ici qu'à reprendre et à terminer une œuvre déjà en voie d'exécution.

Une nouvelle commission fut instituée par le gouvernement consulaire pour rédiger un nouveau projet. Cette commission était composée de légistes nourris des idées de la Révolution en matière civile, Tronchet, Bigot de Préameneu, Portalis, Malleville; mais, par l'effet de cette adoration de la puissance dont je parlais tout à l'heure, on sait à peine les noms de ces hommes éminents, encore moins ceux de leurs devanciers; le nom de Napoléon a effacé tous les autres, comme si le Code civil était sorti tout formé de son cerveau, ainsi que Minerve de la tête de Jupiter. M. Thiers ne l'appelle-t-il pas (t. V, p. 68) *un monument de l'esprit universel du chef de la République?*

Tout ce qu'il est vrai de dire, c'est que Bonaparte institua la nouvelle commission que je viens de rappeler; c'est qu'il donna une vigoureuse impulsion à ses travaux; c'est qu'il prit une part active aux discussions du Conseil d'État, où, sans parler de cette science de fraîche date que vantaient ses admirateurs, il montra cette netteté d'esprit et cette originalité d'expression qui lui étaient propres. Ajoutons cependant que, comme le constate M. Thiers lui-même (t. III, p. 302), avant de livrer au *Moniteur* le procès-verbal des séances du Conseil d'État, le Consul Cambacérès avait soin de le revoir et de supprimer ce qui pouvait n'être pas convenable à publier, soit que le Premier Consul eût émis des opinions singulières, ou traité des questions de mœurs avec une familiarité de langage qui ne devait pas aller au delà de l'enceinte d'un conseil intime. Enfin, si l'on veut aussi en faire un mérite à Bonaparte, il ne se laissa pas rebuter par l'opposition que les premiers titres du Code civil adoptés par le Conseil d'État rencontrèrent, à tort ou à raison, dans le Tribunat, où ils furent l'objet des plus vives critiques de la part d'hommes tels que Benjamin Constant, Chénier, Ginguené, Andrieux, et même dans le Corps législatif, qui osa les rejeter ; mais après avoir obtenu l'élimination des opposants dans ces deux assemblées, il fit voter par le Corps législatif les 36 lois formant le nouveau code (1804).

Maintenant, cette œuvre dont la Révolution avait conçu l'idée et préparé l'exécution, mais qui ne fut définitivement accomplie que sous le gouvernement et la direction de Bonaparte, cette œuvre, tout en consacrant et en appliquant le principe de l'égalité civile proclamé par la Révolution, n'a-t-elle pas contracté elle-même dans une certaine mesure l'empreinte du nouvel esprit politique, de l'esprit antilibéral inauguré par le 18 brumaire ? N'y pourrait-on signaler une certaine réaction contre les principes libéraux qui avaient présidé aux lois antérieures de la Révolution, ou qui même s'étaient déjà manifestés dans certaines lois de la monarchie ? Ne fut-ce pas là la principale cause de l'opposition que rencontra le projet du gouvernement consulaire chez les hommes que je nommais tout à l'heure ? Quoique M. Thiers juge que ces hommes étaient *tous dignes de mieux employer leur esprit* (t. III, p. 343), leurs critiques étaient-elles aussi ridicules qu'il le prétend ? Et, quoiqu'ils aient été bientôt éliminés, la réaction dont je parle n'eût-elle pas été, sans leur opposition, encore bien plus forte ? Ce sont des questions intéressantes, mais que je me borne à indiquer, n'ayant pas ici le loisir de m'y engager. Je veux supposer d'ailleurs que le Code civil, définitivement rédigé et promulgué sous le Consulat, eût pleinement réalisé la pensée de la Révolution en matière de droit civil, sans s'écarter en rien de son véritable esprit; mais attendez un peu : vous allez voir le principe de l'égalité civile ouvertement violé lui-même par le rétablissement des titres nobiliaires et des majorats (1). Ainsi sur ce point encore, dernier retranchement de l'esprit de 89, Napoléon devait fouler aux pieds une des plus précieuses conquêtes de la Révolution, et rétrograder vers le régime qu'elle avait aboli.

Notre étude du Consulat ne serait pas complète si je n'en caractérisais aussi la politique extérieure, et si je ne montrais dans cette politique une autre conséquence non moins déplorable, mais non moins logique du 18 brumaire.

Faite par un capitaine que la guerre avait déjà illustré et par les généraux et les soldats qu'il avait entraînés à sa suite, la révolution du 18 brumaire ne pouvait manquer d'engendrer la guerre. Il fallait la guerre à ce capitaine pour donner l'essor à son génie, qui était en quelque sorte le génie même de la guerre ; il lui fallait la guerre afin de récompenser et de s'assurer l'armée qui l'avait aidé à établir sa dictature et qui lui était nécessaire pour la soutenir ; il

---

(1) Décret du 1ᵉʳ mars 1808 et Sénatus-consulte du 14 août.

lui fallait la guerre pour rejeter au dehors toute l'ardeur révolutionnaire du peuple qu'il asservissait, et donner à ce peuple, en échange de la liberté dont il le dépouillait, l'opium de la gloire militaire dont il le savait amoureux ; il lui fallait la guerre enfin pour étendre à l'extérieur et pousser toujours plus loin ce système d'usurpation qu'il avait réalisé à l'intérieur et pour asservir l'Europe comme il avait asservi la France. Ainsi la guerre, une guerre sans bornes et sans fin, tel est le fléau que la révolution du 18 brumaire devait déchaîner sur le monde. Les philosophes du XVIIIe siècle, et en particulier l'un des plus grands, Kant, s'élevant contre la barbarie de la guerre, avaient montré dans la paix perpétuelle et universelle l'idéal de l'humanité ; c'était la guerre universelle et perpétuelle qu'allait réaliser Bonaparte.

Ce n'était pas là sans doute ce qu'attendait le pays quand il laissa le général Bonaparte s'emparer de la direction de ses affaires et de ses destinées : « Lorsque le général Bonaparte fut nommé Consul, dit Mme de Staël, ce qu'on attendait de lui, c'était la paix. » Mais, de même qu'il y avait une grande illusion à croire que le gouvernement issu de Brumaire travaillerait à affermir la liberté, c'était aussi une bien singulière illusion de s'imaginer que *le glorieux capitaine*, comme on l'appelait, allait remettre son épée dans le fourreau.

Il est vrai que, dès les premiers jours de son Consulat (décembre 1799), soit sincèrement et pour satisfaire réellement au vœu public, soit simplement, ce qui est plus vraisemblable, pour se donner les apparences de la modération, mais avec une arrière-pensée toute différente, Bonaparte adressa des propositions de paix à l'Angleterre et à l'Autriche, et que ces propositions furent repoussées par ces deux puissances. Il est vrai encore que quelques mois après il concluait avec l'Autriche battue, par lui ou plutôt par Desaix et par Kellermann à Marengo (1) (14 juin 1800), et par Moreau à Hohenlinden (décembre 1800), le traité de Lunéville (février 1801), et l'année suivante avec l'Angleterre le traité d'Amiens (mars 1802), qui achevait, à la satisfaction générale, la pacification du continent. Mais à peine cette paix était-elle signée qu'il en provoquait la rupture : elle n'avait été pour lui qu'une halte militaire.

M. Thiers qui, dans le volume où il raconte la rupture de la paix d'Amiens (t. IV, liv. XVI), rejette tous les torts sur l'Angleterre, mais n'en veut reconnaître aucun au Premier Consul, au moins *quant au fond des choses*, M. Thiers, dans la conclusion du XVIIe volume et dans celle de l'ouvrage entier (XXe volume), a changé d'avis : il regarde la rupture de la paix d'Amiens comme la première des *six grandes fautes* qui amenèrent, selon lui, la chute de Napoléon et de l'Empire ; mais il faut convenir que

---

(1) On sait que la bataille de Marengo fut gagnée par ces généraux au moment même où Bonaparte la croyait perdue.

cette première faute est bien voisine du traité de paix qu'elle déchirait : il n'y a guère plus d'un an d'intervalle.

C'est que Bonaparte (et ceci est le trait distinctif de la politique extérieure du Consulat, comme il sera celui de l'Empire), c'est que Bonaparte, depuis qu'il s'était rendu le maître de la France, voulait se rendre aussi le maître de l'Europe (1). De là ces usurpations ou ces interventions armées qu'il se permit après le traité d'Amiens, en invoquant cet étrange argument, qu'aucun article de ce traité ne les interdisait formellement : la réunion de l'île d'Elbe à la France (le 26 août 1802), celle du Piémont (le 9 octobre), l'occupation des États de Parme laissés vacants par la mort du duc (le 9 octobre), enfin (le 21 octobre) l'intervention dans la Confédération helvétique d'une armée de trente mille hommes, intervention qui a pu avoir de bons résultats, mais qui n'en était pas moins une atteinte au principe de l'indépendance et de la dignité nationales (2).

Si maintenant de l'Europe, où, par ce système

---

(1) M. Thiers le reconnaît lui-même au tome XVII, p. 846 : Bonaparte avait pris devant ceux avec qui il traitait l'attitude du *maître non-seulement des affaires de la France, mais des affaires de l'Europe.*

(2) Pour tout ce qui se rapporte aux récits et aux jugements de M. Thiers touchant la conduite de Napoléon à l'égard de la Suisse, voyez dans la *Bibliothèque universelle et Revue suisse*, livraison de décembre 1864, un article de M. Ant. Morin : *La Suisse et M. Thiers*. On y trouvera une savante critique de ce côté de l'œuvre de M. Thiers auquel je n'ai pu m'attacher dans mon travail, déjà assez étendu.

d'usurpation et de domination, le Premier Consul provoquait la rupture de la paix d'Amiens et une nouvelle coalition, nous suivons sa politique dans le nouveau monde, nous le voyons, d'une part, vendre aux États-Unis d'Amérique la Louisiane, que l'Espagne avait restituée à la France, et, d'autre part, entreprendre l'expédition de Saint-Domingue (décembre 1801), afin de replacer sous son joug immédiat un État devenu et voulant rester indépendant. Cette expédition fut aussi vaine et plus désastreuse encore que celle d'Égypte ; car elle n'eut d'autre résultat que la perte de relations commerciales avantageuses et celle d'une armée de 40 000 hommes, soigneusement choisis parmi les corps qu'on supposait les moins dévoués à Bonaparte et les plus attachés aux institutions républicaines. Enfin, pour couronner l'œuvre, il rétablit dans les colonies rendues à la France par le traité d'Amiens, l'*esclavage* et la *traite des noirs*, conformément aux lois et aux règlements antérieurs à la Révolution, qui avait aboli ce crime de lèse-humanité.

Voilà les actes de la politique intérieure ou extérieure du Consulat qui devaient sortir du 18 brumaire comme ses fruits naturels. Nous avions jugé ce coup d'État en lui-même : il nous avait suffi pour cela de le soumettre au contrôle de la morale publique ; nous pouvons dès maintenant le juger dans ses premières conséquences. A-t-il été, comme on le prétend, un acte de salut pour la Révolution et pour la société ?

J'ai rappelé que la politique consulaire avait détruit les plus précieuses conquêtes de la Révolution, liberté politique, liberté municipale, garanties judiciaires, liberté de la presse, liberté religieuse, et qu'il avait rétabli ce qu'elle avait détruit. Comme l'a fort bien dit Mme de Staël, Bonaparte a été le premier des contre-révolutionnaires. A-t-il au moins, en sacrifiant la Révolution, sauvé la société? Au dedans, il a, dit-on, rétabli l'ordre: mais quel ordre, grand Dieu! et à quel prix! Pour moi, je dirais volontiers avec ce Romain : « Je préfère une liberté périlleuse à une servitude paisible (*Malo periculosam libertatem quam quietum servitium*). » Mais peut-on appeler paisible la servitude du Consulat et de l'Empire? Au dehors, M. Thiers lui-même l'a déclaré (1) : *la République était sauvée*, quand Bonaparte revint d'Égypte pour exécuter son 18 brumaire. Qu'a-t-il donc fait de si salutaire! Il a donné à la France la gloire, du moins ce qu'on nomme ainsi ; mais, pour satisfaire son ambition personnelle, il l'a engagée dans une lutte terrible dont le résultat final a été l'invasion et la diminution du pays. Voilà des faits qu'on ne saurait contester. Eh bien, ces faits, si incontestablement historiques, sont-ils, oui ou non, des crimes publics? Sont-ils, oui ou non, contraires à cette grande loi du devoir et du droit qui est inscrite au fond des âmes en caractères lumineux? Sont-ils, oui ou non, mau-

(1) *Histoire de la Révolution française*, t. X, chap. xx, à la fin.

vais au regard de la conscience? Que chacun veuille bien descendre en lui-même, et qu'il réponde ensuite à cette question. Je suis sûr qu'il y répondra comme je l'ai fait moi-même (1).

(1) Les trois questions traitées dans cette leçon ont été exposées avec une rare netteté de vues, par M. Lanfrey (*Histoire de Napoléon I*er*, t. II, chap. VII, IX, X). Mais même après les indications que son ouvrage contient, on peut consulter avec fruit des travaux moins étendus. Par exemple, M. Victor Chauffour (*Notes sur l'Histoire du Consulat et de l'Empire*) nous éclaire sur les parties du Code civil au sujet desquelles le Tribunat éleva des objections. « Toute l'opposition, dit-il, se concentra sur trois questions... La première de ces questions portait sur les droits des étrangers en France. La Constituante avait voté à l'unanimité la suppression du *droit d'aubaine*; le projet du Code civil en proposait le rétablissement à moins de réciprocité. Les Tribuns combattirent cette mesure réactionnaire qui n'a pas survécu au premier Empire. — De même, la naturalisation des étrangers, généreusement favorisée par les lois de la Révolution, était rendue extrêmement difficile et entièrement dépendante du pouvoir exécutif : double dérogation à la tradition révolutionnaire que le Tribunat avait raison de combattre... Enfin le projet du Code civil introduisait la *mort civile* avec ses conséquences les plus monstrueuses... Ce sera l'éternel honneur du Tribunat de s'être opposé à cette odieuse institution. »

CINQUIÈME LEÇON.

L'ÉTABLISSEMENT DE L'EMPIRE.

Après le consulat l'Empire, mais l'Empire n'est pas moins que le Consulat en germe dans le 18 brumaire. A vrai dire, pour appliquer ici le mot prononcé par M. Thiers dans une circonstance mémorable, ce jour-là l'Empire était fait. Bonaparte l'entendait bien ainsi : à peine la constitution issue du 18 brumaire avait-elle proclamé le citoyen Bonaparte Premier Consul pour dix ans, que le citoyen Bonaparte s'était solennellement installé aux Tuileries, dans le palais des rois, « comme pour faire pressentir, suivant l'expression de Lamartine (*loc. cit.*), la monarchie jusque par les murailles » ; et le lendemain de cette pompeuse installation, il disait à son secrétaire Bourrienne : « Eh bien, Bourrienne, nous voilà donc aux Tuileries !.... Maintenant il faut y rester. »

M. Thiers, qui rapporte lui-même cette parole caractéristique du Premier Consul à Bourrienne (t. I;

p. 226), n'en nie pas moins que le *rang suprême* ait été la *constante pensée* de Bonaparte, non-seulement *depuis ses campagnes d'Italie*, mais *même depuis le* 18 *brumaire*, et il traite de *narrateurs vulgaires* ceux qui *l'ont supposé*. Il soutient que l'ambition de Bonaparte avait grandi par degrés comme sa fortune. Mais, outre cette installation solennelle du Premier Consul aux Tuileries si voisine du 18 brumaire, qui est déjà assez significative par elle-même, et ce mot à Bourrienne qui en est le trèsexplicite commentaire, on peut opposer à l'allégation de M. Thiers une conversation de Bonaparte qui remonte au delà même du 18 brumaire, précisément à l'époque des campagnes d'Italie, et qui montre que, dès cette époque, son ambition était déjà complète et déjà aussi complétement perverse.

Miot de Mélito raconte dans ses *Mémoires* que le général de l'armée d'Italie, se promenant un jour dans les jardins du château de Montebello avec lui et l'un des principaux citoyens de Milan, M. de Melzi, leur parla ainsi : « Ce que j'ai fait jusqu'ici n'est rien encore (c'est là un mot qui revient souvent dans les conversations de Bonaparte ; c'est le mot de César : *Nil actum reputans si quid superesset agendum*). Je ne suis qu'au début de la carrière que je dois parcourir. Croyez-vous que ce soit pour faire la grandeur des avocats du Directoire, des Carnot, des Barras, que je triomphe en Italie ? Croyez-vous que ce soit pour fonder une république ? Quelle idée ! une république de trente millions d'âmes! Avec nos mœurs, nos vices, où en est la possibilité? C'est une chimère dont les Français sont engoués, mais qui passera comme tant d'autres. Il leur faut de la gloire, les satisfactions de la vanité; mais de la liberté!... Ils n'y entendent rien. Voyez l'armée! Les victoires que nous venons de remporter ont déjà rendu le soldat français à son véritable caractère. Je suis tout pour lui. Que le Directoire s'avise de vouloir m'ôter le commandement, et il verra s'il est le maître. Il faut à la nation... un chef illustré par la gloire, et non pas des théories..., des phrases, des discours d'idéologues... Qu'on leur donne des hochets, cela leur suffit; ils s'en amuseront et se laisseront mener, pourvu cependant qu'on leur dissimule adroitement le but vers lequel on les fait marcher. Quant à votre pays, M. de Melzi, il y a encore moins qu'en France d'éléments de républicanisme, et il faut encore moins de façons avec lui... Nous en ferons tout ce que nous voudrons; mais le temps n'est pas encore arrivé: il faut céder à la fièvre du moment, et nous allons avoir ici une ou deux républiques de notre façon. Monge nous arrangera cela. En attendant, j'en ai déjà fait disparaître deux du territoire de l'Italie, et quoique ce fussent des républiques bien aristocratiques, c'était encore là qu'il y avait le plus d'esprit public et d'opinions arrêtées; nous en aurions été bien embarrassés par la suite. Au surplus, j'y suis résolu: je ne rendrai ni la Lombardie, ni Mantoue à l'Autriche. Je lui donnerai en indemnité Venise et une partie du territoire de Terre-Ferme de cette vieille république..... » Et c'est ce qu'il fit par le traité de Campo-Formio, qui livra pour la première fois Venise à l'Autriche. Comme M. de Melzi et M. Miot se récriaient à la fois contre un semblable projet, il leur répondit qu'il ne désirait pas en finir si promptement avec l'Autriche, parce que *la paix n'était pas dans son intérêt*, le moment n'étant pas encore venu d'aller jouer à Paris le rôle qui lui convenait ; mais que si, pour satisfaire les désirs du parti républicain qu'il comptait bien affaiblir un jour à son profit, mais avec lequel il était encore forcé de marcher, la paix devenait nécessaire, c'était à lui de la faire ; « car, ajoutait-il, si j'en laisse à un autre le mérite, ce bienfait le placerait plus haut dans l'opinion que toutes mes victoires ».

Ainsi, l'ambition de Bonaparte était complète dès cette époque, et dès cette époque elle était aussi perverse qu'elle le fut depuis : c'est déjà ce monstrueux égoïsme d'un homme qui ramène tout à lui et ne reconnaît d'autre principe que la satisfaction de son intérêt personnel. L'auteur du 18 brumaire, le Premier Consul, l'Empereur est déjà là tout entier. Ce que voulait dès lors Bonaparte, c'était se rendre maître de la France, n'importe par quel moyen, et c'est à quoi il parvint par l'attentat de Brumaire. Que maintenant, une fois en possession du pouvoir absolu par ce crime, il se soit fait appeler

Premier Consul ou *Empereur*, qu'importe? Il n'y a là qu'une différence de titre ou de forme; en réalité c'est toujours le même despotisme. Ce despotisme, je l'ai montré, le Consulat l'avait constitué aussi pleinement que possible; l'Empire ne pouvait pas l'accroître : il ne pouvait qu'en poursuivre et en développer les conséquences sous d'autres noms.

M. Thiers établit entre la politique du Consulat et celle de l'Empire une distinction tout à fait vaine. Tandis qu'il approuve l'institution du Consulat à vie comme *acte sage et politique*, il blâme, dans un certain endroit au moins (t. V, p. 59), car généralement il l'admire, le rétablissement de la monarchie sous le nom d'Empire comme ayant été, — il ne veut pas dire *une usurpation*, pour ne pas se servir d'un mot emprunté à la langue de l'émigration, et pourtant ce mot, quelque usage qu'en ait fait la langue de l'émigration, appartient bien aussi à celle de la morale, — « mais un acte de vanité de la part de celui qui s'y prêtait avec trop d'ardeur, et d'imprudente avidité de la part des nouveaux convertis, pressés de dévorer ce règne d'un moment ». Comme si l'institution du Consulat à vie n'avait pas été aussi un acte de vanité de la part du premier et d'avidité de la part des derniers, comme si cette institution n'était pas déjà la monarchie sous le nom de république, comme si enfin l'Empire avait été autre chose que le couronnement et la consécration du Consulat! En outre, tandis qu'il admire sans réserve la politique du Consulat, il censure en plusieurs points celle de l'Empire, comme si celle-ci différait essentiellement de celle-là, et comme si elle n'en était pas le développement naturel. M. Thiers montre donc ici une grande inconséquence. Si le Consulat n'offre pas encore toutes les parades ou toutes les monstruosités que développa l'Empire, c'est que le Consulat n'est que le premier acte dont l'Empire est le second; mais, ici comme là, c'est toujours le même personnage, le même but, la même politique, les mêmes maximes et les mêmes moyens.

Examinons de près ce second acte, et nous verrons éclater cette identité que nie l'auteur de *l'Histoire du Consulat et de l'Empire*.

Voyons d'abord comment fut préparée la substitution de l'Empire au Consulat à vie.

La rupture de la paix d'Amiens, rupture que Bonaparte avait provoquée, et la conspiration de Georges et de Pichegru, furent les prétextes dont le Premier Consul se servit pour se faire proclamer Empereur. Il fallait assurer le nouveau pouvoir contre ses ennemis extérieurs ou intérieurs en le rendant héréditaire, tel fut le mot d'ordre qui fut alors donné, et qui, malgré la grossièreté du raisonnement, fut partout répété. Le meurtre du duc d'Enghien fut le pas sanglant qu'il lui parut nécessaire de franchir pour marcher sûrement à son but; ce fut, suivant l'énergique expression de Mme de Staël, le « Rubicon du crime ».

L'ancien ministre de la police du Directoire, qui avait si utilement secondé Bonaparte dans l'attentat de Brumaire, mais qui depuis avait perdu son ministère en se montrant peu favorable à l'établissement du Consulat à vie et désirait racheter cette faute, Fouché, se fit spontanément l'agent du nouveau changement qui se préparait; et, comme il avait une grande habileté d'intrigue, il fut cette fois encore fort utile à Bonaparte. Ce fut lui qui, comme dit M. Thiers (t. V, p. 65), arrangea tout avec quelques meneurs du Sénat, « le premier Consul voyant ce qui se faisait, l'approuvant, mais feignant de n'y être pour rien ».

Le Sénat conservateur se laissa aisément persuader d'offrir au Premier Consul la couronne impériale. Il avait été trop affligé de la maladresse qu'il avait commise en se méprenant sur les désirs de Bonaparte à l'époque de la transformation du Consulat décennal en Consulat à vie, et trop bien récompensé d'ailleurs de la complaisance qu'il avait montrée dès qu'il avait reconnu sa faute, pour ne pas se prêter avec ardeur au nouveau rôle qu'on attendait de lui et dont il espérait de nouvelles récompenses : « il restait à distribuer, dit M. Thiers (p. 74), une grande partie des sénatoreries instituées lors du Consulat à vie, lesquelles procuraient une dotation territoriale en sus du traitement pécuniaire accordé à chaque sénateur. Il allait y avoir en outre une profusion de charges nouvelles à distribuer.» Mais il fallait ménager la transition.

Le Sénat envoya d'abord au premier Consul une députation chargée de lui présenter confidentiellement une adresse qui exprimait sous forme de périphrases et dans le style figuré ce que l'on ne voulait pas encore dire en termes propres : « Citoyen Premier Consul, à la vue de tous les attentats dont la Providence a sauvé un héros nécessaire à ses desseins, une réflexion a frappé le Sénat. Vous avez réorganisé l'ordre social ; mais votre œuvre est incomplète, puisque nous manquons d'institutions tellement combinées que leur système vous survive. Vous fondez une ère nouvelle ; vous devez l'éterniser ; l'éclat n'est rien sans la durée. Nous ne saurions douter que cette grande idée ne vous ait occupé ; car votre génie créateur embrasse tout et n'oublie rien, mais ne différez pas. » Et l'adresse finissait ainsi : « Citoyen Premier Consul, soyez bien assuré que le Sénat vous parle ici au nom de tous les citoyens : tous vous admirent et vous aiment ; mais il n'en est aucun qui ne songe souvent avec anxiété à ce que deviendrait le vaisseau de la République s'il avait le malheur de perdre son pilote avant d'avoir été fixé sur des ancres inébranlables. Dans les villes, dans les campagnes, si vous pouviez interroger tous les Français l'un après l'autre, il n'y en a aucun qui ne vous dît ainsi que nous : « Grand homme, achevez votre ouvrage, en le rendant immortel comme votre gloire. Vous nous avez tirés du chaos du passé ; vous nous faites bénir les bienfaits du présent ; garantissez-nous l'avenir. »

Bonaparte répondit verbalement qu'il remerciait les sénateurs de leurs témoignages de dévouement, mais qu'il avait besoin de délibérer mûrement sur le sujet soumis à leur attention ; et ni l'adresse du Sénat, ni la réponse verbale du Premier Consul, ne furent encore rendues publiques ; il fallait continuer de préparer le terrain.

Cependant les adresses qu'on avait eu soin de provoquer (1) arrivaient de toutes parts ; et, comme celles de l'armée n'étaient pas les moins pressantes, on en conclut qu'il fallait se hâter si l'on ne voulait pas voir un si beau mouvement national aboutir à une acclamation de prétoriens (2).

Quand le terrain eut été ainsi suffisamment préparé, c'est-à-dire un mois environ après avoir reçu l'adresse du Sénat, Bonaparte envoya à ce corps sa réponse officielle : « Votre adresse du 6 germinal, disait-il, n'a pas cessé d'être présente à ma pensée ; elle a été l'objet de mes méditations les plus constantes. Vous avez jugé l'*hérédité de la suprême magistrature* nécessaire pour mettre le peuple français à l'abri de nos ennemis et des agitations qui naîtraient d'ambitions rivales. Plusieurs de nos institutions vous ont, en même temps, paru devoir être perfectionnées pour assurer sans retour *le triomphe*

---

(1) « Je crois bien, dit dans ses *Mémoires* un homme qui devait savoir à quoi s'en tenir, Rovigo, qu'on n'avait pas négligé de fomenter cet élan. »

(2) Voy. *Histoire du gouvernement parlementaire*, par Duvergier de Hauranne, t. I, p. 525.

de l'égalité et de la liberté publiques et offrir à la nation et au gouvernement la double garantie dont ils ont besoin.... A mesure que j'ai arrêté mon attention sur ces graves objets, j'ai senti de plus en plus que, dans une circonstance aussi nouvelle qu'importante, les conseils de votre sagesse et de votre expérience m'étaient nécessaires. Je vous invite donc à me faire connaître *votre pensée tout entière.* »

En même temps qu'il invitait le Sénat à lui faire connaître sa pensée tout entière, c'est-à-dire à laisser là les périphrases désormais hors de saison pour prononcer enfin le mot propre, il poussait le Tribunat, sur lequel il n'avait pas moins sujet de compter, à examiner la résolution qu'il voulait exécuter, afin de faire précéder au moins cet acte de l'apparence d'une discussion publique. Un membre obscur du Tribunat, Curée, fut chargé de déposer une motion proposant « que le gouvernement de la République fût confié à un Empereur », et que « l'Empire fût héréditaire dans la famille de Napoléon Bonaparte ». Le jour de la discussion, presque tous les Tribuns, jaloux de plaire au nouveau César, demandèrent la parole en faveur de cette motion. Sur vingt discours prononcés, il n'y en eut qu'un qui la combattit : ce fut celui de Carnot. Elle fut adoptée à l'unanimité, moins la voix d'un seul homme qui avait su montrer encore quelque indépendance et quelque dignité au milieu de tant de bassesses et de lâchetés.

Le jour même où le vœu du Tribunat était communiqué au Sénat, celui-ci ne voulant pas être accusé cette fois de s'être laissé devancer ou surpasser, comme dit M. Thiers, en fait de dévouement au nouveau maître, présentait au Premier Consul un message qu'il avait eu soin de préparer d'avance, et où il lui faisait connaître *sa pensée tout entière* : « La gloire, disait ce message, la reconnaissance, l'amour, l'intérêt de l'État, tout proclame Napoléon *Empereur héréditaire.* »

Il ne restait plus qu'à rédiger la constitution impériale. Bonaparte, aidé de ses deux collègues dans le Consulat, de ses ministres et de quelques sénateurs, se chargea de ce soin ; et la nouvelle Constitution, présentée au Sénat par le consul Cambacérès, fut adoptée deux jours après, le 28 floréal an XII (18 mai 1804), à la suite d'un rapport dithyrambique du sénateur Lacépède. « Il était convenu, dit M. Thiers (p. 125), que le Sénat se transporterait en corps à Saint-Cloud pour présenter son décret au Premier Consul et pour le saluer du titre d'Empereur. A peine l'adoption du sénatus-consulte était-elle terminée que les sénateurs levèrent tumultueusement la séance pour courir à leurs voitures et arriver des premiers à Saint-Cloud. » Cambacérès, parlant au nom du Sénat, adressa à son ancien collègue, le citoyen Bonaparte, un discours qui finissait ainsi : « S'il est dans les principes de notre Constitution de soumettre à la sanction du peuple la partie du décret qui concerne l'établissement d'un gouvernement héréditaire, le Sénat a pensé qu'il devait supplier Votre Majesté Impériale d'agréer que les dispositions organiques reçussent immédiatement leur exécution ; et, pour la gloire comme pour le bonheur de la République, il proclame à l'instant même *Napoléon Empereur des Français*. » Les sénateurs firent entendre alors un cri de *vive l'Empereur!* qui retentit jusque dans les cours et les jardins ; et ils répétèrent ce cri à l'envi les uns des autres (1), lorsque celui qu'ils venaient de proclamer Empereur leur eût répondu qu'il acceptait ce titre, et qu'il espérait que la France ne se repentirait jamais des honneurs dont elle environnait sa famille.

Jetons maintenant un coup d'œil sur cette nouvelle Constitution dictée par Bonaparte à son Sénat, et voyons en quoi elle modifiait l'ancien état de choses.

Elle substituait le titre d'Empereur des Français à celui de Premier Consul qu'avait porté Bonaparte depuis le 18 brumaire ; mais comme le Premier Consul possédait déjà le pouvoir absolu, et qu'en se faisant proclamer Empereur, il entendait bien le garder tout entier, la liberté n'avait rien à perdre ni à gagner à ce changement de titre, et de ce côté la Constitution impériale ne fit que continuer la Constitution consulaire.

Le Sénat, ce premier corps de l'État, restait ce qu'il avait été jusque-là, un instrument nécessaire-

---

(1) Rovigo, t. II, p. 106.

ment docile du pouvoir suprême. Il était composé, comme précédemment : 1° de quatre-vingts membres qu'il nommait lui-même, mais sur la présentation de candidats choisis par le chef de l'État dans les listes départementales ; 2° de tous ceux que le chef de l'État jugeait convenable d'élever à la dignité de sénateurs. A ces deux catégories de sénateurs, la Constitution impériale ajoutait, comme il était naturel, les princes français ayant atteint leur dix-huitième année, et les titulaires des grandes dignités de l'Empire, dont nous parlerons tout à l'heure. Sauf cette dernière addition, la composition du Sénat restait donc la même ; son esprit aussi resta le même : il ne pouvait se montrer plus servile à l'égard de l'Empereur qu'il ne l'avait été à l'égard du Premier Consul.

On pourrait même dire, s'il était permis de prendre au sérieux les garanties que la nouvelle Constitution accordait aux citoyens sur le papier, que la Constitution impériale se montrait ici plus libérale que la Constitution consulaire. Elle établissait en effet dans le sein du Sénat deux commissions de sept membres chacune, chargées de veiller, l'une à *la liberté individuelle*; l'autre à *la liberté de la presse*. Mais il n'y a vraiment pas lieu d'insister sur cette innovation de la Constitution impériale, et toute l'histoire de l'Empire est là pour prouver combien étaient dérisoires ces prétendues garanties de la liberté des citoyens entre les mains du Sénat. Comme le remarque M. Duvergier de Hauranne (1), elles ne faisaient que « régulariser et consacrer entre les mains du pouvoir exécutif le droit d'arrestation arbitraire et le droit de censure, non-seulement sur les journaux, mais sur les livres ».

Il n'y a pas lieu non plus de tenir compte de l'article 70 de la Constitution impériale, stipulant que tout décret rendu par le Corps législatif pourrait être dénoncé au Sénat par un sénateur : 1° comme tendant au rétablissement du régime féodal ; 2° comme contraire à l'irrévocabilité des ventes des domaines nationaux ; 3° comme n'ayant pas été délibéré dans les formes prescrites par les Constitutions de l'Empire, les règlements et les lois ; 4° comme portant atteinte aux prérogatives de la dignité impériale et à celles du Sénat. D'ailleurs, aux termes mêmes de la Constitution, si, en pareil cas, le Sénat pouvait exprimer l'opinion *qu'il n'y avait pas lieu à promulguer la loi*, l'Empereur, après avoir entendu le Conseil d'État, restait le maître d'adhérer à la délibération du Sénat ou de faire promulguer la loi, c'est-à-dire qu'en fin de compte il restait le maître de la législation comme de tout le reste.

Quant au Corps législatif, qui continuait à être nommé par le Sénat, il restait aussi, ni plus ni moins, ce qu'il avait été sous le Consulat : une machine à voter. On se rappelle que sous le Consulat il vo-

---

(1) *Histoire du gouvernement parlementaire*, t. I, p. 540.

tait les lois sans pouvoir les discuter ; la Constitution impériale lui rendit le droit de les discuter, mais seulement en comité secret : il redevenait muet quand il rentrait en séance publique pour voter les lois qu'il avait discutées à huis clos.

Le Tribunat avait été transformé depuis l'institution du Consulat en une sorte de succursale du Conseil d'État, où, pour ne plus causer d'ombrage au Premier Consul, on avait pris l'habitude de n'examiner les projets de loi que dans des conférences privées avec les conseillers d'État auteurs de ces projets. La nouvelle Constitution n'eut qu'à sanctionner cet état de choses : en interdisant au Tribunat toute discussion en assemblée générale, elle ne fit que consacrer ce qui existait déjà en fait sous le Consulat.

En somme, la Constitution impériale n'offrit aux citoyens ni plus ni moins de garanties réelles que la Constitution consulaire. Tous les corps de l'État, tous les pouvoirs publics, tous les droits étaient dans la main d'un homme qui s'appelait le Premier Consul ; elle laissa tous les droits, tous les pouvoirs publics, tous les corps de l'État dans la main du même homme appelé désormais l'Empereur.

Mais ce qui était une réelle innovation dans l'état de choses antérieur, ce qui fut un spectacle nouveau pour la France, ce fut, outre l'institution de l'*hérédité* ou de l'*adoption impériale* et l'organisation de la *famille impériale* décrétées par la nouvelle Constitution, la création de *grands dignitaires :* un *grand électeur*, un *archichancelier d'Empire*, un *archichancelier d'État*, un *architrésorier*, un *connétable*, un *grand amiral*, dont les attributions étaient purement honorifiques, et qui recevaient annuellement, à titre de traitement fixe, le tiers de la somme affectée aux princes, c'est-à-dire le tiers d'un million ; puis, au-dessous de ces grands dignitaires, de *grands officiers*, *grands officiers militaires* : les *maréchaux*, et *grands officiers civils*, les *chambellans*, les *maîtres de cérémonies*, etc., tous pourvus de très-gros traitements. « C'était là, selon M. Thiers (p. 105), tout ce que l'artifice humain pouvait imaginer de plus habile pour imiter une aristocratie avec une démocratie. » Pour moi, je l'avoue, ce qui me frappe dans cette création byzantine, ce n'est pas l'habileté de l'artifice, c'est la grossièreté du procédé. Il est vrai qu'en pareil cas la grossièreté du moyen n'exclut pas la certitude du succès, au moins pour un temps. Napoléon continuait de pratiquer ici, mais sur une plus vaste échelle, la maxime qu'il avait constamment suivie depuis qu'il était arrivé au pouvoir : « corrompre pour asservir ». De là, la servilité qu'il obtint dans tout son entourage, tant que la fortune lui demeura fidèle ; mais de là aussi les défections et les trahisons qu'il recueillit quand elle commença à l'abandonner. Qu'y avait-il de plus naturel ? Quand on sème la pourriture, on doit s'attendre à récolter la boue.

Telle était la Constitution impériale, la troisième

depuis le 18 brumaire. Elle était déjà en vigueur, les grands dignitaires et les grands officiers de l'Empire étaient déjà installés quand le peuple fut appelé à voter sur l'article de cette Constitution qui était relatif à l'hérédité. M. Thiers affirme (p. 137) que l'on était tellement ébloui de la merveille à laquelle on assistait, que les citoyens se rendaient avec empressement dans tous les lieux où des registres étaient ouverts pour y déposer leur vote, et que les suffrages se comptaient par millions, tandis qu'il y avait à peine quelques suffrages négatifs placés là pour prouver la liberté dont on jouissait. La vérité est qu'il y eut 3 521 675 suffrages affirmatifs contre 2560 négatifs; mais ces chiffres mêmes ont une éloquence qui dépose précisément contre M. Thiers. Loin de conclure d'un si petit nombre de suffrages négatifs contre un si grand nombre de suffrages affirmatifs que la satisfaction était générale et le vote parfaitement libre, j'en conclurai tout le contraire, suivant l'adage : qui veut trop prouver ne prouve rien. Et que pouvait être, en effet, la liberté du vote quand il fallait voter sur des registres ouverts dans les mairies ou dans les greffes, etc., et cela sous un gouvernement qui disposait de tout et ne reculait devant rien? Les Mémoires ou les Correspondances sont là d'ailleurs pour attester que la France, loin d'être aussi émerveillée que l'affirme M. Thiers, éprouva quelque surprise et quelque mécontentement, et qu'elle ne se sentait pas aussi libre que cet historien veut bien le dire. Entre autres témoignages, une lettre de Rœderer à Joseph Bonaparte montre que, même dans l'armée, l'hérédité impériale avec son fastueux et ridicule cortége fut assez mal accueillie. A Metz, par exemple, quarante élèves de l'école du génie refusèrent de signer l'adresse qu'on leur demandait ; mais le général Ferino manda chez lui cinq des principaux opposants, leur parla très-vertement et les envoya en prison. Les trente-cinq autres s'empressèrent alors de signer afin qu'on mît en liberté leurs camarades. « Quand on s'y prenait ainsi, dit à ce propos M. Duvergier de Hauranne (t. I, p. 543), pour solliciter son assentiment, la France ne pouvait guère le refuser ; et elle ne désavoua pas, au moins tout haut, ceux qui étaient censés la représenter, et qui, bien que trompés dans leur attente, se déclaraient satisfaits et reconnaissants. » Veut-on un autre exemple de la façon dont l'Empire était accueilli et voté dans l'armée, écoutons la lettre que Paul-Louis Courrier écrivait de Plaisance en mai 1804 :

« Nous venons de faire un empereur, et pour ma part je n'y ai pas nui. Voici l'histoire. Ce matin, d'Anthouard nous assemble, et nous dit de quoi il s'agissait, mais bonnement, sans préambule ni péroraison. Un Empereur ou la République, lequel est le plus de votre goût ? comme on dit, rôti ou bouilli, potage ou soupe, que voulez-vous ? La harangue finie, nous voilà tous à nous regarder, assis en rond. Messieurs, qu'opinez-vous ? Pas le mot ; personne n'ouvre la bouche. Cela dura un quart d'heure au plus, et devenait embarrassant pour d'Anthouard, quand Maire, un jeune homme, un lieutenant que tu as pu voir, se lève et dit : S'il veut être Empereur qu'il le soit ; mais, pour en dire mon avis, je ne le trouve pas bon du tout. Expliquez-vous, dit le colonel ; voulez-vous ? ne voulez-vous pas ? Je ne le veux pas, répond Maire. A la bonne heure. Nouveau silence. On recommence à s'observer les uns les autres, comme des gens qui se voient pour la première fois. Nous y serions encore, si je n'eusse pris la parole : Messieurs, dis-je, il me semble, sauf correction, que ceci ne nous regarde pas. La nation veut un Empereur, est-ce à nous d'en délibérer ? Ce raisonnement parut si fort, si lumineux, si *ad rem*... Que veux-tu ? J'entraînai l'assemblée. Jamais orateur n'eut un succès si complet. On se lève, on signe, on s'en va jouer au billard. Maire me disait : Ma foi, commandant, vous parlez comme Cicéron ; mais pourquoi voulez-vous donc qu'il soit Empereur, je vous prie ? Pour en finir et faire notre partie de billard. Fallait-il rester là tout le jour ? Pourquoi, vous, ne le voulez-vous pas ? Je ne sais, me dit-il, mais je le croyais fait pour quelque chose de mieux. Voilà le propos du lieutenant, que je ne trouve point tant sot. En effet, que signifie, dis-moi, un homme comme lui, Bonaparte, soldat, chef d'armée, le premier capitaine du monde, vouloir qu'on l'appelle Majesté ? Être Bonaparte et se faire sire ! *Il aspire à descendre :* mais non, il croit monter en s'égalant aux rois. Il aime mieux un titre qu'un nom. Pauvre homme, ses idées sont au-dessous de sa fortune. Je m'en doutai quand je le vis donner sa petite sœur à Borghèse, et croire que Borghèse lui faisait trop d'honneur. La sensation est faible. On ne sait pas encore bien ce que cela veut dire. On ne s'en soucie guère, et nous en parlons peu. Mais les Italiens, tu connais Mendelli, l'hôte de Demanelle (1). *Questi son salti! Questi son voli! Un alfiere, un caprajo di Corsica, che balza Imperatore! Poffariddio, che cosa! Sicchè dunque, commandante, per quel vedo un Corso ha castrato i Francesi.* Demanelle, je crois, ne fera pas d'assemblée. Il envoie les signatures avec l'enthousiasme, le dévouement à la personne, etc. Voilà nos nouvelles; mande-moi celles du pays où tu es, et comment la farce s'est jouée chez vous. A peu près de même sans doute.

Chacun baise en tremblant la main qui nous enchaîne....

Avec la permission du poëte, cela est faux. On ne tremble point. On veut de l'argent et l'on ne baise que la main qui paye... »

On le voit par ces exemples, la satisfaction du pays et la liberté ou la sincérité du vote n'étaient pas aussi générales que M. Thiers veut bien le supposer. Quoi qu'il en soit, avec les millions de suffrages affirmatifs, les adresses affluaient de tous les points des

---

(1) Colonel d'un régiment d'artillerie à pied.

cent huit départements qui composaient le territoire de l'Empire, c'est-à-dire de tous les points de ce *réseau gouvernant* dont Napoléon se vantait d'avoir couvert le sol de la République : magistrats, fonctionnaires de tout ordre, autorités de tout genre, c'était à qui témoignerait le plus vite et avec le plus d'emphase son enthousiasme et son dévouement. Parmi ces innombrables adresses se distinguaient celles des évêques et du clergé : nulle part la flatterie et la bassesse n'étaient poussées plus loin. Napoléon recevait ici la récompense de son Concordat : le clergé se prosternait devant lui; et, au nom de la religion chrétienne, prêchait en sa faveur l'obéissance passive. Je veux citer ici quelques échantillons de ces adresses cléricales si tristement curieuses :

« Il appartenait à Votre Majesté Impériale, écrivait l'évêque de Turin, de faire connaître à la France ses véritables besoins : un Dieu et un monarque. Comme le Dieu des chrétiens est le seul digne d'être adoré et obéi, vous, Napoléon, êtes le seul homme digne de commander aux Français. »

L'évêque d'Aix : « Comme un autre Moïse, Napoléon a été appelé des déserts de l'Égypte. »

Et l'évêque d'Orléans : « Dieu semble avoir dit : mon cœur a fait choix d'un nouveau monarque pour gouverner mon peuple; ma main toute-puissante secondera ses glorieux efforts; mon bras protecteur affermira son trône. J'étendrai les bornes de son empire; il régnera un jour sur les mers; les fleuves deviendront ses tributaires, et leur cours rapide, divisé par ses ordres, portera l'abondance dans les lieux de sa domination. »

L'adresse des vicaires généraux et chanoines de Lyon contenait les lignes suivantes : « Nous glorifions en la personne de Votre Majesté la Providence elle-même qui vous a choisi pour être le libérateur de la religion et de la patrie. Sire, c'est dans les conseils éternels que nous plaçons votre vocation à l'Empire ; c'est là que nous reportons nos vœux pour Votre Majesté Impériale, comme pour tous les princes de votre sang appelés, dans la suite des siècles, à succéder au plus illustre de tous les héritages. »

Voici encore quelques phrases recueillies dans diverses adresses : « Qu'il vive, qu'il commande à jamais, le nouvel Auguste, cet Empereur si grand, qui reçoit des mains de Dieu la couronne. » — « Nouveau Mathathias, Bonaparte parut dans l'assemblée du peuple au 18 brumaire, envoyé par le Seigneur. » — « Un nouveau Cyrus a paru. » — « Monarque généreux comme le pieux Onias. » — « L'Écriture nous trace, dans le règne de Josaphat, prince chéri de Dieu et des hommes, l'image du gouvernement accompli de Napoléon. » — « La soumission lui est due comme dominant sur tous ; à ses ministres comme envoyés par lui pour protéger le bien et punir le mal. »

Ainsi Napoléon était proclamé l'élu de Dieu par le clergé de son Empire ; mais, pour rendre la démonstration plus saisissante, il voulut se faire sacrer par le Souverain-Pontife lui-même, et afin de mieux éblouir encore les esprits, « le faire descendre un instant du trône pontifical, suivant l'expression de M. Thiers (p. 226), afin qu'il vînt à Paris même bénir son sceptre et sa couronne ». Ce ne fut pas sans peine que le Pape Pie VII se décida à céder au désir de l'Empereur Napoléon. C'était en effet une chose étrange qu'un Pape se transportant dans la capitale d'un Empereur pour le sacrer; aussi raillait-on Pie VII en l'appelant le *chapelain de l'Empereur des Français*, et ce sarcasme lui allait au cœur. Mais le désir d'un homme tel que Napoléon, déjà le maître de la France et de l'Italie, et qui allait bientôt devenir celui de l'Europe, était un ordre auquel il était difficile de ne pas obéir. Après bien des hésitations de sa part et bien des instances de la part de Napoléon, *son dévot fils*, comme celui-ci s'appelait lui-même en lui écrivant, il se décida enfin à se rendre à Paris.

Le cérémonial du sacre souleva de graves difficultés et des scènes violentes dans le sein même de la famille impériale. M. Thiers nous découvre ici un coin de ce triste tableau, mais en ayant soin d'adoucir les teintes trop crues ou peu favorables à son héros. Quoi qu'il en soit, laissons-le parler : « Il s'agissait, dit-il (p. 249), de fixer le rôle de la femme, des frères, des sœurs de l'Empereur dans cette cérémonie du sacre. Il fallait d'abord savoir si Joséphine serait couronnée et sacrée comme Napoléon lui-même. Elle le désirait ardemment, car c'était un nouveau lien avec son époux, une nouvelle garantie contre une répudiation future qui était le souci constant de sa vie. Napoléon hésitait entre sa tendresse pour elle et les secrets pressentiments de sa politique (c'est-à-dire son secret désir de divorcer avec elle pour contenter son ambition), lorsqu'une scène de famille faillit amener sur-le-champ la perte de l'infortunée Joséphine. Tout le monde s'agitait autour du nouveau monarque, frères, sœurs, alliés. Chacun voulait, dans cette solennité qui semblait devoir les consacrer tous, un rôle conforme à ses prétentions actuelles et à ses espérances futures. A l'aspect de cette agitation et témoin des instances dont Napoléon était l'objet, surtout de la part d'une de ses sœurs, Joséphine troublée, dévorée de jalousie, laissa voir des soupçons outrageants pour cette sœur et pour Napoléon lui-même, soupçons conformes aux atroces calomnies des émigrés. Napoléon fut saisi tout à coup d'une violente colère, et, trouvant dans cette colère une force contre son affection, il dit à Joséphine qu'il allait se séparer d'elle; que d'ailleurs il le faudrait plus tard, et que mieux valait se résigner sur-le-champ, avant d'avoir contracté des liens plus étroits. Il appela ses deux enfants adoptifs, leur fit part de sa résolution, et les jeta par cette nouvelle dans la plus profonde douleur... »

Les choses ne tardèrent pas à se raccommoder; Napoléon déclara à Joséphine qu'il n'aurait jamais la force de se séparer d'elle, bien que sa politique le commandât peut-être (la suite a prouvé ce que valait cette déclaration); puis, il lui promit qu'elle serait couronnée avec lui et recevrait, à ses côtés, de la main du Pape, la consécration divine.

Puisqu'il est ici question de Joséphine, disons tout de suite ce que M. Thiers raconte un peu plus loin, et ce qui servira à confirmer ce que je disais, dans la dernière leçon, contre M. Thiers lui-même, des sentiments catholiques de l'auteur du Concordat.

La veille du jour où le sacre devait avoir lieu, Joséphine, pénétrant auprès du Pape, lui déclara qu'elle n'était mariée à Napoléon que civilement; car, à l'époque de son mariage, les cérémonies religieuses étaient interdites. Napoléon aurait fort bien pu faire cesser cet état de choses, s'il avait tenu le moins du monde pour lui-même à ces cérémonies religieuses pour lesquelles il témoignait tant d'attachement à l'époque du Concordat; et dans ce moment même il cherchait à surprendre la consécration du Pape pour lui et pour Joséphine en lui laissant ignorer que l'Église n'avait point présidé à leur union. Aussi fut-il fort irrité contre Joséphine de cette indiscrétion; mais sachant bien que le Pape serait invincible sur ce point, et ne pouvant changer une cérémonie dont le programme était publié, « il consentit, dit M. Thiers, à recevoir la bénédiction nuptiale : Joséphine, vivement réprimandée par son époux, mais charmée de ce qu'elle avait obtenu, reçut la nuit même qui précéda le couronnement le sacrement du mariage dans la chapelle des Tuileries. Ce fut le cardinal Fesch, ayant pour témoins M. de Talleyrand et le maréchal Berthier, qui, dans le plus profond secret, maria l'Empereur et l'Impératrice. Ce secret fut fidèlement gardé jusqu'au divorce. Mais le matin on apercevait encore sur les yeux rougis de Joséphine la trace des larmes que lui avaient coûté ces agitations intérieures. »

Revenons aux frères et aux sœurs de Napoléon. Le rôle qu'il leur assigna dans la cérémonie du sacre révélait les desseins de sa politique, et à ce titre mérite d'être indiqué. Laissons encore parler M. Thiers :

« Napoléon, dans sa secrète pensée de relever un jour l'Empire d'Occident, voulait des rois vassaux autour de son trône. Dans le moment, il faisait de ses deux frères, Joseph et Louis, de grands dignitaires de l'Empire; bientôt il songeait à en faire des rois, et déjà même il préparait un trône en Lombardie pour Joseph. Son intention était qu'en devenant rois ils restassent grands dignitaires de son Empire. Ils devaient être ainsi dans l'Empire français d'Occident ce qu'étaient dans l'Empire germanique les princes de Saxe, de Brandebourg, de Bohême, de Bavière, de Hanovre, etc. Il fallait que la cérémonie du sacre répondît à un tel projet et fût l'image emblématique de la réalité qu'elle préparait. Il n'admettait pas que des évêques ou des pairs tinssent la couronne suspendue sur sa tête, et même que le premier des évêques l'y posât. » — On verra tout à l'heure comment il trancha cette difficulté. — « Par des raisons pareilles, continue M. Thiers, il voulut que ses deux frères, destinés à être rois vassaux du grand Empire, prissent à côté de lui une position qui signifiât clairement cette vassalité future. Il exigea donc que, lorsque vêtu du manteau impérial, il aurait à se transporter dans le sein de la basilique, du trône à l'autel, de l'autel au trône, ses frères soutinssent les pans de son manteau. Il l'exigea non-seulement pour lui, mais pour l'Impératrice. C'étaient les princesses ses sœurs qui devaient remplir auprès de Joséphine l'office que ses frères devaient remplir auprès de lui, c'est-à-dire *soutenir le manteau.* » — L'expression employée ici par M. Thiers est un euphémisme qui fut alors imaginé pour ménager les amours-propres que choquait l'expression vulgaire : *Porter la queue.* — Pour compléter le récit de notre historien, il faudrait lire, dans les *Mémoires* de Miot, la scène violente qui éclata à ce sujet entre Napoléon et son frère Joseph (et ce n'était pas la première de ce genre), et l'explication qui eut lieu entre eux quelques jours après : déclarant à son frère qu'il ne lui permettrait pas de continuer à faire de l'opposition à son système de gouvernement, Napoléon lui donna le choix entre une retraite absolue ou un esclavage magnifiquement récompensé. Je n'ai pas besoin de dire quel fut le parti qu'adopta Joseph.

Restait la difficulté dont il vient d'être question. « Le Pape tenait à conserver le droit de ses prédécesseurs de poser la couronne sur le front de l'Empereur. Napoléon ordonna de ne pas insister, et dit qu'il se chargeait de tout arranger sur les lieux mêmes (1). »

En effet, lorsque se fit la cérémonie (le dimanche 2 décembre 1804), au moment où le Pape, ayant pris sur l'autel la couronne en forme de tiare, modelée sur celle de Charlemagne, s'apprêtait à la placer sur la tête de Napoléon, celui-ci, observant ses mouvements, la saisit avec décision et la plaça lui-même sur sa tête.

La cérémonie du couronnement achevée, l'Empereur se dirigea vers le grand trône placé au fond de l'église, y monta suivi de ses frères qui soutenaient les pans du manteau impérial, et là, l'archichancelier Cambacérès lui ayant apporté le texte du serment, et un évêque lui présentant l'Évangile, « prêta, suivant l'expression de M. Thiers (p. 267), sur le livre des chrétiens, ce serment qui contenait les grands principes de la Révolution française ».

Mais si la formule du serment impérial contenait les grands principes de la Révolution française, *la liberté des cultes, l'égalité des droits, la liberté politique et civile*, que l'Empereur jurait de respecter et de faire respecter, il faut convenir que l'Empire,

---

(1) Thiers, p. 261.

comme le Consulat avant lui, les appliquait singulièment, et que la remarque de M. Thiers n'étant pas une épigramme, manque tout à fait d'à-propos. Il est vrai que M. Thiers ne se montre pas difficile quand il s'agit de la Révolution : « Ce n'était pas, dit-il ici même, un des moindres triomphes de notre Révolution que de voir ce soldat sorti de son propre sein sacré par le Pape qui avait quitté tout exprès la capitale du monde chrétien. C'est à ce titre surtout que de pareilles pompes sont dignes d'attirer l'attention de l'histoire. » Pour moi, j'avoue qu'il m'est impossible de voir le triomphe de la Révolution dans le renversement de ses principes les plus sacrés, dans la ruine de ses conquêtes les plus précieuses, dans le rétablissement des institutions et des formes les plus contraires à son esprit, et que ce n'est pas à ce titre que la cérémonie du sacre me paraît digne d'attirer l'attention de l'histoire. Mais, ajoute M. Thiers, « si la modération des désirs venant s'asseoir sur ce trône avec le génie, avait ménagé à la France une liberté suffisante, et borné à propos le cours d'entreprises héroïques... » J'arrête ici l'historien et je lui dis : Quoi ! vous louez cet homme d'avoir foulé aux pieds les lois constitutionnelles pour s'emparer de la souveraineté, vous vantez la Constitution consulaire et la Constitution impériale qui lui livrent tous les pouvoirs, et font de lui le maître absolu de trente millions de sujets ; et vous voulez que cet usurpateur modère ses désirs, vous voulez que ce despote ménage au pays qu'il gouverne au gré de ses caprices une liberté suffisante, vous voulez que ce capitaine tout-puissant borne le cours de ses entreprises que vous appelez héroïques; quelle logique étrange et, de la part d'un historien, quel singulier oubli de toutes les leçons de l'histoire !

SIXIÈME LEÇON.

LE RÉGIME IMPÉRIAL EN FRANCE.

Lorsque, trois mois après s'être fait proclamer Empereur par son Sénat, Napoléon distribua solennellement dans l'église des Invalides (14 juillet 1804) les croix de cette *Légion d'honneur* qu'il avait instituée sous le Consulat pour préparer l'Empire, mais qui n'était pas encore inaugurée, le sénateur Lacépède, grand chancelier de la Légion, cherchant des inspirations pour son éloquence dans l'anniversaire de la prise de la Bastille, anniversaire qui avait été choisi tout exprès pour cette cérémonie, s'écria : « Aujourd'hui tout ce que le peuple a voulu le 14 juillet 1789 existe par sa volonté. Il a voulu l'égalité, *elle est défendue par un gouvernement dont elle est la base.* Il a voulu que la propriété fût sacrée, *elle est rendue inviolable par toutes nos institutions.* Répétez ces mots qui ont été déjà proférés dans cette enceinte et qu'ils retentissent jusqu'aux extrémités de l'empire. *Tout ce qu'a établi le 14 juillet est inébranlable, rien de ce qu'il a détruit ne peut re-*

paraître. » J'aime à croire que le naturaliste Lacépède s'est montré plus exact et plus véridique dans ses descriptions de la nature que ne l'est ici le sénateur Lacépède en parlant des phénomènes de la politique. Prenez tout juste le contre-pied de ses assertions, et vous aurez tout juste la vérité sur l'Empire.

Pour parler d'abord de l'égalité que le sénateur Lacépède déclarait être la base du nouveau gouvernement, ce mot ne sonnait-il pas singulièrement aux oreilles le jour où Napoléon, après avoir relevé à son profit et au profit de sa famille le trône qu'avaient balayé les orages de la Révolution, et s'être composé ce qu'il appelait *une nombreuse maison d'honneur*, inaugurait un nouvel ordre de chevalerie où l'opinion publique, sous le Consulat, n'avait pas manqué de voir un premier retour au système d'inégalité détruit par la Révolution, et pour lequel elle avait montré à ce titre la plus vive répugnance?

Mais Napoléon ne devait pas se borner à ces titres de cour et à ces décorations, où Lacépède et ses pareils voyaient la consécration du principe de l'égalité, sans doute parce que l'Empereur pouvait les distribuer à son gré ; il fallut qu'il rétablît en outre la noblesse, non pas une noblesse purement nominale, mais une noblesse réelle, territoriale, la noblesse féodale en un mot.

Dès l'année 1806, pendant qu'il distribuait, au dehors, des royaumes ou des principautés héréditaires à ses frères ou à ses favoris, dont il voulait se faire comme autant de grands vassaux, il rétablissait au dedans ce que l'on appelait dans l'ancien régime les *substitutions* et les *majorats*, que son propre Code avait interdits. « Lorsque Sa Majesté le jugera convenable, déclarait un sénatus-consulte du 14 août 1806, soit pour récompenser de grands services, soit pour exciter une utile émulation, soit pour concourir à l'éclat du trône, elle pourra autoriser un chef de famille à *substituer* ses biens libres pour former la dotation d'un titre héréditaire, c'est-à-dire à *constituer un majorat.* » Deux ans après (mars 1808), l'Empereur organisait la hiérarchie des titres en la faisant concorder avec celle des dignités : titre de *prince* ou d'*altesse sérénissime*, réservé, en dehors des membres de la famille impériale, aux grands dignitaires de l'Empire; titre de *comte*, que devaient prendre les ministres, les sénateurs, les conseillers d'État à vie, les présidents du Corps législatif, les archevêques; titre de *baron*, qui revenait aux présidents des collèges électoraux, aux premiers présidents, aux procureurs généraux, aux évêques et aux maires des trente-sept bonnes villes de France ayant droit d'assister au couronnement; titre de *chevalier* enfin, que devaient porter les légionnaires; et il établissait que tous ces titres, sauf celui de prince, qui, en passant du père au fils, devait se transformer en celui de *duc*, pourraient être transmis par le titulaire à son fils aîné, à la condition de faire preuve d'un certain revenu dont le tiers devait demeurer attaché au titre conféré à la descendance. Ainsi étaient rétablis la hiérarchie aristocratique détruite par la Révolution et le régime des substitutions ou des majorats qu'elle avait aboli, et que le Code civil, qui s'appelait maintenant le Code Napoléon, avait lui-même interdit. Ainsi disparaissait l'égalité civile elle-même, ce dernier débris de la Révolution.

Le Sénat, à qui la Constitution impériale attribuait le soin de surveiller et de dénoncer tout acte *tendant* au rétablissement du régime féodal, n'eut garde de résister à une restauration de la noblesse qui faisait comtes d'un seul coup tous ses membres, et qui leur attribuait à tous de si précieux priviléges. D'ailleurs l'archichancelier Cambacérès ne l'avait-il pas complétement rassuré en lui déclarant qu'un des principaux motifs de la création des titres impériaux était d'extirper les dernières racines d'un arbre que le temps avait renversé (l'arbre de la féodalité), et de confirmer ainsi le principe de l'égalité ?

Napoléon, pour justifier cette restauration des titres nobiliaires, disait à Sainte-Hélène (1) que « ce serait un acte de démence de prétendre régénérer un peuple en un instant et en poste »; que « pour un homme qui sacrifierait tout au bien public, il en est des milliers et des millions qui ne connaissent que leurs intérêts, leurs jouissances, leur vanité », et que « le génie de l'ouvrier doit être de savoir em-

(1) *Mémorial*, 18 juillet 1816.

ployer les matériaux qu'il a sous la main ; et voilà, mon cher, concluait-il, un des secrets de la reprise de toutes les formes monarchiques, du retour des titres, des croix, des cordons ». Mais quelle singulière façon de travailler à la régénération d'un peuple que de commencer par développer en lui la corruption, et quelle marque de génie que de s'appuyer uniquement, pour gouverner les hommes, sur les mobiles les plus grossiers et les plus vulgaires, comme s'il n'y avait pas toujours en eux des ressorts plus délicats et plus nobles que le vrai génie doit savoir mettre en jeu !

Mais Napoléon se souciait bien en vérité de régénérer la nation qu'il gouvernait : il ne se souciait que de la gouverner en maître absolu, et c'est pourquoi il la supposait si corrompue et travaillait à la corrompre encore davantage. Il disait lui-même (1), en parlant de l'ardeur avec laquelle étaient recherchés les nombreux emplois de cour qu'il avait institués : « Ils mettaient chaque jour (ceux qui en étaient revêtus) *sous les yeux du maître, d'un maître tout-puissant*, source des honneurs et des grâces, et qui avait dit tout haut qu'il ne voulait pas qu'un officier de sa maison s'adressât à d'autres qu'à lui. » Napoléon convenait cependant à certains moments (2) qu'il avait eu tort d'instituer une nou-

---

(1) *Mémorial*, 5 mars 1816.
(2) O'Meara, *Napoléon dans l'exil*.

velle noblesse, « parce que cela affaiblit ce système d'égalité qui plaisait à toute la nation ».

Mais que pense son historien, M. Thiers, de cette institution? Dans la conclusion de l'*Histoire de la Révolution française*, il disait que Napoléon ne faisait que continuer la Révolution en créant une aristocratie avec des plébéiens. Il ne reproduit pas cette étrange assertion dans son *Histoire du Consulat et de l'Empire*, et je ne sais pourquoi, car elle pourrait bien marcher de pair avec son jugement sur le sacre. Mais, après avoir analysé le statut relatif aux dignités héréditaires (t. VIII, p. 137), il croit devoir faire remarquer que le sénatus-consulte qui donna un caractère légal à cette nouvelle création impériale stipulait très-expressément que *ces titres ne conféraient aucun droit particulier*, comme si ce n'était pas un droit particulier que celui qui était accordé aux titulaires de les transmettre à leur fils aîné et de constituer des majorats; — *qu'ils n'emportaient aucune exception à la loi commune*, comme si le régime des substitutions n'était pas la plus grave exception à la loi commune des successions, l'une des lois les plus essentielles du Code civil et l'une des colonnes du nouveau régime établi en France par la Révolution; — *qu'il n'y avait d'exceptionnel que le régime des substitutions imposé aux familles anoblies, lesquelles acquéraient leur nouvelle grandeur en sacrifiant pour elles-mêmes l'égalité des partages*, comme si cette seule exception n'était pas le renversement du régime institué par la Révolution et de l'esprit même du Code civil qu'avait consacré ce régime.

Lorsque Bonaparte avait entrepris de dépouiller le pays de toutes ses libertés, il avait cherché en quelque sorte à le consoler de la servitude où il le plongeait en lui laissant au moins l'égalité. On vient de voir ce que l'égalité devint à son tour sous le régime impérial. Lorsqu'il établit ce régime, pour faire accepter plus aisément la restauration des formes monarchiques et consoler maintenant la nation de la ruine de l'égalité, il voulut que la constitution impériale eût l'air d'offrir aux citoyens certaines garanties de *liberté* : de là l'institution des *commissions sénatoriales de la liberté individuelle* et *de la liberté de la presse ;* et le rapporteur de cette constitution devant le Sénat, Lacépède, après avoir énuméré les bienfaits de la nouvelle constitution, s'écriait dans son enthousiasme : « En présence de tant de bienfaits, la *liberté sainte*, devant laquelle sont tombés les remparts de la Bastille (il aimait à invoquer ce souvenir) déposera donc ses craintes. » La suite n'est pas moins jolie, et mérite bien aussi d'être citée : « L'homme d'État sera satisfait, et les ombres illustres du sage L'Hospital, du grand Montesquieu, du vertueux Malesherbes, seront consolées de n'avoir pu que proposer l'heureuse institution que consacre le sénatus-consulte. » Mais, malgré les prétendues garanties instituées par la Constitution impériale, malgré les assurances du sénateur Lacépède et cet ingénieux appel aux ombres de L'Hospital, de Montesquieu et de Malesherbes, la liberté, je ne veux pas parler de la *liberté politique* (il est trop clair que l'Empire n'était pas destiné à la faire reconnaître), mais *la liberté individuelle* elle-même, et à plus forte raison *la liberté de la presse*, devaient rester pendant la période impériale ce qu'elles avaient été pendant la période consulaire. C'est ce que j'ai affirmé d'avance ; mais c'est ce que je voudrais montrer maintenant par l'histoire même de l'Empire. On va retrouver ici comme une seconde édition de l'histoire du Consulat.

Voyons d'abord comment fut organisée la justice sous l'Empire et quelle garantie elle offrit aux citoyens.

En attribuant au Premier Consul la nomination des juges, la Constitution de l'an VIII les déclarait, une fois nommés, inamovibles ; mais cette garantie de l'inamovibilité, tout insignifiante qu'elle fût, parut excessive à l'Empereur : il fit décider par un sénatus-consulte (1807) qu'à l'avenir les pouvoirs des magistrats ne deviendraient irrévocables qu'après cinq ans d'exercice, pendant lesquels l'Empereur resterait maître de juger s'ils méritaient ou non d'être maintenus, et que, pour le présent, il pourrait, sur l'avis d'une commission de six sénateurs, révoquer ceux qui lui seraient signalés comme indignes. Ainsi furent écartés de la magistrature, par un décret de l'Empereur, les hommes capables ou seulement suspects de quelque indépendance de caractère, comme Lecourbe, qui, dans l'affaire Moreau, avait voté suivant sa conscience au lieu d'obéir à la volonté du maître. — Comme cette affaire fournit un exemple éclatant de la pression que l'Empereur exerçait au besoin sur les juges (et je ne parle pas ici de ces commissions militaires nommées tout exprès pour exécuter ses ordres, comme celle qui condamna le duc d'Enghien, mais des tribunaux ordinaires), il est bon d'en dire ici quelques mots.

Napoléon désirait que Moreau, accusé d'avoir conspiré contre lui avec Georges et Pichegru, fût condamné à mort, afin de se procurer la satisfaction de faire grâce de la vie à un rival, qu'il ne voulait pas seulement abattre, mais humilier. Au lieu d'une sentence capitale, qu'il avait d'abord espérée, c'était un verdict d'acquittement qui allait être rendu; il fit alors peser sur les juges de manière à empêcher ce résultat. Déjà sept voix contre cinq s'étaient prononcées en faveur de l'acquittement; violant un principe sacré, le président et ceux des juges qui avaient été d'avis de condamner à mort Moreau, revinrent à la charge, non pour ramener leurs collègues à une sentence de mort, ce qu'ils savaient être impossible, mais pour les détourner d'un acquittement odieux à l'Empereur ; et, faisant valoir certains arguments auxquels des magistrats impériaux ne résistent guère, ils obtinrent une espèce de transaction en vertu de laquelle, à la majorité de huit voix contre trois, restées fidèles à leur vote d'acquittement, Moreau, déclaré coupable, mais excusable, fut condamné à deux ans de prison. Ce nouveau résultat était l'effet de la pression exercée sur le tribunal par l'Empereur. Pendant la délibération dont je viens de parler, au témoignage de l'un des juges, Lecourbe, qui en a publié en 1814 un procès-verbal très-détaillé, les partisans de la condamnation étaient allés conférer dans le cabinet du président avec les agents supérieurs des polices civile et militaire, Réal et le général Savary : « Ils étaient, dit Lecourbe, porteurs de leurs volontés et de leurs menaces, et l'on peut dire qu'ils se sont bien acquittés de leur commission. » M. Thiers avoue bien (t. V, p. 147) que, tandis que le tribunal s'était retiré pour délibérer, l'Empereur, averti par Réal de nouvelles dépositions que les accusés royalistes faisaient contre Moreau, avait écrit sur-le-champ à l'archichancelier Cambacérès *pour qu'on cherchât un moyen de pénétrer auprès des juges ;* mais il ajoute que cela était difficile, de plus inutile, et que, sans se prêter à de nouvelles communications, ceux-ci rendirent le même jour un arrêt *qu'aucune influence n'avait dicté.* La relation du juge Lecourbe, si précise et si digne foi, réfute absolument cette assertion de M. Thiers. Je continue.

Il ne suffisait pas à Napoléon d'avoir les juges dans sa main, si le jury lui échappait. Il n'aimait pas en général cette tutélaire institution du jury, ce qui se comprend aisément. Aussi ne manqua-t-il jamais de l'attaquer dans les discussions auxquelles donna lieu, au sein du Conseil d'État, le Code d'instruction criminelle. « C'était, disait-il, une vieille institution qui avait pu avoir sa raison d'être à une époque où les vaincus avaient besoin d'une garantie contre les vainqueurs, mais qui ne signifiait plus rien dans un temps où régnait l'égalité et où chacun était sûr d'être jugé par ses pairs. Toute la question était de choisir les plus éclairés parmi eux, et les plus éclairés devaient être les juges choisis par le pouvoir. » Cependant, n'osant encore supprimer tout à fait le jury, ou plutôt trouvant plus avantageux d'en conserver au moins l'apparence, il consentit à lui faire grâce, mais à condition : 1° que le jury serait *bien composé;* 2° que le jury d'accusation serait supprimé ; 3° qu'on n'admettrait, à titre de défenseurs, que *des hommes étrangers au barreau ;* 4° que la condamnation aurait lieu *à la simple majorité;* 5° qu'il y aurait des *tribunaux d'exception.* Toutes ces conditions, sauf celle qui était relative aux avocats et qui était trop absurde et trop impraticable, passèrent en lois dans le Code d'instruction criminelle, qui porta ainsi, beaucoup plus encore que le Code civil, la griffe du despote sous l'empire duquel il fut rédigé.

Quelque bien composé que fût le jury, il ne se conformait pas toujours aux désirs de Napoléon, et, dans ce cas, ses décisions n'étaient pas toujours respectées par l'Empereur. Vers la fin de l'Empire, en avril 1813, plusieurs citoyens d'Anvers, notamment des membres du corps municipal, traduits devant le jury de cette ville comme coupables du crime de contrebande, avaient été acquittés. L'Empereur fit décider par son Sénat que cet arrêt d'acquittement serait non avenu, que les acquittés seraient jugés de nouveau sans l'intervention du jury, et, chose plus monstrueuse encore, que les jurés par qui ils avaient été absous seraient jugés avec eux (1).

C'est parce qu'il se défiait toujours du jury, quelques précautions qu'on pût prendre pour le bien composer, et afin de rendre, dans certains cas, la condamnation plus sûre, qu'il avait voulu avoir en outre des *tribunaux d'exception*.

Bonaparte avait établi ces sortes de tribunaux sous le Consulat, malgré l'opposition de tout ce qu'il y avait encore à cette époque d'hommes libéraux dans le Tribunat; il les fit confirmer, dès le début de l'Empire, par une loi (29 pluviôse an XIII) qui leur attribua la connaissance de la plupart des crimes et des délits politiques; et enfin ils furent maintenus par le Code d'instruction criminelle décrété en 1808. Ce Code attribuait aux *Cours spéciales*, dont les sessions s'ouvraient après la clôture des assises, et dont les arrêts n'étaient pas susceptibles de recours en cassation, le jugement des crimes de *rébellion armée*

(1) Duvergier de Hauranne, *Histoire du gouvernement parlementaire*, t. 1, p. 592.

et en général de *tous les crimes*, quels qu'ils fussent, quand les individus accusés de les avoir commis étaient des *vagabonds*, des *gens sans aveu*, ou des personnes *déjà condamnées* à des peines afflictives ou infamantes.

Cela ne suffit pas encore à l'Empereur. A peine son Code d'instruction criminelle était-il promulgué, qu'il fit préparer par son Conseil d'État un décret concernant les *prisons d'État*, où devaient être enfermés les individus qu'on ne pouvait, disait-on, ni mettre en jugement, ni mettre en liberté, sans exposer la sûreté de l'État. Ce décret fut rendu en 1810. En conséquence huit prisons d'État, huit *nouvelles Bastilles*, suivant l'expression par laquelle se traduisit alors le sentiment public, vinrent remplacer celle que le peuple de Paris avait démolie quelques années auparavant. Napoléon, voulant justifier à Sainte-Hélène (1) cet odieux décret, rappelait qu'aucun individu ne pouvait être arrêté qu'en vertu d'une décision rendue en *Conseil privé* sur le rapport du grand juge ou du ministre de la police, et que la détention, ainsi autorisée, ne pouvait se prolonger plus d'une année sans avoir été autorisée de nouveau et de la même manière. Mais quelle garantie que la décision arbitraire du Conseil privé de l'Empereur, c'est-à-dire de l'Empereur lui-même ! C'est là pourtant ce qu'il appelait *enlever les emprisonnements à*

---

(1) *Mémorial*, 20 juillet 1816.

l'arbitraire ; et il osait dire à ce propos que les Français, à son époque, avaient été les plus libres de l'Europe, et que tous les pays qu'on a depuis séparés de la France ont regretté les lois avec lesquelles il les avait gouvernés. Il faisait remarquer que, lors de sa chute, les prisons d'État ne renfermaient guère plus de *deux cent cinquante individus*. C'était peu pour lui, mais c'était déjà beaucoup trop, et incomparablement plus que n'en renfermaient les prisons d'État de l'ancien régime, lorsque, dans sa juste indignation, le peuple de Paris démolit la Bastille.

A ces arrestations et à ces emprisonnements arbitraires, il faut joindre l'exil non moins arbitrairement prononcé par l'Empereur et sa police contre certaines personnes qui lui déplaisaient, même contre des femmes, comme Mme Récamier, Mme de Chevreuse, « morte, dit Mme de Staël (1), du serrement de cœur que son exil lui causa, et qui ne put obtenir de Napoléon, lorsqu'elle était mourante, la permission de retourner une dernière fois à Paris pour consulter son médecin et revoir ses amis » ; ou Mme de Staël elle-même, la plus illustre victime, entre les femmes, de la tyrannie de Napoléon (2).

Quand la liberté individuelle était si peu respectée, la liberté de la presse ne pouvait l'être davantage. Il

---

(1) *Considérations sur la Révolution française*, IVe partie, chap. VIII.
(2) Voy. dans mon livre *les Martyrs de la libre pensée* (X^e leçon), le récit des persécutions dont Mme de Staël fut l'objet.

9.

y avait incompatibilité absolue entre cette liberté et le régime établi en France par Bonaparte. Aussi avait-elle cessé d'exister depuis le 18 brumaire ; il ne s'agissait plus, sous l'Empire, que de continuer et de régulariser l'état de choses existant sous le Consulat. Vous vous rappelez qu'à cette époque le nombre des journaux avait été fixé, et que le gouvernement s'était réservé le droit de supprimer, quand bon lui semblerait, ceux qu'il laissait subsister. Il fallait que l'Empereur, comme le Premier Consul, fût le maître absolu des journaux. Aussi le voit-on, lorsqu'ils lui déplaisent, c'est-à-dire lorsqu'il ne les trouve pas assez zélés, les gourmander ou en changer la direction et en disposer comme de sa propriété. « Les journaux, écrivait-il de Milan à son ministre Fouché (1ᵉʳ juin 1805), sont une partie importante. On ne peut pas dire aujourd'hui qu'ils sont malveillants, mais ils sont trop bêtes ; ils écrivent sans but, et les principaux ne montrent aucun zèle pour le gouvernement. D'ailleurs, *Journal des Débats*, *Lois du pouvoir exécutif*, *Actes du gouvernement*, sont des titres qui rappellent trop la Révolution. La *Gazette de France* est le véritable titre. » Le *Journal des Débats* se vit bientôt contraint de changer son titre contre celui de *Journal de l'Empire*. Ce journal avait été fort utile à Bonaparte sous le Consulat, en attaquant les doctrines et les hommes de la Révolution ; mais il ne le satisfaisait plus aussi complétement : l'Empereur le plaça, avec un nouveau titre, sous la direction d'un de ses correspondants secrets, Fiévée, puis sous celle d'un écrivain encore plus docile, Étienne ; et enfin, quoique les anciens propriétaires de cette feuille fussent désormais étrangers à la direction et à la rédaction du journal, et qu'il ne s'y imprimât pas une seule ligne qui n'eût reçu d'avance l'approbation de l'autorité, comme il ne les trouva pas suffisamment attachés à son système, il les dépouilla de leur propriété pour la transmettre à des hommes plus dévoués, en exigeant de ceux-ci de verser le quart des produits dans la caisse du ministre de la police. Une mesure du même genre fut prise à l'égard de cinq journaux, dont il réunit la propriété à celle du *Journal de Paris*.

Les livres n'avaient guère un meilleur sort. D'après un décret du 8 février 1810, qui ne faisait que régulariser leur triste condition, le gouvernement avait le droit d'exercer la censure sur tous les livres et d'en interdire l'impression. Les auteurs ou les imprimeurs avaient bien la faculté de soumettre d'avance à la censure les ouvrages qu'ils voulaient imprimer ; mais, même après l'approbation des censeurs, le gouvernement conservait le droit d'empêcher la vente et la circulation. Enfin les imprimeurs et les libraires, qui devaient être brevetés et assermentés, pouvaient être privés de leur brevet dans le cas où ils auraient imprimé un écrit *contraire aux devoirs des sujets envers le souverain et la sûreté de l'État*.

Tel était le régime auquel Napoléon soumettait la presse, c'est-à-dire l'expression publique de la pensée (1).

Quel pouvait être l'état de la littérature et de la philosophie sous un pareil régime ? « Dès qu'il n'y a pas de liberté de presse, dit fort bien Mme de Staël (2), et que la censure de la police ne s'en tient pas à réprimer, mais dicte à tout un peuple les opinions qu'il doit avoir sur la politique, sur la religion, sur

---

(1) Je ne parle pas du théâtre. Napoléon rapporte lui-même (*Mémorial*, 25-27 février 1816) qu'il avait pris la détermination de ne laisser jouer aucune tragédie nouvelle sur le théâtre public avant qu'elle n'eût été *mise à l'épreuve sur le théâtre de la Cour*, et que la représentation de la pièce de Raynouard, *Les États de Blois*, qu'il avait cru pouvoir autoriser après une simple lecture, l'avait affermi dans cette résolution. Les raisons par lesquelles il motivait l'interdiction de cette pièce sont curieuses à noter. Il racontait à Sainte-Hélène que le soir même de la première représentation, il avait dit à l'architrésorier Lebrun : « J'avais cru d'abord qu'elle pouvait passer ; ce n'est que ce soir que j'en ai vu les inconvénients. Les éloges prodigués aux Bourbons sont les moindres. Les diatribes contre les révolutionnaires sont bien pires (quel touchant intérêt pour les révolutionnaires!) M. Raynouard a été faire du chef des Seize le capucin Chabot de la Convention. Il y a dans sa pièce pour tous les partis, pour toutes les passions. Si je la laissais donner dans Paris, on pourrait venir m'apprendre *que cinquante personnes se sont égorgées dans le parterre*. De plus, l'auteur a fait de Henri IV un vrai Philinthe, et du duc de Guise un Figaro, ce qui est très-choquant en histoire. Le duc de Guise était un des plus grands personnages de son temps, avec des qualités et des talents supérieurs, et auquel il ne manqua que d'oser pour commencer dès lors la quatrième dynastie ; de plus *c'est un parent de l'Impératrice*, un prince de la maison d'Autriche, avec qui nous sommes en amitié, dont l'ambassadeur était présent ce soir à la représentation. L'auteur a plus d'une fois étrangement méconnu toutes les convenances. » Rappelons aussi cette déclaration de Napoléon au sujet de *Tartufe* (*Mémorial*, 19 août 1816) : « Je n'hésite pas à dire que si la pièce eût été faite de mon temps, je n'en aurais pas permis la représentation. »

(2) *Considérations sur la Révolution française*, IVe partie, ch. XVI.

les mœurs, sur les livres, sur les individus, dans quel état doit tomber une nation qui n'a d'autre nourriture pour ses pensées que celle que permet ou prépare l'autorité despotique? » M. Thiers constate lui-même à cette époque la décadence de la littérature française, qui a bien su se relever depuis et reprendre, avec le retour de la liberté, le plus brillant essor ; mais il oublie d'en faire remonter à qui de droit la responsabilité. « La littérature française, dit-il (t. VIII, p. 151), malgré l'influence de Napoléon, demeurait nulle et sans inspiration. » Le *malgré l'influence de Napoléon* est vraiment joli ; c'est *à cause de l'influence de Napoléon* qu'il faudrait dire. M. Thiers se console d'ailleurs en pensant que le siècle avait un écrivain immortel, immortel comme César, c'était le Souverain lui même. « Singulière destinée, s'écrie-t-il (p. 153), de cet homme prodigieux d'être le plus grand écrivain de son temps, tandis qu'il en était le plus grand capitaine, le plus grand législateur, le plus grand administrateur. La nation lui ayant, dans un jour de fatigue, abandonné le soin de vouloir, d'ordonner, de penser pour tous, lui avait, en quelque sorte, par le même privilége, concédé le don de parler, d'écrire mieux que tous. » Mais puisque de l'aveu de son historien Napoléon s'était chargé du soin de penser pour tous, il n'est pas étonnant qu'il ait écrit et parlé mieux que tous. Comment M. Thiers, qui a tant d'esprit et de malice, ne s'aperçoit-il pas qu'il dit ici une grosse naïveté, ou qu'il fait du régime napoléonien la plus vive critique qu'on en puisse faire ?

Mais, loin de reconnaître que Napoléon a comprimé la pensée humaine sous un joug de fer, il le célèbre au contraire comme le protecteur le plus éclairé des lettres ; et, pour justifier cet éloge, il cite (p. 153) les rapports que Napoléon fit faire par chaque classe de l'Institut sur la marche des lettres, des sciences et des arts depuis 1789, et *les belles paroles* qu'il prononça lorsque Chénier eut lu son rapport sur la marche des lettres :

« Messieurs les députés de la seconde classe de l'Institut, si la langue française est devenue une langue universelle, c'est aux hommes de génie qui ont siégé ou qui siègent parmi vous que nous en sommes redevables.

» J'attache du prix au succès de vos travaux, ils tendent à éclairer mes peuples, et sont nécessaires à la gloire de ma couronne.

» J'ai entendu avec satisfaction le compte que vous venez de me rendre.

» Vous pouvez compter sur ma protection. »

« Quand les gouvernements, ajoute M. Thiers (p. 155), veulent se mêler des œuvres de l'esprit humain, c'est avec *cette grandeur* qu'ils doivent le faire ; et d'ailleurs, à cette manière de distribuer la gloire par une décision de l'autorité publique, Napoléon ajoutait une munificence dont nous avons déjà cité de nombreux exemples, et le plus profond de

tous les encouragements, l'approbation du génie. »
Enfin, comme dernière preuve de ce plus fécond
de tous les encouragements, l'historien raconte
que Napoléon se rendit lui-même avec l'Impératrice
et une partie de sa cour dans l'atelier de David, afin
d'y voir le tableau du couronnement, et qu'il adressa
à ce peintre, au sujet de ce tableau, les paroles les
plus flatteuses. Il est vraiment extraordinaire qu'après
de tels encouragements donnés aux lettres et aux
beaux-arts, les beaux-arts et les lettres soient de-
meurés si stériles, et que les rayons de ce soleil bien-
faisant n'aient pas fait éclore d'autres chefs-d'œuvre
que le tableau du couronnement par David, les ha-
rangues de M. de Fontanes ou la tragédie d'Hector
par Luce de Lancival (1) !

Napoléon, qui avait si complétement asservi les
hommes de son temps, ne pouvait négliger le soin de
façonner les nouvelles générations au régime qu'il
voulait perpétuer. De là ces maisons d'éducation,
ces internats, c'est-à-dire ces casernes d'enfants, qu'il
avait établies en 1802, à l'époque du Consulat, sous
le nom de *Lycées*, à la place des écoles d'externes,
décrétées par la Convention et instituées sous le Directoire, de ces *écoles centrales* qui pouvaient laisser
à désirer, mais où respirait le large esprit de la Ré-

---

(1) On sait l'admiration que Napoléon professait pour cette tragédie, qu'il appelait *une pièce de quartier général* (*Mémorial, loc.
cit.*); il disait « qu'il en faudrait beaucoup dans cet esprit ».

volution (1), et qu'un régime libéral aurait améliorées au lieu de les détruire. De là enfin cette Université impériale qu'il constitua en 1806. M. Thiers regarde l'Université impériale comme « la création la plus belle peut-être de son règne » (t. VI, p. 516); et il faut convenir que, quand on admire ce règne, on doit admirer cette création, car elle en reflète fidèlement l'esprit ; mais il faut convenir aussi que telle qu'elle était (et elle ne pouvait être autrement), elle doit répugner à tout esprit vraiment libéral.

Qu'est-ce en effet que l'Université impériale, sinon la centralisation et le despotisme appliqués à l'instruction publique, comme la loi du 28 pluviôse an XII, qui avait constitué la nouvelle organisation administrative, était la centralisation et le despotisme appliqués à l'administration, comme le Concordat était la centralisation et le despotisme appliqués à la religion ? C'est toujours la même pensée qui se réalise partout. « L'enseignement public, disait l'article Ier du décret impérial qui organisait l'Université, l'enseignement public, dans tout l'Empire, est confié exclusivement à l'Université »; et l'article suivant portait que « aucune école, aucun établissement quelconque d'instruction ne pourrait être formé hors de l'Université impériale *sans l'autorisation de son chef* ». Ainsi ce décret impérial centralisait tout l'enseignement public dans l'Université, et n'admettait en

---

(1) Sur cet esprit, voy. le livre si solide et si fin de M. E. Despois : *Le Vandalisme révolutionnaire*.

dehors aucune école que sous l'autorisation du chef même de l'Université, c'est-à-dire qu'il excluait absolument toute liberté d'enseignement.

Veut-on maintenant avoir une idée de l'esprit qui présidait à l'enseignement dans les écoles de l'Université, qu'on lise l'article 38 du titre V :

« Toutes les écoles de l'Université impériale prendront pour base de leur enseignement :

1° Les préceptes de la religion catholique ;

2° La fidélité à l'Empereur, à la monarchie impériale, dépositaire du bonheur du peuple, et à la dynastie napoléonienne, conservatrice de l'unité de la France et de toutes les idées libérales proclamées par les Constitutions ;

3° L'obéissance aux statuts du corps enseignant qui ont pour objet l'uniformité de l'enseignement, etc. »

Cette uniformité et l'obéissance prescrite étaient telles, que le grand-maître de l'Université put s'écrier un jour en tirant sa montre : « Voici que l'on commence à dicter un thème latin dans tous les lycées de l'Empire ! »

J'ai appelé les lycées des casernes d'enfants. Dans ces maisons où, suivant les paroles mêmes de M. Thiers, les jeunes gens casernés et nourris, recevaient des mains de l'État l'instruction et l'*éducation*, « tous les mouvements, devaient s'exécuter au pas militaire et au son du tambour. ». M. Thiers trouve (t. III, p. 474) *ce régime convenable à une nation destinée tout entière à manier les armes ou dans l'armée ou dans la garde nationale;* et il est certain que dès que la société devenait toute militaire, il était naturel de transformer les colléges en casernes et d'en faire *comme les avenues des camps.* Mais est-ce là ce que doit être la société moderne ?

Les professeurs eux-mêmes étaient assujettis à une discipline, et, dans le cas d'infraction à leurs obligations, soumis à des peines empruntées au régime militaire : ainsi la première peine de discipline portée par l'article 47 du titre VI était : *les arrêts.*

Les lycées étaient des établissements d'instruction secondaire destinés aux enfants de la bourgeoisie, qu'il importait avant tout de façonner au nouveau régime (1); et, pour les y attirer, Napoléon avait imaginé de créer 6400 bourses gratuites dont l'État devait faire les frais et qui représentaient une dépense totale de cinq à six millions par an (2); mais que fit-il pour l'instruction primaire, non-seulement en 1802, à l'époque où il fonda les lycées et ces 6400 bourses, mais pendant toute la durée de l'Empire? Pendant toute la durée du régime impérial, l'instruction primaire ne figura dans les comptes du budget de l'État que pour la somme de 4250 francs qui furent accordés par intervalle au

---

(1) M. Thiers semble adopter cet avis en disant (t. III, p. 472) que « pour le moment le plus important était l'instruction secondaire ».

(2) Thiers, t. III, p. 374.

noviciat des frères de la Doctrine chrétienne (1). 4250 francs! voilà tout ce que Napoléon a dépensé pour l'instruction primaire pendant toute la durée de son règne, tandis qu'il dévorait des milliards pour former et entretenir les armées qu'il jetait sur l'Europe. Et pourtant il se vantait à Sainte-Hélène d'avoir encouragé l'instruction publique parmi les classes les plus pauvres (2). On dira que l'instruction primaire était alors à la charge des départements et des communes; mais si aujourd'hui, après la loi de 1833, qui a institué une école primaire dans chaque commune, et dans un grand nombre de départements des écoles normales primaires pour former des instituteurs, et après la loi sur le travail des enfants dans les manufactures qui a rendu obligatoire l'assiduité à l'école, si, dis-je, aujourd'hui en France *près du tiers des jeunes soldats ne savent pas lire* (3), quel devait être à cet égard l'état des choses sous l'Empire? Cela est effrayant à penser. Mais il convenait à Napoléon, comme à tout despote, de laisser le peuple croupir dans l'ignorance afin de le retenir plus aisément dans la servitude. Aussi, tandis que l'Assemblée constituante et la Convention nationale avaient voulu rendre l'instruction primaire *gratuite et obligatoire* et éta-

---

(1) J'emprunte ce chiffre à l'ouvrage de M. Jules Simon, *l'Ouvrière*, p. 394.

(2) O'Meara, *Napoléon dans l'exil.*

(3) « D'après le dernier compte rendu sur le recrutement (classe de 1857), 90 373 jeunes gens, sur 294 761 inscrits, étaient complétement illettrés. » (Jules Simon, *l'Ouvrière*, p. 397.)

blir des écoles laïques jusque dans les moindres villages, et avaient au moins poursuivi cette grande pensée que les difficultés des temps ne leur avaient pas permis de réaliser, Napoléon livrait l'instruction primaire à l'incurie des communes ou au zèle des frères ignorantins.

Mais si l'on n'apprenait pas à lire au peuple, on lui enseignait au moins le catéchisme. Or écoutez ce fragment du catéchisme en usage dans toutes les églises de l'Empire français en 1811 (1) :

« Suite du 4º commandement (Tes père et mère honoreras, etc.).

» *Demande.* Quels sont les devoirs des chrétiens à l'égard des princes qui les gouvernent, et quels sont en particulier nos devoirs envers Napoléon Ier, notre Empereur?

» *Réponse.* Les chrétiens doivent aux princes qui les gouvernent, et nous devons en particulier à Napoléon Ier, notre Empereur, l'amour, le respect, l'obéissance, la fidélité, le service militaire, les tributs ordonnés pour la conservation et la défense de son Empire et de son trône ; nous lui devons encore des prières ferventes pour son salut et pour la prospérité spirituelle et temporelle de l'État.

» *Demande.* Pourquoi sommes-nous tenus de (*sic*) tous ces devoirs envers notre Empereur?

---

(1) *Catéchisme à l'usage de toutes les églises de l'Empire français* (p. 55 et 56). Paris, Mame frères, 1811.

» *Réponse.* C'est premièrement parce que Dieu qui crée les empires et les distribue selon sa volonté, en comblant notre Empereur de dons, soit dans la paix, soit dans la guerre, l'a établi notre souverain, l'a rendu le ministre de sa puissance et son image sur la terre. Honorer et servir notre Empereur est donc honorer et servir Dieu même. Secondement, parce que Notre-Seigneur Jésus-Christ, tant par sa doctrine que par ses exemples, nous a enseigné lui-même ce que nous devons à notre souverain : il est né en obéissant à l'édit de César-Auguste ; il a payé l'impôt prescrit, et de même qu'il a ordonné de rendre à Dieu ce qui appartient à Dieu, il a aussi ordonné de rendre à César ce qui appartient à César.

» *Demande.* N'y a-t-il pas des motifs particuliers qui doivent plus fortement nous attacher à Napoléon Ier, notre Empereur?

» *Réponse.* Oui : car il est celui que Dieu a suscité dans les circonstances difficiles pour rétablir le culte public de la religion sainte de nos pères et pour en être le protecteur. Il a ramené et conservé l'ordre public par sa sagesse profonde et active ; il défend l'État de son bras puissant ; il est devenu l'oint du Seigneur par la consécration qu'il a reçue du souverain Pontife, chef de l'Église universelle.

» *Demande.* Que doit-on penser de ceux qui manqueraient à leur devoir envers notre Empereur?

» *Réponse.* Selon l'apôtre saint Paul, ils résisteraient à l'ordre établi de Dieu même, et se rendraient dignes de la damnation éternelle (1). »

Le catéchisme que je viens de citer présentait Napoléon comme le *ministre de la puissance de Dieu* et comme *son image sur la terre* (2); mais cela ne suffisait pas à son ambition : il aurait voulu pouvoir se faire passer lui-même pour Dieu, et il regrettait d'être venu au monde trop tard pour cela. « Je suis venu trop tard, disait-il le lendemain de son sacre à son ministre de la marine, Decrès, il n'y a plus rien de grand à faire »; et comme Decrès se récriait : « Oui, répondit-il, j'en conviens, ma carrière est belle, j'ai fait un beau chemin; mais quelle différence avec l'antiquité ! Voyez Alexandre : après avoir conquis l'Asie et s'être annoncé aux peuples comme fils de Jupiter, à l'exception d'Olympias qui savait à quoi s'en tenir, à l'exception d'Aristote et de quelques pédants d'Athènes, tout l'Orient le crut. Eh bien, moi, si je me déclarais aujourd'hui fils du Père éternel, et que j'annonçasse que je vais lui rendre grâces

---

(1) « Fallait-il croire, dit à ce propos Mme de Staël (*Considérations sur la Révolution française*, IVe partie, ch. VI) que Bonaparte disposerait de l'enfer dans l'autre monde parce qu'il en donnait l'idée dans celui-ci ? »

(2) Il est piquant de rapprocher de ce catéchisme, où les prêtres français donnaient Napoléon pour l'*image de Dieu sur la terre*, celui où les prêtres espagnols faisaient de lui une *incarnation du diable* : « Dis-moi mon enfant, qui es-tu ? — Espagnol, par la grâce de Dieu. — Quel est l'ennemi de notre félicité ? — L'Empereur des Français. — Combien a-t-il de natures ? — Deux : la nature humaine et la *diabolique*, etc. » (Mignet, *Histoire de la Révolution française*, t. II, p. 336.)

à ce titre, il n'y a pas de poissarde qui ne me sifflât sur mon passage. Les peuples sont trop éclairés aujourd'hui : il n'y a plus rien de grand à faire (1). »
C'est parce que Napoléon trouvait les peuples déjà trop éclairés pour faire quelque chose de grand à sa manière, qu'il avait soin de leur tenir la lumière sous le boisseau.

(1) *Mémoires* du duc de Raguse

SEPTIÈME LEÇON.

L'EUROPE SOUS L'EMPIRE.

J'ai montré ce que fut en France le régime impérial; il faut montrer maintenant comment ce régime se déversa sur l'Europe et ce qu'il en fit. Au dehors comme au dedans, la politique de l'Empire ne fut que la suite logique et le développement naturel de celle du Consulat, issue elle-même du 18 brumaire.

J'ai expliqué, dans une de mes précédentes leçons (1), comment la guerre, une guerre sans bornes et sans fin, devait sortir des entrailles de la révolution militaire du 18 brumaire. Cette guerre, Napoléon l'avait déchaînée dès le Consulat en provoquant par ses usurpations la rupture de la paix d'Amiens qu'il venait à peine de signer, et en jetant le cadavre du duc d'Enghien comme un défi à l'Europe (2); il continua sous l'Empire ce système de guerre et de

---

(1) Voy. plus haut, p. 103.
(2) Nous ne nous écarterons pas de la vérité rigoureuse, dit M. Thiers lui-même, t. V, p. 2, en disant que cette catastrophe devint la principale cause d'une troisième guerre générale.

conquête inauguré sous le Consulat, et en étendit le cercle toujours davantage, jusqu'à ce qu'il succombât lui-même sous les coups des peuples réunis contre lui. C'est qu'il voulait être le maître de l'Europe comme il était celui de la France, et que si le Premier Consul avait déjà poursuivi cette pensée, à plus forte raison l'Empereur devait s'efforcer de la réaliser. Ainsi la guerre universelle en vue de la domination universelle, voilà ce qu'en montant sur le trône impérial Napoléon portait déjà dans les plis de son manteau.

Rêvant le rôle d'un nouveau Charlemagne, il aspirait à relever l'Empire d'Occident. Aussi avons-nous vu qu'en se faisant sacrer par le Pape, il voulut que l'étiquette de cette cérémonie fût comme l'emblème de ses desseins, et que ses frères, dont il se proposait de faire des rois, marquassent, en soutenant les pans de son manteau, la vassalité à laquelle il les destinait.

Il commença par transformer en monarchie la république italienne ou ce qui s'appelait encore ainsi sous le Consulat, et joignit à son titre d'Empereur des Français celui de *Roi d'Italie* (1). Il imitait en cela les empereurs germaniques; pour rendre l'imitation

---

(1) Ce n'était pas là ce que demandaient les Italiens; et pour leur imposer sa volonté, il « renonça en cette circonstance, dit M. Thiers, t. V, p. 280, à l'emploi des formes constitutionnelles »; mais selon cet historien, « il agit en créateur qui avait fait de l'Italie ce qu'elle était, et qui avait le droit d'en faire encore ce qu'il croyait utile qu'elle devînt ».

plus complète, il voulut aller, comme eux, recevoir à Milan la couronne de fer des rois lombards conservée dans le trésor de Monza. Ce second sacre eut lieu dans la cathédrale de Milan le 26 mai 1805. Après cette cérémonie, Napoléon installa comme vice-roi d'Italie son beau-fils, Eugène de Beauharnais.

Dans un discours prononcé devant le Sénat, le 17 mars 1805, au sujet du nouveau royaume d'Italie, il avait déclaré solennellement qu'*aucune nouvelle province ne serait désormais incorporée à l'Empire* ; quelques jours après s'être fait sacrer à Milan, le 4 juin 1805, il réunissait à l'Empire la république ligurienne (Gênes et son territoire), dont il formait trois nouveaux départements. « C'était une faute », dit M. Thiers (t. V, p. 384), et il entend par là une faute politique; mais il me semble que c'était aussi quelque chose de plus. — En même temps, Napoléon donnait à sa sœur aînée, la princesse Élisa, la république de Lucques, érigée en principauté héréditaire de l'Empire français.

Après avoir préludé ainsi à la domination qu'il se proposait d'étendre sur l'Italie tout entière, il rentra en France pour aller de là frapper à Londres ce grand coup qu'il préparait depuis si longtemps, et qui, en abattant sa puissante rivale, devait « le rendre, suivant l'expression de M. Thiers (p. 400), le maître absolu du monde ». Il avait compris que, pour pouvoir exécuter ses desseins sur le continent, il fallait commencer par frapper au cœur l'Angleterre, et que le rôle de Charlemagne dans l'Europe moderne présupposait celui de Guillaume le Conquérant. De là ce projet de descente en Angleterre dont il allait tenter l'exécution. Ses immenses préparatifs et ses profondes combinaisons lui en faisaient espérer un plein succès: le 3 août, après avoir passé en revue l'infanterie du camp de Boulogne, cent mille hommes rangés, au bord de la mer, sur une seule ligne de plus de trois lieues, il écrivait de son quartier général à l'amiral Decrès : « Les Anglais ne savent pas ce qui leur pend à l'oreille. Si nous sommes maîtres douze heures de la traversée, l'*Angleterre a vécu* (Thiers, p. 412). » Mais le vice-amiral Villeneuve, chargé d'assurer contre la flotte anglaise le passage de la Manche, n'ayant pas pu remplir cette mission, Napoléon dut renoncer à son entreprise au moment même où il venait de faire embarquer ses troupes. « La Providence sans doute, dit M. Thiers (p. 468), ne voulait pas qu'il réussît. Et pourquoi ? Lui qui n'avait pas toujours eu raison avec ses ennemis, avait cette fois le droit de son côté. » Pour moi, sans prétendre me faire l'organe de la Providence, si singulièrement interrogée ici par M. Thiers, je crois pouvoir dire qu'il est heureux pour le monde et pour la France elle-même, que Napoléon n'ait pas réussi à exécuter ses desseins contre l'Angleterre. Je suis bien éloigné de vouloir justifier le gouvernement anglais de ses torts à l'égard de la France ; mais j'affirme que si Napoléon fût parvenu à éteindre, comme il le voulait, le seul puissant foyer que la liberté politique eût alors en Europe, c'eût été là pour le monde un malheur incalculable. Qui eût pu arrêter désormais les progrès du césarisme ?

Dans le temps même où Napoléon se voyait forcé de renoncer à son projet de descente en Angleterre, la nouvelle coalition qu'il avait provoquée par ses envahissements, et où la réunion de Gênes à l'Empire venait de jeter l'Autriche, l'appelait sur un autre champ de bataille, où le succès était plus sûr et où il allait pouvoir poursuivre ses plans par une autre voie. Trois cent mille Autrichiens s'avançaient vers le Rhin et vers l'Adige, et deux armées russes se disposaient à les joindre. Confiant à Masséna le soin d'arrêter en Italie les Autrichiens commandés par l'archiduc Charles, Napoléon vole en Allemagne, bat l'armée du général Mack à Elchingen et la force à capituler dans Ulm. « Le 20 octobre 1805, jour à jamais mémorable, dit M. Thiers (t. VI, p. 126), Napoléon, placé au pied du Michelsberg, en face d'Ulm, vit défiler sous ses yeux l'armée autrichienne. Il occupait un talus élevé, ayant derrière lui son infanterie rangée en demi-cercle sur le versant des hauteurs, et vis-à-vis sa cavalerie déployée sur une ligne droite. Les Autrichiens défilaient entre eux deux, déposant leurs armes à l'entrée de cette espèce d'amphithéâtre. On avait préparé un grand feu de bivouac, auprès duquel Napoléon assistait au défilé.

Le général Mack se présenta le premier; et lui remit son épée en s'écriant avec douleur : Voici le malheureux Mack. Napoléon le reçut, lui et ses officiers, avec une parfaite courtoisie, et les fit ranger à ses côtés. Les soldats autrichiens, avant d'arriver en sa présence, jetaient leurs armes avec un dépit honorable pour eux, et n'étaient arrachés à ce sentiment que par celui qui les saisissait en approchant de Napoléon. Tous dévoraient des yeux ce terrible vainqueur. »
Que pense-t-on de cette scène que M. Thiers déclare à jamais mémorable? Qu'un général force les ennemis qu'il a vaincus à déposer leurs armes, cela est dans les lois de la guerre ; mais qu'il les contraigne à défiler ainsi devant son armée en jetant leurs armes à ses pieds, et qu'il ajoute une pareille humiliation à leur défaite, n'est-ce pas là une véritable barbarie, et un tel spectacle ne semble-t-il pas appartenir plutôt à l'histoire des anciens Romains qu'à celle du XIXe siècle? En général, Napoléon aimait à humilier les ennemis qu'il avait terrassés : cette conduite flattait son orgueil, et il la croyait politique ; il ne s'apercevait pas que, par ce moyen, il les rendait à jamais irréconciliables et amassait contre lui des haines sous lesquelles il devait finir par succomber.

Immédiatement après la capitulation d'Ulm, il se dirigea vers Vienne, occupa cette capitale le 13 novembre, courut de là en Moravie à la rencontre des Russes, et battit les empereurs d'Autriche et de Russie à Austerlitz, le 2 décembre. Cette nouvelle victoire força l'Autriche à demander la paix et à signer le traité de Presbourg, qui augmentait singulièrement la puissance de Napoléon en Europe, mais qui n'était pas de nature à assurer une paix durable. L'Autriche cédait non-seulement la Vénétie, que le général Bonaparte lui avait donnée naguère par le traité de Campo-Formio, mais encore l'Istrie et la Dalmatie au royaume d'Italie, c'est-à-dire à l'Empire français; le Tyrol italien et allemand au duc de Bavière, dont Napoléon faisait un roi et dont la fille allait épouser son fils adoptif, Eugène de Beauharnais, le vice-roi d'Italie; enfin d'autres possessions importantes (en Souabe), soit au duc de Wurtemberg, auquel il donnait aussi le titre de roi et dont il voulait faire épouser la fille à son frère Jérôme, déjà marié, soit au grand-duc de Bade, à l'héritier duquel il destinait, en échange de la princesse de Bavière, qu'il lui enlevait, mademoiselle Stéphanie de Beauharnais, qu'il voulait créer princesse impériale. C'est ainsi que Napoléon s'attribua à lui-même ou partagea entre les princes qui avaient été ses auxiliaires et qu'il voulait s'attacher par des liens de famille, les dépouilles de l'Autriche, au risque de laisser dans le cœur de cette puissance un de ces ressentiments qui ne s'effacent plus.

Mais ce n'était encore là pour lui qu'un commencement. Il lui tardait de poursuivre son système. Bientôt il enleva aux Bourbons de Naples la couronne pour la donner à son frère aîné Joseph; il érigea ensuite la république batave en royaume de Hollande pour son frère Louis, sans plus consulter la volonté de ce frère que celle des Hollandais, et créa pour les autres membres de sa famille qui n'étaient pas encore pourvus, et pour ses lieutenants ou ses serviteurs, des principautés et des duchés qui étaient autant de fiefs du nouvel Empire. C'est ainsi que Murat, époux de sa sœur Caroline, reçut le grand-duché de Berg et de Clèves, en attendant mieux, et sa sœur Pauline Borghèse le duché de Guastalla, qu'elle s'empressa de revendre au royaume d'Italie pour quelques millions. C'est ainsi qu'il donna à Berthier la principauté de Neuchâtel, qui constituait ce soldat prince souverain; à Bernadotte, beau-frère de Joseph, celle de Ponte-Corvo, et au ministre Talleyrand, celle de Bénévent. C'est ainsi enfin qu'un Savary devint duc de Rovigo, et un Fouché, duc d'Otrante. Un grand nombre de duchés du même genre furent établis dans les États que Napoléon ajoutait à l'Empire ou qu'il donnait à ses frères ou à ses sœurs; ces derniers ne conféraient aucun pouvoir, mais ils assuraient une dotation annuelle prélevée sur les revenus du pays où ils étaient institués.

Cette série d'actes que M. Thiers appelle non sans raison *extraordinaires* (t. VI, p. 496), et devant lesquels, comme le remarque cet historien, sans y mettre d'ailleurs de malice, « on pouvait se croire revenu à ces temps de l'Empire romain où un simple décret du Sénat enlevait ou conférait des couronnes », fut terminée par la création d'une *Confédération du Rhin*, composée de quatorze princes du midi et de l'ouest de l'Allemagne, qui se séparaient du corps germanique et reconnaissaient Napoléon pour protecteur (juillet-août 1806). Voilà où en était déjà en 1806 le système européen conçu par Napoléon : l'Empire d'Occident était reconstitué ; il n'y avait plus qu'à le compléter.

Mais avant d'aller plus loin, il faut voir quelle était la politique de Napoléon à l'égard des États dont il avait fait comme les annexes de son Empire. La réponse est en quelque sorte contenue dans la question : il voulait que ces États fussent gouvernés comme appartenant à l'Empire lui-même, c'est-à-dire que toute indépendance leur fût enlevée, et que leurs intérêts fussent subordonnés ou plutôt absolument identifiés, bon gré mal gré, aux intérêts de la France, ou à ce qu'il appelait ainsi ; et, pour parvenir à ce but, il n'y avait pas de moyen tyrannique, pas d'odieuse mesure qu'il ne prescrivît ou qu'il n'employât lui-même. Tels sont les deux traits caractéristiques de la politique de Napoléon à l'égard des peuples qu'il tenait sous sa dépendance et qu'il gouvernait en quelque sorte par procuration, comme l'Italie, le royaume de Naples, la Hollande, une partie de l'Allemagne, etc. Je donnerai quelques exemples de l'un et de l'autre.

Il écrivait en 1805 au vice-roi d'Italie, le prince Eugène : « Mon principe, c'est la France avant tout...

Ce serait mal voir que de ne pas reconnaître que l'Italie n'est indépendante que par la France, que cette indépendance est le prix de son sang, de ses victoires, et que l'Italie ne doit pas en abuser, qu'il serait surtout fort déraisonnable d'aller calculer si la France obtient ou non quelques avantages commerciaux... J'entends mieux que personne la politique de l'Italie. Il faut que l'Italie ne fasse pas de calculs séparés de la prospérité de la France ; elle doit confondre ses intérêts avec les siens ; il faut surtout qu'elle se garde bien de donner à la France un intérêt à la réunion, car si la France y avait intérêt, qui pourrait l'empêcher? Prenez donc aussi pour devise: la France avant tout... Il faut que les douanes d'Italie soient mises sur le pied de celles de France; sans cela, je ne vous cache pas que je réunirais le royaume d'Italie. » Jamais l'égoïsme politique n'a été poussé plus loin et ne s'est affiché avec plus de sans-façon.

La même année, le Corps législatif du royaume d'Italie ayant manifesté quelque opposition, et le vice-roi l'ayant dissous sans consulter l'Empereur, celui-ci, tout en ordonnant que cette assemblée terminât ses séances, écrivait au prince Eugène : « Vous ferez cependant connaître mon mécontentement... *Ne leur laissez pas oublier que je suis le maître de faire ce que je veux ; cela est nécessaire pour tous les peuples, et surtout pour les Italiens, qui n'obéissent qu'à la voix du maître. Ils ne vous obéiront qu'au-*

tant qu'ils vous craindront, et ne vous craindront qu'autant qu'ils s'apercevront que vous connaissez leur caractère double et faux. D'ailleurs, votre système est simple : l'Empereur le veut. » Ainsi la volonté de Napoléon érigée en loi suprême pour les Italiens et pour tous les peuples; par une conséquence nécessaire, la crainte employée comme moyen d'assurer l'obéissance à cette volonté despotique, et, en fin de compte, le mépris pour le peuple à qui l'on impose cette obéissance, voilà la leçon que l'Empereur donne ici à son lieutenant.

Voici maintenant comment il entend que cette leçon soit mise en pratique.

« On dit, écrit-il au prince Eugène le 10 mai, que l'évêque d'Udine s'est mal comporté; si cela est, il faut le faire fusiller. Il est temps enfin de faire un exemple de ces prêtres, et *tout est permis au moment de la rentrée*. Que cela soit fait vingt-quatre heures après la réception de ma lettre, c'est un exemple utile. »

Dans une autre lettre du 28 mai, on lit : « Il y a des individus qui se sont mal comportés; rendez-m'en compte pour que j'en fasse un exemple éclatant... S'il y a quelque grande famille qui se soit mal comportée, *je veux la détruire de fond en comble, père, frères, cousins*, pour qu'elle serve d'exemple dans les annales de Padoue. »

A ces moyens d'une si épouvantable violence il en joint d'autres d'une fourberie raffinée : c'est ainsi qu'il recommande au vice-roi de laisser à la presse *une légère apparence de liberté,* afin de pouvoir faire publier contre les puissances étrangères des articles dont on eût le droit de décliner la responsabilité devant les ambassadeurs.

Les instructions données par Napoléon à son frère Joseph, quand il l'eut fait roi de Naples, ne sont pas moins curieuses : elles montrent à nu sa politique à l'égard des pays conquis, et l'on en pourrait extraire tout un code de despotisme à l'usage des conquérants. J'en citerai quelques passages parmi les plus saillants.

Voici ce que Napoléon écrivait au roi de Naples en 1806 :

« Mon frère, je vois que vous promettez par une de vos proclamations de n'imposer aucune contribution de guerre, que vous défendez que vos soldats exigent la table de leurs hôtes. A mon avis, vous prenez des mesures trop étroites. Ce n'est pas en cajolant les peuples qu'on les gagne, et ce n'est pas avec ces mesures que vous donnerez les moyens d'accorder de justes récompenses à votre armée. Mettez trente millions de contributions sur le royaume de Naples, payez bien votre armée, remontez bien votre cavalerie et vos attelages, faites faire des souliers et des habits; tout cela ne peut se faire qu'avec de l'argent. Quant à moi, il serait trop ridicule que la conquête de Naples ne valût pas du bien-être et de l'aisance à mon armée. Il est impossible que vous vous teniez dans ces limites-là... Je n'entends pas dire que vous ayez fait fusiller aucun lazzaroni; cependant je sais qu'ils donnent des coups de stylet. Si vous ne vous faites pas craindre dès le commencement, il arrivera des malheurs. L'établissement d'une imposition ne fera pas l'effet que vous imaginez; tout le monde s'y attend et la trouvera naturelle. Vos proclamations aux peuples de Naples ne *sentent pas assez le maître.* Vous ne gagnerez rien en caressant trop. Les peuples d'Italie et en général les peuples, s'ils n'aperçoivent pas de maître, sont disposés à la rébellion et à la mutinerie... »

Dans une autre lettre datée de la même année, il écrivait :

« Puisque la Calabre s'est révoltée, pourquoi ne prendriez-vous pas la moitié des propriétés du pays pour les distribuer à l'armée? Ce serait une ressource qui vous serait d'un grand secours et en même temps un exemple pour l'avenir. On ne change et on ne réforme pas un État avec une conduite molle; il faut des mesures extraordinaires et de la vigueur. Comme les Calabrais ont assassiné mes soldats, *je rendrai moi-même le décret par lequel je confisquerai à leur profit la moitié des revenus de la province, particuliers et publics...* »

« Envoyez-moi, écrit-il encore la même année à Joseph, tous les matériaux sur *les mesures odieuses dérivant du droit de conquête qu'il serait nécessaire de prendre,* en faisant cependant le moins de mal possible au pays. Il faut établir dans le royaume de Naples un certain nombre de familles françaises, qui seront investies des fiefs, soit provenant de l'aliénation qui serait faite de quelques domaines de la couronne, soit de la dépossession de ceux qui ont des fiefs, soit des biens des moines en diminuant le nombre des couvents. Dans mon sentiment, votre couronne n'aurait aucune solidité si vous n'aviez autour de vous une centaine de généraux, de colonels et autres, et des officiers attachés à votre maison, possesseurs de gros fiefs dans les royaumes de Naples et de Sicile. Je pense que Bernadotte, Masséna, devraient être fixés à Naples avec le titre de princes et avec de gros revenus qui assurassent la fortune de leur famille. Ce moyen, je le prends pour le Piémont, pour l'Italie, pour Parme ; il faut qu'entre ces pays et Naples il ressorte la fortune de trois ou quatre cents officiers français, tous jouissant de domaines qui seraient dévolus à leurs descendants par droit de primogéniture. Dans peu d'années, cela se mariera dans les principales maisons, et le trône se trouvera consolidé de manière à pouvoir se passer de la présence d'une armée française. »

Citons encore ces exécrables paroles que Napoléon écrivait au roi Joseph deux ans plus tard, en 1808 : « Je désirerais bien que la canaille de Naples se révoltât. Tant que vous n'en aurez pas fait un exemple, vous n'en serez pas maître. A tout pays conquis il faut une révolte. »

Je dois dire, à la décharge du roi de Naples, comme aussi du vice-roi d'Italie, qu'ils ne se conformaient pas toujours de tous points aux instructions qu'ils recevaient de Napoléon; et que, quand ces instructions étaient trop odieuses et qu'il leur était possible de ne pas les suivre, ils les laissaient sagement dormir. Mais ils n'étaient pas les maîtres; et Napoléon savait bien faire exécuter, en passant par-dessus eux ou par leur intermédiaire même, ce qu'il lui convenait d'ordonner. C'est ainsi que les actes les plus odieux furent accomplis par ses ordres. J'en veux donner aussi quelques exemples. Écoutons d'abord Paul-Louis Courrier, écrivant de Naples en juillet 1807 à M. de Sainte-Croix à Paris.

« Ce que je vous puis dire du marquis de Rodio, c'est qu'ici sa mort passe pour un assassinat et une basse vengeance. On lui en voulait parce qu'étant ministre et favori de la reine, il parut contraire au mariage que l'on proposait d'un fils ou d'une fille de Naples avec quelqu'un de la famille. L'Empereur a cette faiblesse de tous les parvenus, il s'expose à des refus. Il fut refusé là et ailleurs. Le pauvre Rodio, depuis, pris dans un coin de la Calabre, à la tête de quelques insurgés, quoiqu'il eût fait une bonne et franche et publique capitulation, fut pourtant arrêté; jugé par une commission militaire, et, chose étonnante, acquitté. Il en écrivit la nouvelle à sa femme, à Catanzaro; et se croyait hors d'embarras; mais l'Empereur le fit reprendre et rejuger par les mêmes juges, qui, cette fois-là, le condamnèrent, étant instruits et avertis (1). Cela fit horreur à tout le monde, plus encore peut-être aux Français qu'aux Napolitains. On le fusilla par derrière comme traître, félon, rebelle à son légitime souverain. Le trait vous paraît fort, j'en sais d'autres pareils. Quand le général V... commandait à Livourne, il eut l'ordre, et l'exécuta, de faire arrêter deux négociants de la ville, dont l'un périt comme Rodio, l'autre l'échappa belle, s'étant sauvé de prison par le moyen de sa femme et d'un aide de camp. Le général fut en peine, et fort réprimandé. Ici nous avons vu un courrier qui portait des lettres de la reine, assassiné par ordre, ses dépêches enlevées à Paris. L'homme qui fit ce coup, ou l'ordonna du moins, je le vois tous les jours. Mais quoi ! à Paris même, pour avoir des papiers, n'a-t-on pas tué chez lui un envoyé ou secrétaire de je ne sais quelle diplomatie ? L'affaire fit du bruit. Assurément, Monsieur, cela n'est point du temps, du siècle où nous vivons ; tout cela s'est passé quelque part au Japon ou bien à Tombouctou et du temps de Cambyse. Je le dis avec vous, les mœurs sont adoucies ; Néron

---

(1) Les *Mémoires* du roi Joseph (t. II, p. 144-146) confirment ce fait, que le marquis de Rodio, après avoir été absous par le conseil devant lequel il avait été traduit d'abord (par trois voix sur sept), fut déféré à un second conseil, qui à l'unanimité le condamna à mort, sentence qui fut exécutée, en l'absence et à l'insu du roi Joseph, le lendemain même du jour où elle avait été rendue. Ces *Mémoires* en renvoient, il est vrai, toute la responsabilité au ministre de la police Salicetti ; mais il est évident que ce ministre n'a pu agir ainsi que sur les ordres exprès de Napoléon.

ne régnerait pas aujourd'hui. Cependant, quand on veut être maître..., pour la fin, le moyen. Maître et bon, maître et juste, ces mots s'accordent-ils ? Oui, grammaticalement, comme honnête larron, équitable brigand. »

Puisqu'il s'agit ici d'exécutions commandées en Italie par Napoléon, j'en rapporterai tout de suite une autre qui n'est pas moins odieuse que celle du marquis de Rodio, mais qui n'eut lieu que quelques années plus tard, en 1810 ; je veux parler de celle d'André Hofer, le héros du Tyrol.

On a vu que le vainqueur d'Austerlitz, disposant des peuples au gré de ses convenances, avait enlevé le Tyrol à l'Autriche pour le donner à la Bavière, qui le convoitait depuis longtemps. Mais, si la Bavière désirait posséder le Tyrol, le Tyrol ne désirait nullement appartenir à la Bavière. Il était profondément attaché à l'Autriche, et il subit avec peine la domination bavaroise. Le mécontentement était général. Aussi, dès que l'occasion parut favorable, en 1809, une insurrection éclata : plus de vingt mille montagnards prirent les armes sous la conduite d'un aubergiste du Passeyerthal, André Hofer ; et, secondés par le général autrichien Chasteler, ils parvinrent, dans l'espace d'une vingtaine de jours, à s'emparer d'Insbruck et à délivrer les deux Tyrols. Napoléon écrivit à Berthier au sujet de ce soulèvement des Tyroliens : « Si le but de leur révolte est de rester attachés à l'Autriche, je n'ai plus qu'à leur déclarer une guerre éternelle, parce qu'il est dans mes intentions qu'ils ne retournent jamais sous la domination de l'Autriche. S'ils ont un autre but, s'ils désirent des priviléges, soit toute autre chose, je souhaite et désire les tranquilliser et contribuer à leur bonheur. » Napoléon voulait bien contribuer au bonheur des Tyroliens, mais à condition qu'ils entendraient leur bonheur à sa façon, c'est-à-dire qu'ils resteraient soumis à une domination qui leur répugnait. C'était précisément pour repousser cette domination qu'ils avaient pris les armes, et ils n'avaient que faire de la bonne volonté de Napoléon. « Vous ne pouvez pas vivre Bavarois », leur disait André Hofer, qui, sous sa veste de paysan, cachait un cœur héroïque, « eh bien, soyez Tyroliens jusqu'à la mort! » Et quoique délaissés par l'Autriche, qui n'avait pas attendu la défaite de Wagram pour leur retirer ses secours, et sur qui, après ce désastre, ils pouvaient encore moins compter, Hofer et ses compagnons, puisant un nouveau courage dans leur isolement même, prirent la résolution de lutter jusqu'à la dernière extrémité. Battus par des forces supérieures et se voyant hors d'état de défendre Insbruck, ils se retirèrent dans leurs montagnes pour y poursuivre la lutte. Mais, tandis qu'ils prolongeaient ainsi leurs efforts, le traité de paix conclu entre l'empereur d'Autriche et Napoléon vint livrer de nouveau le Tyrol à la Bavière. Comprenant alors que toute résistance était devenue inutile et ne pouvait plus être que funeste, Hofer conseilla et promit la soumission ; puis, trompé par de faux avis, il fit un nouvel appel aux armes. La lutte recommença, mais elle ne pouvait pas être de longue durée. Il fallut bientôt se disperser et fuir. Hofer, qui, soit défiance, soit fierté, avait refusé de se rendre au camp du vainqueur, malgré les promesses du général Baraguay d'Hilliers, s'enfonça dans les montagnes, au milieu des neiges et des glaces (c'était au mois de décembre) pour échapper aux soldats français envoyés à sa poursuite. Il crut avoir trouvé un sûr asile dans un de ces pauvres chalets que les bergers habitent l'été ; et là, entouré de sa femme, de son fils et de deux jeunes gens dévoués, il attendit tranquillement que l'empereur d'Autriche, auquel il se décida enfin à s'adresser, lui fournît les moyens de gagner Vienne ; mais un traître, ayant découvert ce refuge, y conduisit, pendant la nuit, la troupe chargée d'arrêter Hofer. Le héros, sa femme, son fils et ses deux compagnons furent enchaînés et emmenés à Botzen. Là, sur l'ordre du général Baraguay d'Hilliers, les prisonniers furent délivrés de leurs liens, et le fils et la femme d'Hofer renvoyés chez eux ; mais Hofer fut conduit à Mantoue pour y être jugé par un conseil de guerre. Le vice-roi d'Italie aurait voulu lui sauver la vie : il l'engagea à désavouer certaines proclamations ; Hofer refusa de se prêter à ce mensonge. Le conseil de guerre, chargé de le juger, n'osa lui-même le condamner à mort : plusieurs de ces soldats convertis en juges votèrent pour la détention ; deux eurent même le courage de se prononcer pour l'acquittement; en somme, la majorité repoussa la peine capitale. Mais un ordre contraire, daté du 10 février 1810, avait été envoyé de Paris au prince Eugène en ces termes: « Mon fils, je vous avais mandé de faire venir Hofer à Paris ; mais, puisqu'il est à Mantoue, envoyez l'ordre de former sur-le-champ une commission militaire pour le juger et le faire exécuter à l'endroit où votre ordre arrivera. Que tout cela soit l'affaire de vingt-quatre heures (1). » Cet ordre fut transmis de Milan à Mantoue par le télégraphe, et dut être aussitôt exécuté. Hofer entendit sans pâlir, bien qu'il fût loin de s'y attendre, l'arrêt qui le condamnait à être fusillé ; et il marcha au supplice avec une fermeté digne de son grand cœur. Il repoussa le mouchoir qu'un soldat lui présentait pour se bander les yeux, et refusa de se mettre à genoux pour recevoir la mort. « Je suis debout, dit-il, devant Celui qui m'a créé, et c'est debout que je lui veux rendre mon âme. » Il recommanda aux grenadiers de bien tirer, et donna lui-même l'ordre de faire feu ; mais sans doute les mains tremblaient aux soldats chargés d'exécuter un tel homme : il ne fut tué qu'à la seconde décharge (2). Ainsi tombait à l'âge de quarante-trois ans, sur un bastion de la citadelle de Mantoue, fusillé par l'ordre de Napoléon, un héros

---

(1) *Mémoires du prince Eugène*, t. VI.
(2) *Geschichte Andreas Hofer's* (Leipsig, Brockhaus, 1845), t. II, p. 534.

vaincu dont toute autre âme que cet orgueilleux despote aurait admiré le cœur et respecté la vie. Et dans quel moment faisait-il exécuter ce héros qui avait si bravement combattu pour restituer le Tyrol à l'Autriche? Au moment où, après avoir fait la paix avec l'Autriche, il obtenait la main d'une archiduchesse autrichienne et « se livrait, comme dit M. Thiers (t. XI, p. 383), au plaisir des fêtes, des préparatifs, des détails d'étiquette ». Ce n'est pas sans motif que je ramène ici M. Thiers, car son Histoire me suggère sur ce point une triste réflexion : tandis qu'il décrit avec soin les apprêts de ce mariage, les cérémonies, les fêtes, la joie de Napoléon et de sa cour, il ne dit pas un mot de l'exécution d'André Hofer, qui avait lieu dans le même moment. Est-ce que cela n'est rien dans l'histoire et ne mérite pas d'y figurer aussi bien que le cérémonial du mariage de l'empereur Napoléon avec l'archiduchesse Marie-Louise!

Il est une autre exécution, celle du libraire Palm, plus odieuse encore que les précédentes, que M. Thiers a bien mentionnée en passant (t. VI, p. 552), mais sur laquelle il n'a pas jugé à propos de s'arrêter, tout en reconnaissant que cet acte déplorable avait soulevé l'opinion générale contre les Français et leurs partisans. Rendons à cet acte odieux et à la touchante victime de Napoléon la place qu'ils méritent d'occuper dans l'histoire, en nous servant, pour le faire, du livre que la famille de Palm publia à Nuremberg en 1814, et qui expose de la manière la plus exacte et la plus complète, en même temps que la plus saisissante, cet épisode de l'histoire de l'Allemagne sous l'Empire (1).

Au printemps de l'année 1806, pendant que les troupes françaises occupaient une partie de l'Allemagne, donnée dès lors ou depuis à la Bavière par Napoléon, parut une brochure intitulée : *Le profond abaissement de l'Allemagne* (2). Le libraire Palm, de Nuremberg, expédia à un libraire d'Augsbourg, un certain nombre d'exemplaires de cette brochure. Palm a déclaré, jusqu'au dernier moment de sa vie, qu'elle avait été adressée à sa librairie par un expéditeur inconnu, et qu'en l'envoyant à Augsbourg il n'en connaissait même pas le contenu; et le contraire n'a pas été prouvé. Mais quand il l'aurait connu, je dirai plus, quand il aurait été lui-même l'éditeur de cet écrit, la sentence qui l'envoya à la mort n'en resterait pas moins odieuse. Alléguera-t-on avec M. Thiers « la rigueur des lois militaires, qui traitent en ennemi quiconque cherche à soulever un pays contre l'armée qui l'occupe (*loc. cit.*) » ; quelles étranges lois, que celles d'après lesquelles il suffit de s'emparer d'un pays pour

---

(1) JOHANN PHILIPP PALM, *Buchhändler zu Nürnberg, auf Napoleons Befehl hingerichtet zu Braunau den 26sten August 1806. — Ein Beitrag zur Geschichte des letztern Jahrzehnds. — Der theilnehmenden Menschheit, und insbesondere den edlen Wohlthätern gewidmet von der Palmischen Familie*. Nürnberg, in der Steinischen Buchhandlung, 1814.

(2) *Deutschland in seiner tiefen Erniedrigung*. Cette brochure a été reproduite dans le livre publié par la famille Palm.

11.

avoir le droit de faire fusiller quiconque ose s'élever contre la domination de l'envahisseur! Je dois faire remarquer, d'ailleurs, que, bien que les troupes françaises occupassent alors une partie de l'Allemagne, les deux pays n'étaient pas en état de guerre, et que la ville de Nuremberg, à laquelle Palm appartenait, avait été donnée à la Bavière par le traité de la Confédération du Rhin (12 juillet), au moment où ce libraire fut déféré à une commission militaire française (août). Il est vrai que Napoléon continuait de traiter l'Allemagne en pays conquis. — *La police extérieure* qu'il avait organisée sur le modèle de sa *police intérieure*, ayant découvert l'envoi fait au libraire d'Augsbourg par le libraire Palm, et la maison que dirigeait celui-ci, la librairie Stein, ayant été dénoncée par le *Journal de Paris* comme répandant en Allemagne une brochure contre la domination française, Palm demanda lui-même au magistrat de Nuremberg une enquête judiciaire, mais sans pouvoir l'obtenir, on ne sait par quels motifs. Peu après, s'étant rendu à Munich pour ses affaires, il apprit de sa femme que *quatre messieurs vêtus de noir* étaient venus dans sa maison, avaient fouillé partout et ne s'étaient retirés qu'après s'être convaincus de l'inutilité de leurs recherches. Palm rassura sa femme, et, ne concevant aucune crainte, promit de revenir bientôt à Nuremberg; il y revint en effet et y resta sans inquiétude jusqu'au moment où il lut dans les journaux que son confrère d'Augsbourg venait d'être arrêté. Il se décida alors à quitter Nuremberg, qu'occupait une garnison française, et se retira dans une ville voisine qui était encore sous la protection de la Prusse, à Erlangen ; mais, peu de jours après, poussé par le désir de revoir sa famille, et ne pouvant d'ailleurs soupçonner le sort qui l'attendait, il abandonna le lieu qui lui offrait un sûr asile et rentra dans sa maison : l'imprudent se livrait ainsi lui-même à ses meurtriers. Il ne tarda pas à être arrêté. Pour s'assurer de sa personne, la police impériale lui tendit un piége, bien odieux, mais qui ne doit plus étonner personne. Un petit garçon, mal vêtu, se présenta un jour au magasin de librairie, sollicitant un secours en faveur de sa mère, veuve, disait-il, d'un soldat allemand, et demandant à parler à M. Palm lui-même. Celui-ci, ne croyant pas avoir à se défier d'un enfant, le fit venir dans la chambre où il se tenait et lui remit quelque argent. A peine l'enfant était-il sorti que des soldats français entraient dans le magasin, se dirigeaient tout droit vers la chambre qui leur avait été désignée et s'emparaient de l'honnête libraire. Conduit de Nuremberg à Anspach, où Bernadotte tenait son quartier général, il demanda vainement à parler à ce maréchal : l'adjudant répondit que cela était inutile, son emprisonnement ayant eu lieu sur un *ordre direct de Paris*. Le ministre de la guerre, Berthier, à qui un ami de Palm avait écrit une lettre suppliante, répondit de son côté que tout était inutile, qu'il n'y avait plus rien à faire. Ce docile agent de Napoléon avait reçu en effet de Saint-Cloud la lettre suivante (datée du 5 août 1806) : « ....Mon cousin, j'imagine que vous avez fait arrêter les libraires d'Augsbourg et de Nuremberg. *Mon intention est qu'ils soient traduits devant une commission militaire pour être jugés et fusillés dans les 24 heures.* Ce n'est point un crime ordinaire que de répandre des libelles dans des lieux où se trouve l'armée française... La sentence portera que, partout où il y a une armée, le devoir du chef étant de veiller à sa sûreté, les individus tels et tels, convaincus d'avoir tenté de soulever les habitants de la Souabe contre l'armée française, sont *condamnés à mort. C'est dans ce sens que sera rédigée la sentence.* Vous mettrez les coupables au milieu d'une division et vous nommerez sept colonels pour les juger... Vous ferez répandre la sentence dans toute l'Allemagne (1). »

Ce fut à Braunau, petite ville de Bohême, alors occupée par les troupes françaises, que siégea cette commission de colonels nommée par Berthier, d'après les ordres de son maître, pour juger, c'est-à-dire pour condamner Palm et quelques autres accusés du même genre. Le malheureux libraire de Nuremberg fut amené d'Anspach dans cette ville pour comparaître devant ce tribunal et subir le supplice ordonné par Napoléon. Le jugement fut rendu

---

(1) *Correspondance de Napoléon*, t. XIII, p. 37.

le 25 août (1). Il condamnait à mort le libraire Palm, et avec lui un marchand de vins de Donauwerth, un aubergiste d'Ulm et deux autres libraires, l'un de Vienne, l'autre de Linz, comme coupables d'avoir écrit, imprimé ou répandu des libelles contre Sa Majesté l'Empereur et Roi et contre les alliés de Sa Majesté Impériale et Royale, ce que la commission qualifiait crime de *haute trahison*. Les trois derniers individus que condamnait ce jugement n'avaient pu être saisis; le commerçant de Donauwerth, Schroder, dont le crime consistait à avoir communiqué à un ecclésiastique la brochure incriminée, fut arraché à la mort par une puissante intervention. Palm, pour lequel sa femme et ses amis intercédèrent vainement, resta comme la victime réservée au sacrifice.

Ce malheureux était loin de s'attendre à un pareil dénoûment. Lorsque, le lendemain du jour où il avait comparu devant la commission, il vit s'ouvrir la porte de son cachot et reçut l'ordre de descendre dans la cour de la prison, il pensa qu'on allait le mettre en liberté; c'était sa sentence de mort qu'on venait lui annoncer. En entendant cette sentence, aussi inattendue qu'horrible, il invoqua le nom de Dieu et pleura. Ramené dans sa prison, il rassembla ses forces pour écrire à sa femme et à ses enfants

---

(1) On peut le lire tout au long dans l'ouvrage cité (p. 115 et 125). Il est signé des noms suivants : *G. Lafrille*, président; *Autie*, *Lemarois*, *L'Huillier*, *Faure-Lajonquière*, *Chauvel* et *Nicolas*, colonels, juges; *L. Binot*, rapporteur; *Chapon*, greffier.

quelques mots d'adieu. Je veux les traduire pour mieux montrer ce qu'était la victime que Napoléon envoyait au supplice.

« Chère amie! enfants chéris!

» Abandonné des hommes, mais non de Dieu, le tribunal militaire de cette ville vient de me juger après deux interrogatoires seulement. On m'a demandé si j'avais répandu des écrits politiques, j'ai dit ce que je savais, que des écrits de ce genre avaient bien pu être envoyés par hasard comme expédition, mais *non pas de ma volonté et avec connaissance de cause.*

» Là-dessus, j'ai été condamné à mort, sans avoir eu de défenseur (1). J'en demandai un, mais il n'en parut pas. Je n'en manquerai pas devant Dieu.

» Je t'envoie, femme chérie, mille remercîments pour ton amour; cherche ta consolation en Dieu et ne m'oublie pas.

» Je n'ai plus rien à dire en ce monde, mais d'autant plus dans l'autre. Adieu, à toi et à tes enfants; Dieu vous bénisse, toi et eux.

» Rappelle-moi au souvenir de mon beau-frère et de ma belle-sœur et de tous les amis, que je remercie de leur bonté et de leur amitié.

» Encore une fois adieu. Nous nous reverrons là-haut!

---

(1) Le jugement porte faussement qu'il en eut un.

» Ton tendre époux et le tendre père de mes enfants,

» Jean-Philippe PALM.

» Braunau, dans la prison, le 26 août 1806, une demi-heure avant ma fin. »

A peine ces lignes navrantes étaient-elles tracées, qu'on venait chercher Palm pour le conduire au supplice. Un soldat lui attacha les mains derrière le dos avec une corde; en vain Palm demanda qu'on les lui laissât libres, afin qu'il pût les élever vers le ciel : on lui répondit que tout avait été prescrit de la sorte et que l'on ne pouvait s'écarter en rien des ordres donnés. Un chariot attelé de deux bœufs attendait à la porte. Palm y monta, aidé par deux ecclésiastiques catholiques qui lui avaient été donnés, à défaut de ministre protestant, pour l'assister dans ses derniers moments, et qui, il faut le dire, remplirent leur office avec une admirable charité. L'un d'eux a écrit à la veuve de Palm, sur les derniers moments et le supplice de son époux, deux lettres détaillées, la première de Braunau même, huit jours après l'exécution (4 septembre 1806), la seconde quelques années après (Salzbourg, 27 mai 1814); ces deux lettres ont été publiées dans l'ouvrage que j'ai cité, et c'est de là que je tire le récit que je fais ici.

Le cortége traversa la ville pour se rendre à la place extérieure, sur le glacis où devait avoir lieu l'exécution. Sur son passage, bien que nul ne connût personnellement la victime, tous les visages exprimaient la plus profonde compassion et le chagrin le plus vif. Hommes, femmes, enfants, tout le monde pleurait, gémissait. Beaucoup ne purent manger ce jour-là. Les Français mêmes étaient consternés. Le commandant de la place, Saint-Hilaire, et plusieurs officiers s'étaient absentés pour ne pas être témoins de cette triste scène. Plusieurs de ceux qui y assistèrent avouèrent qu'ils n'avaient jamais éprouvé une telle affliction. Arrivé au lieu du supplice, où la garnison française formait les trois côtés d'un carré dont le quatrième restait ouvert, Palm embrassa les deux ecclésiastiques qui l'avaient accompagné, remit à l'un d'eux le mouchoir blanc qui avait essuyé ses dernières larmes, en le priant de le faire parvenir à sa femme comme un dernier souvenir; se laissa bander les yeux par ce même prêtre, et, se mettant à genoux, attendit la mort en silence. Au signal donné, six soldats firent feu; Palm tomba le visage contre terre, mais il n'était pas tué : il gémissait. Les mains avaient tremblé à ses soldats convertis en bourreaux; et ce n'est plus ici, comme pour l'exécution d'Hofer, une conjecture que j'avance, c'est un fait attesté par le respectable témoin dont je reproduis le récit. Six autres soldats reçurent à leur tour l'ordre de faire feu; Palm cessa de gémir, mais il respirait encore. Il fallut que de nouveaux soldats lui tirassent dans la tête; cette fois le crâne vola en éclats. L'honnête homme, le digne père de famille dont Napoléon avait ordonné la mort, venait enfin d'expirer sous les balles du despote (1). Les troupes rentrèrent dans leurs casernes, silencieuses et mornes. Le capitaine qui avait commandé l'exécution disait, de retour au quartier, qu'il quitterait plutôt le service que de commander encore une exécution pareille. Mais hélas! quelque odieux que fussent les ordres de Napoléon, ils ne devaient jamais rencontrer une résistance héroïque chez des hommes devenus des instruments. Ceux-ci pouvaient bien gémir sur la barbarie de ces ordres; ils ne les en exécutaient pas moins (2).

Quant à Napoléon, il avait voulu faire, suivant son expression, un exemple; mais quel effet devaient produire des exécutions de ce genre sur les populations au milieu desquelles elles s'accomplissaient! Elles les frappaient sans doute de terreur; elles réprimaient sans doute le torrent des brochures politiques; mais quelle profonde indignation, quelle implacable haine le meurtre d'un homme tel que Jean Palm ne devait-il pas laisser dans les âmes! Napoléon croyait agir en profond politique; mais, s'il assurait ainsi le

---

(1) Cet acte inqualifiable est consigné sur la façade d'une maison de Nuremberg, voisine de l'église Saint-Sebald, par l'inscription suivante, gravée en lettres d'or sur une plaque de marbre : *Ici habitait Jean Palm, libraire, mort en 1806, victime de la tyrannie de Napoléon.*

(2) Dans la pièce intitulée : *Armée permanente*, de son recueil : *Avant le jour*, un poëte, Laurent-Pichat, a admirablement montré le soldat, qu'aveuglait l'idolâtrie napoléonienne, devenu le trop docile ministre

Des férocités de ces temps proscrits...

succès du moment, il préparait non moins sûrement, sans s'en douter, les disgrâces de l'avenir, et sa politique était aussi *impolitique* qu'elle était *immorale*. C'est que la politique ne divorce pas impunément avec la morale, et que, dans la vie publique comme dans la vie privée, c'est toujours un fragile établissement que celui qui se fonde sur le mépris des lois de la conscience et des droits de l'humanité.

HUITIÈME LEÇON.

L'EUROPE SOUS L'EMPIRE.

(*Suite.*)

Continuons de suivre la puissance de Napoléon dans sa marche envahissante à travers l'Europe, et voyons comment il travailla à compléter ce nouvel Empire d'Occident dont il avait déjà jeté les fondements du Zuiderzée au détroit de Messine et des bords du Rhin aux monts de Bohême.

La victoire d'Austerlitz lui avait soumis l'Allemagne du Midi; de nouvelles victoires vont lui soumettre l'Allemagne du Nord. Il avait écrasé et démembré l'empire d'Autriche; il va maintenant écraser et démembrer la monarchie prussienne.

Celle-ci avait été sur le point de se réunir à la précédente coalition; la rapidité avec laquelle Napoléon avait conduit et terminé la campagne l'en avait empêchée. Après la paix de Presbourg, effrayée des nouveaux envahissements de l'Empire, elle s'allia à son tour avec la Russie pour refouler les Français au delà du Rhin. Ce fut, à cette époque, la faute de l'Allemagne et en général de l'Europe, de se diviser lorsqu'elle aurait dû s'unir contre l'ennemi commun : dans la guerre précédente, la Prusse ne s'était pas décidée à temps à se joindre à l'Autriche; dans celle-ci, l'Autriche ne se trouvait pas en état et en humeur de se joindre à la Prusse. Grâce à cette division, Napoléon put triompher successivement des deux grandes puissances de l'Allemagne et se rendre ainsi maître de l'Allemagne tout entière.

Il conduisit cette nouvelle campagne avec la même rapidité foudroyante que la dernière. Parti de Paris le 25 septembre 1806, il culbuta à Iéna, le 14 octobre, une armée prussienne commandée par le prince de Hohenlohe, pendant que, de son côté, le maréchal Davout battait à Auerstædt l'armée du roi; et se hâtant de profiter de la déroute des troupes prussiennes, il marcha sur Berlin, où il entra en triomphateur. « Il n'était pas entré ainsi, dit M. Thiers (t. VII, p. 174), à Vienne, qu'il avait à peine visitée, vivant toujours à Schœnbrunn, loin des regards des Viennois. Mais aujourd'hui, soit orgueil d'avoir terrassé une armée réputée invincible, soit désir de frapper l'Europe par un spectacle éclatant, soit aussi l'ivresse de la victoire montant à sa tête plus haut que de coutume, il fit le 28 au matin une entrée triomphale dans Berlin. »

Après avoir détruit les armées de la Prusse, s'être emparé de sa capitale et de la plus grande partie de son territoire, Napoléon se porta sur la Vistule au-devant des Russes, et remporta sur eux à Eylau (février 1807) une victoire chèrement achetée. Le lendemain de cette sanglante bataille, lorsque le jour commença à éclairer cette plaine glacée où gisaient des milliers de morts et de mourants horriblement mutilés, au milieu des chevaux abattus, des canons démontés, des voitures brisées, des hameaux en flamme, *tout cela*, suivant l'expression de Napoléon, se détachant *sur un fond de neige*, il se sentit lui-même saisi d'horreur. « Ce spectacle, s'écria-t-il, est fait pour inspirer aux princes l'amour de la paix et l'horreur de la guerre. » M. Thiers ne peut s'empêcher de remarquer que c'était là une *singulière réflexion dans sa bouche* (t. VII, p. 394-395), et il croit devoir ajouter qu'elle était sincère au moment où Napoléon la laissait échapper. Mais si elle était sincère, elle ne porta guère de fruits. Je me trompe, elle eut pour résultat d'amener un nouveau changement de couleur dans le costume des troupes françaises : « Soit penchant à revenir aux choses du passé, dit M. Thiers (*ibid.*), soit aussi économie, on avait voulu rendre l'habit blanc aux troupes. On en avait fait l'essai sur quelques régiments, mais la vue du sang sur les habits blancs décida la question. Napoléon, rempli de dégoût et d'horreur, déclara qu'il ne voulait que des habits bleus, *quoi qu'il en pût coûter.* » Il paraît que l'horreur de Napoléon pour le sang versé ne tenait qu'à la couleur de l'habit!

Le 14 juin de la même année, il remporta sur les Russes, à Friedland, une nouvelle victoire, qui amena la paix de Tilsitt (7 juillet), laquelle fut pour la Prusse ce que la paix de Presbourg avait été pour l'Autriche, et recula jusqu'à la Vistule les limites du nouvel Empire.

Par le traité de Tilsitt, Napoléon enlevait à la Prusse la moitié de ses États, cinq millions d'habitants sur neuf millions et demi. Des provinces situées entre l'Elbe et le Rhin, il formait, en les réunissant au grand-duché de Hesse, un *royaume de Westphalie* pour son plus jeune frère, Jérôme Bonaparte, auquel il fallait bien donner une couronne comme à ses autres frères; et il attribuait les duchés de Posen et de Varsovie à l'électeur de Saxe, auquel il conférait le titre de roi, se créant ainsi, dans le nord de l'Allemagne, deux royaumes feudataires, comme il avait fait dans le midi. Dantzick, si importante par sa position à l'entrée de la Baltique, était déclarée (comme Brême, Lubeck et Hambourg) *ville libre*, ce qui voulait dire ville vassale de l'Empire.

Le traité de Tilsitt satisfaisait ainsi l'ambition et la vanité de Napoléon; mais sous l'apparence des plus profonds desseins, il dénotait, comme celui de Presbourg, la plus pitoyable politique. Par ce dernier traité, Napoléon s'était fait de l'Autriche une ennemie irréconciliable; par celui de Tilsitt il s'en fit une non moins irréconciliable de la Prusse; en la démembrant sans cependant la détruire tout à fait, il laissait au cœur de cette puissance une blessure qui devait, un jour ou l'autre, lui être fatale à lui-même. D'un autre côté, la royauté française qu'il créait au sein de l'Allemagne pour son frère Jérôme, ne pouvait lui être d'un puissant secours contre la Prusse; elle ne faisait qu'ajouter un aliment de plus aux haines de l'Allemagne et un nouvel embarras à ceux que lui causaient déjà les royautés de Hollande et de Naples. Quant au royaume de Saxe, quoiqu'il fût son œuvre, il devait être pour lui un allié bien peu sûr. Il aurait pu se faire de la Pologne une amie dévouée en la reconstituant sérieusement : il la transféra d'un maître à un autre. La Russie, dont Napoléon avait entraîné le jeune Empereur à signer un traité aussi humiliant pour son allié le roi de Prusse, en faisant luire à ses yeux de brillantes perspectives du côté de l'Orient, la Russie était-elle au moins solidement attachée par ce traité à l'Empire français? Il aurait fallu pour cela que Napoléon consentît à partager avec elle l'empire du monde, en lui abandonnant Constantinople; mais cet empire, il voulait se le réserver tout entier. Alexandre et Napoléon se séparèrent en se jurant une amitié éternelle; je rappellerai dans la prochaine leçon ce que dura cette amitié.

M. Thiers, qui, au point où nous sommes arrivés, commence à trouver que tout n'est pas également admirable dans Napoléon, a donc raison de blâmer l'œuvre politique de Tilsitt comme imprudente et chimérique (t. VII, p. 675). L'admiration de notre historien trouve sa revanche dans la conduite des opérations militaires, et ici je ne lui donnerai ni tort ni raison; mais je lui demanderai s'il est bien opportun de parler de *gloire immense* (c'est le dernier mot de ce volume), quand on vient de constater le profond néant de la politique à laquelle aboutissait toute cette gloire, c'est-à-dire tout ce sang versé. Il est vrai que, selon M. Thiers, la gloire est « une lumière qui embellit tout (p. 127) », et qui suffit à elle seule pour racheter l'horreur des scènes du champ de bataille « qu'elle enveloppe de ses rayons éblouissants »; mais j'avoue (peut-être est-ce un sens qui me manque) que je ne comprends plus ce que c'est que la gloire quand elle n'a pas pour principe et pour but la justice et l'humanité, et qu'elle n'est que l'instrument du despotisme. Faut-il rappeler à M. Thiers cette admirable définition que les stoïciens donnaient du courage : *la vertu combattant pour l'équité* (1)?

Par le traité de Tilsitt, la Russie et la Prusse adhérèrent au *blocus continental* que Napoléon avait décrété à Berlin le 21 novembre 1806; c'est ici le lieu de parler de ce nouvel acte de la politique napoléonienne.

Ayant dû renoncer à son projet de descente en Angleterre, et désespérant, depuis la défaite de sa

---

(1) *Itaque probe definitur a Stoïcis fortitudo, quum eam virtutem esse dicunt propugnantem pro æquitate.* (CICÉRON, *De officiis*, liv. I, ch. XIX.)

flotte à Trafalgar, de vaincre les Anglais sur mer, Napoléon voulut entreprendre de *dominer*, suivant sa formule, *la mer par la terre*, c'est-à-dire de ruiner l'Angleterre en fermant à son commerce *le continent tout entier*. Cette pensée, que M. Thiers regarde comme l'une des plus gigantesques que Napoléon ait conçues (p. 217), était aussi l'une des plus funestes qu'il pût avoir, non-seulement pour la liberté et la prospérité du continent, mais pour sa propre conservation. Pour ruiner un seul peuple, il molestait ainsi et entravait tous les autres ; et pour assujettir ceux-ci à un système aussi préjudiciable à leurs intérêts qu'à leur liberté, il s'engageait, par une nouvelle voie, dans une interminable série de vexations et de guerres qui ne pouvait manquer de le conduire à sa perte. C'est là ce qui l'avait décidé, à Berlin, à pousser jusqu'aux extrémités septentrionales de l'Europe la guerre continentale, qu'il put terminer promptement, grâce à ses victoires, par la paix de Tilsitt ; mais c'est là aussi ce qui le jettera plus tard dans cette nouvelle campagne contre la Russie, où il essuiera un si épouvantable désastre, signal de sa chute prochaine. En attendant que j'arrive à ce dénoûment fatal du *blocus continental*, comme en général de tout son système, je ne puis mieux faire, pour donner une idée exacte de l'absurdité de cette grande conception politique, que de citer le passage suivant de Mme de Staël, qui en décrit parfaitement les effets :

« La gigantesque idée du blocus continental ressemblait à une espèce de croisade européenne contre l'Angleterre, dont le sceptre de Napoléon était le signe de ralliement. Mais si, dans l'intérieur, l'exclusion des marchandises anglaises a donné quelque encouragement aux manufactures, les ports ont été déserts et le commerce anéanti. Rien n'a rendu Napoléon plus impopulaire que ce renchérissement du sucre et du café qui portait sur les habitudes journalières de toutes les classes. En faisant brûler, dans les villes de sa dépendance, depuis Hambourg jusqu'à Naples, les produits de l'industrie anglaise, il révoltait tous les témoins de ces *actes de foi* en l'honneur du despotisme. J'ai vu sur la place publique, à Genève, de pauvres femmes se jeter à genoux devant le bûcher où l'on brûlait des marchandises, en suppliant qu'on leur permît d'arracher à temps aux flammes quelques morceaux de toile ou de drap, pour vêtir leurs enfants dans la misère : de pareilles scènes devaient se renouveler partout ; mais, quoique les hommes d'État dans le genre ironique répétassent alors qu'elles ne signifiaient rien, elles étaient le tableau vivant d'une absurdité tyrannique, le blocus continental. Qu'est-il résulté des terribles anathèmes de Bonaparte ? La puissance de l'Angleterre s'est accrue dans les quatre parties du monde. Son influence sur les gouvernements étrangers a été sans bornes, et elle devait l'être, vu la grandeur du mal dont elle préservait l'Europe. Bonaparte, qu'on persiste à nommer habile, a pourtant trouvé l'art maladroit de multiplier partout les ressources de ses adversaires, et d'augmenter tellement celles de l'Angleterre en particulier, qu'il n'a pu réussir à lui faire qu'un seul mal peut-être, il est vrai le plus grand de tous, celui d'accroître ses forces militaires à un tel degré, qu'on pourrait craindre pour sa liberté, si l'on ne se fiait pas à son esprit public (1). »

De retour à Saint-Cloud (27 juillet 1807), Napoléon disait à son entourage : « Voilà la paix continentale assurée.... Jouissons de notre grandeur (?) ; » mais toute paix conclue par Napoléon ne pouvait être qu'un armistice. Il avait obtenu de la Russie carte blanche pour achever son œuvre dans le midi de l'Europe ; il ne tarda pas à la reprendre.

Le Portugal était le seul État du continent qui restât soumis à l'influence de l'Angleterre : il refusa d'acquiescer au blocus continental. Napoléon, profitant de ce prétexte, décréta, d'accord avec les Bourbons d'Espagne, qu'il allait bientôt détrôner à leur tour, que la maison de Bragance avait régné (27 octobre 1807), et il fit envahir le Portugal par Junot. Son but, en occupant ce pays, n'était pas seulement d'achever de fermer à l'Angleterre les rivages du continent ; il voulait s'approprier le Portugal lui-même pour en disposer à son gré. « Il était décidé,

---

(1) *Considérations sur la Révolution française*, IVe partie, chapitre XIII.

(2) *Histoire du Consulat et de l'Empire*, t. VIII, p. 8.

remarque M. Thiers (t. VIII, p. 243), à ne plus s'imposer de ménagements envers les amis et les complaisants de la politique anglaise, et à les détruire tous au profit de la famille Bonaparte, se disant qu'à la fin de la guerre il n'en serait ni plus ni moins, qu'un État de plus supprimé en Europe n'ajouterait pas aux difficultés de la paix, que ce qui serait fait serait fait... En conséquence il résolut de s'approprier le Portugal. » Et voilà l'homme que M. Thiers appelle quelques lignes plus loin *l'un des plus séduisants de l'humanité!*

L'envahissement du Portugal n'était d'ailleurs pour lui qu'un acheminement à celui de l'Espagne. Il avait détrôné la maison de Bragance d'accord avec les Bourbons d'Espagne, et avait accordé, dans le partage du Portugal, une part au favori de la reine, le prince de la paix, Emmanuel Godoï, « pour lequel, dit M. Thiers (p. 258), il était rempli de mépris, mais qu'il tenait à s'attacher pour quelque temps, afin de l'avoir à sa disposition dans les différentes éventualités qu'il prévoyait ou qu'il allait faire naître. » Le but de ces éventualités qu'il allait faire naître, comme dit M. Thiers, c'était de détrôner à leur tour les Bourbons d'Espagne et de s'approprier toute la Péninsule. Pour y arriver, il songea d'abord à les pousser, en les épouvantant, à fuir d'Espagne en Amérique, comme avait déjà fait la famille royale de Portugal ; puis, après un soulèvement populaire provoqué, à l'instigation du fils même du roi (le prince des Asturies), par la nouvelle de leur départ, et qui eut pour conséquence la chute du favori de la reine et l'abdication de Charles IV en faveur de son fils, lequel devenait ainsi Ferdinand VII, Napoléon, voyant dans ces événements un nouveau moyen d'arriver à son but, imagina de ne pas reconnaître Ferdinand VII, dont la royauté une fois établie serait difficile à détruire ; d'affecter de considérer Charles IV comme étant toujours roi, et d'entretenir la discorde entre le père et le fils, afin de s'emparer de la couronne en s'interposant entre eux comme arbitre. Ce plan machiavélique réussit. Napoléon, s'étant transporté à Bayonne, y attira Ferdinand VII par une lettre perfide, et Charles IV par l'espoir de le maintenir contre son fils ; et, les tenant ainsi tous les deux sous sa main, décida le père à lui céder la couronne d'Espagne pour punir son fils, et contraignit le fils par la menace à signer à son tour un traité qui le dépouillait de ses droits (mai 1808).

Le prétexte dont Napoléon se servit pour consommer cette intrigue, « digne, comme le reconnaît M. Thiers lui-même (p. 619), de la fourberie du XVe siècle », fut l'insurrection de Madrid. Les troupes françaises étaient entrées dans cette ville le 23 mars 1808. Quelques semaines après (2 mai), une insurrection formidable y éclatait en faveur de Ferdinand. Murat la réprima promptement à l'aide de ces moyens terribles dont son beau-frère lui avait enseigné l'usage, comme de sabrer la foule, de faire fusiller immédiatement les individus pris les armes à la main, etc. (1), mais qui devaient laisser dans les âmes de profonds ressentiments ; et Napoléon en profita pour exiger l'abdication de Ferdinand VII. Il donna à son frère Joseph la couronne dont il s'était emparé par la ruse et par la violence ; et Murat, qui avait espéré cette couronne, eut celle de Naples, qu'il reçut avec un profond chagrin.

Quel fut ici encore le résultat de la politique de Napoléon, de cette nouvelle usurpation accomplie par des moyens si tortueux et si violents? A peine avait-il arraché aux Bourbons d'Espagne leur abdication, et avait-il donné leur couronne à son frère Joseph, qu'une insurrection, dont celle de Madrid n'avait été que le prélude, éclatait dans toutes les provinces que n'occupaient pas les troupes françaises. « La nouvelle officielle du sacrifice arraché à la faiblesse du père et à la captivité du fils agit sur le sentiment public avec une violence inexprimable. On fut profondément indigné de l'acte en lui-même, et cruellement offensé de sa forme dérisoire : l'effet fut instantané, général, immense (2). »

Joseph avait pris congé de son frère le 9 juillet (1808), et dès le 12 il lui écrivait de Vittoria :

« Sire, personne n'a dit jusqu'ici toute la vérité à

---

(1) « Murat, dit M. Thiers, t. VIII, p. 612, avait fait former à l'hôtel des Postes une commission militaire, qui ordonnait l'exécution immédiate des paysans saisis les armes à la main. »
(2) Thiers, t. IX, p. 12-13.

Votre Majesté: Le fait est qu'il n'y a pas un Espagnol qui se montre pour moi, excepté le petit nombre de personnes qui ont assisté à la junte et qui voyagent avec moi. Les autres, arrivés ici et dans les autres villages avant moi, se sont cachés épouvantés par l'opinion unanime de leurs compatriotes. »

Napoléon répondit à son frère que sans doute il *voyait double;* et il se borna, pendant plusieurs jours, à l'inviter à montrer *de la confiance,* surtout *de la gaieté* et à *bien soigner sa santé.*

Le 18 juillet, Joseph lui écrivait de Burgos :

« Partout où l'opposition n'est pas armée, elle est au moins passive et sourde. C'est au point que le maréchal Bessières était en présence d'une armée de quarante mille hommes sans s'en douter, que le général Merlin, que j'avais envoyé auprès de lui, n'a pu trouver de guide en offrant de l'or à pleines mains. Il paraît que personne n'a voulu dire l'exacte vérité à Votre Majesté. La besogne taillée est très-grande; pour en sortir avec honneur, il faut des moyens immenses. La peur ne me fait pas voir double. En quittant Naples, j'avais bien livré ma vie aux événements les plus hasardeux. Depuis que je suis en Espagne, je me dis tous les jours : ma vie est peu de chose et je vous l'abandonne; mais je ne peux vivre avec la honte attachée à l'insuccès : il faut de grands moyens en hommes et en argent... De quelque manière que se résolvent les affaires d'Espagne, son roi ne peut que gémir, puisqu'il faut conquérir par la force; mais enfin, puisque le sort en est jeté, faudrait-il rendre les déchirements moins longs. Je ne suis point épouvanté de ma position, mais elle est unique dans l'histoire : *je n'ai pas ici un seul partisan....* »

Il fallut qu'une victoire remportée par Bessières sur les quarante mille hommes dont vient de parler Joseph, celle de Médina del Rio-Seco, ouvrît à ce nouveau roi les portes de sa capitale. Et quelques jours après y être entré, il se voyait forcé d'en sortir, pressé qu'il était entre une armée victorieuse et une insurrection imminente. Joseph adressa alors à son frère, de Briviesca (24 août), ces prophétiques paroles :

« Il faut deux cent mille Français pour comprimer l'Espagne, et cent mille échafauds pour maintenir le prince qui sera condamné à régner sur eux. Sire, on ne connaît pas ce peuple : *chaque maison sera une forteresse* et chaque homme a la volonté de la majorité. Deux mille domestiques m'ont quitté à la fois, malgré les forts appointements que j'avais donnés ; nous ne trouvons pas un guide, pas un espion. »

Quelques jours auparavant, il avait écrit à Napoléon :

« Votre gloire, Sire, échouera en Espagne. » A quoi celui-ci avait répondu : « Je pourrai trouver en Espagne les colonnes d'Hercule, je n'y rencontrerai pas les limites de mon pouvoir (1). »

Quand il écrivait ces lignes qui attestent un si fol

---

(1) Thiers, t. IX, p. 272-273.

orgueil, ses troupes avaient déjà subi un premier et cruel revers. Le général Dupont, dont les soldats, jeunes conscrits, exténués de fatigue et de faim et entièrement découragés, refusaient de se battre, s'était vu forcé de signer la capitulation de Baylen (20 juillet), et à son tour l'armée française avait subi l'humiliation de défiler devant l'ennemi vainqueur.

Dans le même temps, une armée anglaise, commandée par Wellington, ayant débarqué en Portugal, et une insurrection, qui n'attendait que le signal et l'appui de l'Angleterre, ayant éclaté, Junot, qui n'avait pas assez de troupes pour résister à cette armée et à cette insurrection, avait dû aussi capituler et évacuer le Portugal (capitulation de Cintra, 30 août 1808).

Après avoir resserré son alliance avec Alexandre par l'entrevue d'Erfurt (septembre 1808), et le nouveau traité qui en fut la conséquence (12 octobre), Napoléon ramena un instant la victoire sous ses drapeaux en allant prendre lui-même le commandement de l'armée d'Espagne, et en conduisant avec lui quatre-vingt mille vieux soldats venus d'Allemagne. Ayant battu les Espagnols en plusieurs rencontres (à Burgos, à Espinosa, à Tudela, à Somo-Sierra), pendant que le maréchal Soult poussait 30 000 Anglais vers la mer et les forçait à s'embarquer à la Corogne, il rétablit Joseph sur son trône (décembre 1808); mais à quel prix se maintint et combien dura cette royauté? A ce moment même, Saragosse n'était pas encore prise : le siége en fut long et terrible, un des plus terribles dont l'histoire fasse mention. Le mot de Joseph : *chaque maison sera une forteresse*, se trouva réalisé. Lorsque les troupes françaises entrèrent dans cette ville, elle ne présentait plus, dit M. Thiers (t. IX, p. 586), que des ruines remplies de cadavres en putréfaction. Sur cent mille individus, habitants ou réfugiés, cinquante-quatre mille avaient péri. Un tiers des bâtiments de la ville était renversé ; les deux autres tiers percés de boulets, souillés de sang, étaient infectés de miasmes mortels.

L'historien de l'Empire, après avoir décrit ces horreurs, ajoute cette profonde réflexion : « Telles sont les tristes conséquences du choc des grands empires ! Les princes, les peuples, se trompent, a dit un ancien, et des milliers de victimes succombent innocemment pour leur erreur. » Il raconte ensuite, ce qui est plus piquant, que Napoléon, recevant une lettre du prince Cambacérès, qui lui souhaitait une bonne année, lui avait répondu : « Pour que vous puissiez m'adresser le même souhait encore une trentaine de fois, il faut être sage. — Mais, ajoute M. Thiers, après avoir compris qu'il fallait être sage, saurait-il l'être ? Là, nous le répétons, était la question, l'unique question. » Pour moi, je pensais que cette question était depuis longtemps résolue, et qu'il n'y avait plus lieu de la poser. Et M. Thiers ne la résout-il pas lui-même quand il ajoute : « Lui seul, après Dieu, tenait dans ses mains le destin des

Espagnols, des Allemands, des Polonais, des Italiens et malheureusement des Français comme de tous les autres. » Cette phrase (en tête de laquelle je voudrais reporter l'adverbe « malheureusement, » car il me paraît que le malheur n'était pas moins grand pour les Espagnols, les Allemands, les Polonais, les Italiens que pour les Français), cette phrase me semble contenir la réponse à la question posée par M. Thiers : quelle sagesse, en effet, peut-on attendre de celui qui s'est fait le maître absolu de tant de peuples divers !

Mais ces peuples que Napoléon avait soumis par la force de ses armes et qui frémissaient sous son joug, n'y pouvaient être retenus que par de nouvelles victoires. Les guerres devaient se succéder sans relâche. Pendant que Napoléon était occupé à dompter l'Espagne, il fut rappelé en Allemagne par une nouvelle coalition. L'Autriche, blessée au cœur par le traité de Presbourg, n'attendait qu'une occasion favorable pour se soulever : elle profita de l'éloignement de Napoléon et de ses troupes pour entrer en campagne (printemps de 1809). Le Tyrol, qu'il avait donné à la Bavière, se souleva en même temps sous la conduite de l'héroïque André Hofer. Napoléon vola de nouveau sur les bords du Danube ; et, après avoir mis en déroute l'armée de l'archiduc Charles à Abensberg, à Landshut et à Eckmuhl, il entra pour la seconde fois en vainqueur dans Vienne (13 mai 1809). Les batailles d'Essling et de Wagram mirent fin à cette malheureuse campagne, en forçant l'Autriche à demander la paix.

Pendant que cette paix se négociait lentement, l'Empereur s'était établi près de Vienne, à Schœnbrunn. Ici se place un épisode qui jette une certaine lumière sur les sentiments qui fermentaient en Allemagne à cette époque, comme aussi sur le caractère et la politique de Napoléon, et qui exige que je m'y arrête. M. Thiers ne l'a pas entièrement omis, mais il ne l'a pas montré dans tout son jour, et il importe de rétablir ici la vérité tout entière.

Le 12 octobre, au moment où Napoléon, passant une grande revue à Schœnbrunn, assistait au défilé des troupes entre son ministre Berthier et son aide de camp Rapp, un jeune Allemand, la main droite enfoncée sous sa redingote, dans une poche d'où sortait un papier, s'avança vers lui. Berthier, s'imaginant que ce jeune homme venait présenter une pétition, se plaça au-devant de lui en lui disant de remettre sa pétition à l'aide de camp Rapp. Le jeune homme répondit qu'il voulait parler à Napoléon lui-même; puis, comme il s'était avancé de nouveau et s'approchait de très-près, Rapp lui signifia de se retirer, en ajoutant que, s'il avait quelque chose à demander, on l'écouterait après la parade. Son regard et son air résolus donnèrent des soupçons à l'aide de camp : appelant un officier de gendarmerie qui se trouvait là, il le fit arrêter et conduire au château. On trouva sur lui un couteau de cuisine. Le jeune homme déclara qu'il avait voulu s'en servir pour frapper Napoléon, mais qu'il ne pouvait rendre compte de sa conduite qu'à Napoléon lui-même.

L'Empereur, averti, voulut le voir et l'interroger. Stapps (c'était le nom de ce jeune homme) fut amené dans son cabinet par deux gendarmes, les mains liées derrière le dos. Il était parfaitement calme. Napoléon lui ayant demandé s'il parlait français, il répondit avec assurance : « Très-peu. » Rapp fut alors chargé de lui transmettre les questions de l'Empereur et de traduire ses réponses, et voici le dialogue qu'il a lui-même consigné dans ses *Mémoires* (chap. XIX) :

« D'où êtes-vous? — De Naumbourg. — Qu'est votre père? — Ministre protestant. — Quel âge avez-vous? — Dix-huit ans. — Que vouliez-vous faire de votre couteau? — Vous tuer. — Vous êtes fou, jeune homme; vous êtes illuminé. — Je ne suis pas fou; je ne sais ce que c'est qu'illuminé. — Vous êtes donc malade? — Je ne suis pas malade, je me porte bien. — Pourquoi vouliez-vous me tuer? — Parce que vous faites le malheur de mon pays. — Vous ai-je fait quelque mal? — Comme à tous les Allemands. — Par qui êtes-vous envoyé? Qui vous pousse à ce crime? — Personne; c'est l'intime conviction qu'en vous tuant je rendrai le plus grand service à mon pays et à l'Europe, qui m'a mis les armes à la main. — Est-ce la première fois que vous me voyez? — Je vous ai vu à Erfurt lors de l'entrevue. — N'avez-vous pas eu l'intention de me tuer alors? — Non, je croyais que vous ne feriez plus la guerre à l'Allemagne; j'étais un de vos grands admirateurs. — Depuis quand êtes-vous à Vienne? — Depuis dix jours. — Pourquoi avez-vous attendu si longtemps pour exécuter votre projet? — Je suis venu à Schœnbrunn il y a huit jours avec l'intention de vous tuer; mais la parade venait de finir, j'avais remis l'exécution de mon dessein à aujourd'hui. — Vous êtes fou, vous dis-je, ou vous êtes malade. — Ni l'un ni l'autre. — Qu'on fasse venir Corvisart. — Qu'est-ce que Corvisart? — C'est un médecin, lui répondis-je. — Je n'en ai pas besoin.

« Nous restâmes sans rien dire, continue Rapp, jusqu'à l'arrivée du docteur; Stapps était impassible. Corvisart arriva; Napoléon lui dit de tâter le pouls du jeune homme, il le fit. — N'est-ce pas, Monsieur, que je ne suis pas malade? — Monsieur se porte bien, répondit le docteur en s'adressant à l'Empereur. — Je vous l'avais bien dit, reprit Stapps avec une sorte de satisfaction.

» Napoléon, embarrassé de tant d'assurance, reprit ses questions :

» — Vous avez la tête exaltée, vous ferez la perte de votre famille. Je vous accorderai la vie, si vous demandez pardon du crime que vous avez voulu commettre, et dont vous devez être fâché. — Je ne veux pas de pardon. J'éprouve le plus vif regret de ne pas avoir pu réussir. — Diable! il paraît qu'un crime n'est rien pour vous? — Vous tuer n'est pas un crime, c'est un devoir. — Quel est ce portrait qu'on a trouvé sur vous? — Celui d'une jeune personne que j'aime. — Elle sera bien affligée de votre aventure ? — Elle sera affligée de ce que je n'ai pas réussi ; elle vous abhorre autant que moi. — Mais enfin si je vous fais grâce, m'en saurez-vous gré? — Je ne vous en tuerai pas moins. »

Et, d'après un autre témoin oculaire, Champagny, ce langage était accompagné d'un ton très-doux, d'un air modeste, sans bravade et sans arrogance.

« *Napoléon fut stupéfait*, ajoute Rapp. Il fit emmener le prisonnier, et me donna l'ordre d'écrire au général Lauer d'interroger Stapps afin d'en tirer quelque révélation. Le jeune homme n'en fit point. Il soutint que c'était de son propre mouvement et sans aucune suggestion étrangère qu'il avait conçu son dessein. »

Mais le général Rapp ne dit pas tout; et M. Thiers, à son tour, a négligé de nous révéler quels moyens furent employés par l'Empereur pour essayer de tirer du jeune Stapps quelque révélation. Napoléon, ne pouvant croire que ce jeune homme n'eût point de complices, recourut, pour le contraindre à les dénoncer, à une nouvelle espèce de torture, à la torture de la faim. Pour compléter sur ce point le récit de Rapp et celui de M. Thiers, je me servirai d'abord du témoignage de Napoléon lui-même. Celui-ci avoua, à Sainte-Hélène, au médecin O'Meara, qu'il avait prescrit de ne donner au prisonnier *aucune nourriture durant vingt-quatre heures, et seulement de l'eau* (1). Dira-t-on que c'est O'Meara qui fait ici parler Napoléon? Une lettre écrite par Napoléon lui-même au ministre de la police, pour lui enjoindre d'étouffer le bruit de la tentative de Stapps, contient ces lignes significatives : « La fièvre d'exaltation où il était a empêché d'en savoir davantage (2); *on l'interrogera lorsqu'il sera refroidi et à jeun.* » M. Thiers cite bien cette lettre, mais le passage que je viens de rapporter ne lui suggère aucune réflexion. S'il ne le trouve pas suffisamment explicite, que pense-t-il de cette révélation d'un préfet du palais impérial, grand admirateur de Napoléon, M. de Beausset? « On le garda au secret pendant quelques jours, raconte celui-ci dans ses *Mémoires* (t. II, p. 228), lui faisant éprouver les privations du sommeil, lui donnant des fruits pour nourriture, afin d'affaiblir sa constitution et de le forcer à révéler le nom de ses complices. » Le général Rapp, de son côté, constate que Stapps fut exécuté un dimanche matin sans avoir rien pris depuis le jeudi précédent (3); mais il n'indique pas

---

(1) *Napoléon dans l'exil*, par O'Meara.

(2) On a vu au contraire par le récit de Rapp, rapportant lui-même la déclaration de Corvisart, que Stapps était resté parfaitement calme. Champagny confirme ce témoignage : « Seul, dit-il, il paraissait conserver un grand calme. »

(3) Seulement il y a erreur dans les dates (24-27) citées par Rapp. C'est le 12 octobre qu'eut lieu la tentative de Stapps, comme cela résulte de la lettre écrite le jour même de cette tentative par Napoléon à son ministre de la police, et c'est le 15 que dut avoir lieu

la cause de ce long jeûne : elle nous est clairement révélée par M. de Beausset et par Napoléon lui-même.

Rapp ajoute que, quand on offrit de la nourriture à Stapps (1), il la refusa en disant qu'*il lui restait encore assez de force pour marcher au supplice.* Et il y marcha avec cette fermeté et ce calme qu'il avait montrés devant Napoléon et dans sa prison. Son dernier cri fut : *Vive la liberté! Vive l'Allemagne! Mort à son tyran!*

Il est encore un autre point sur lequel il importe de rectifier et de compléter le récit de M. Thiers. Cet historien affirme que *Napoléon se montra peu ému de cet incident.* Or, on sait par le général Rapp que l'Empereur était resté *stupéfait* de la fermeté des réponses du jeune Stapps. Il ajoute que Napoléon lui en reparla le jour fixé pour le départ de Schœnbrunn, qui fut aussi le jour de l'exécution de Stapps ; et les paroles qu'il rapporte, ainsi que l'ordre qui lui fut donné de s'informer comment ce jeune homme était mort, montrent assez com-

---

l'exécution, puisque (d'après Rapp) elle eut lieu le matin même du jour fixé pour le départ de Napoléon, lequel partit dans la nuit du 15 (Thiers, t. XI, p. 297).

(1) Rapp ne dit pas que ce fut au moment de le conduire à la mort, mais cela résulte de sa phrase même, rédigée d'ailleurs, à dessein ou non, d'une manière assez confuse. Voici textuellement cette phrase : « Le général Lauer (auquel Rapp s'était adressé pour avoir des détails sur la mort de Stapps) répondit que Stapps avait été exécuté à sept heures du matin, 27, sans avoir rien pris depuis le jeudi 24 ; qu'on lui avait offert à manger ; qu'il avait refusé, attendu, disait-il, qu'il lui restait encore assez de force pour marcher au supplice. »

bien l'Empereur avait été frappé par cet événement. Les *Mémoires* de Bourrienne, qui raconte à son tour cette affaire d'après des notes prises à la suite d'une conversation avec Rapp, confirment ici le témoignage direct de ce général, et ils y ajoutent une circonstance bien autrement caractéristique et bien plus importante à noter : c'est que l'impression produite sur Napoléon par l'entreprise du Mucius Scævola allemand, comme Bourrienne appelle Stapps, eut une influence marquée sur les concessions qu'il fit à l'Autriche et hâta la conclusion de la paix. Bourrienne déclare, dans le texte de ses *Mémoires*, qu'il a puisé cette information à une source parfaitement authentique, sans d'ailleurs indiquer cette source; mais à la fin du volume, il publie, pour confirmer son assertion, une très-curieuse note de Champagny, duc de Cadore, dont le témoignage était certainement la source à laquelle il faisait allusion dans ses *Mémoires*. Le duc de Cadore était, à l'époque de la paix de Vienne, le ministre des affaires étrangères de Napoléon, et il fut, en cette qualité, chargé de négocier cette paix. Son témoignage est donc ici fort important. Or, voici comment il s'exprime dans la note reproduite par Bourrienne : « ...La terrible naïveté de ses réponses, la froide et inaltérable résolution qu'elles annonçaient, et ce fanatisme si fort au-dessus de toutes les craintes humaines, firent sur Napoléon une impression que je jugeai d'autant plus profonde qu'il montrait plus de sang-froid. Il fit retirer tout le monde, et je restai seul avec lui. Après quelques mots sur un fanatisme aussi aveugle et aussi réfléchi, il me dit : *Il faut faire la paix;* retournez à Vienne, appelez auprès de vous les plénipotentiaires autrichiens. Vous êtes convenus des points les plus importants ; la contribution de guerre seule vous arrête, vous différez de cinquante millions, partagez le différend ; amenez-les à vous donner soixante-quinze millions, si vous ne pouvez mieux, et concluez la paix. La dernière rédaction que vous m'avez présentée me convient : ajoutez-y les dispositions que vous jugerez utiles. Je m'en rapporte entièrement à vous, mais *faites la paix.* » La rédaction et les copies ne furent pas bien longues, et avant cinq heures du matin, le traité fut signé ; à six, j'étais à Schœnbrunn. Napoléon m'aborda avec un air d'inquiétude : « Hé bien, Monsieur, qu'avez-vous fait cette nuit? — La paix, Sire. — Quoi, la paix? et le traité est signé? — Oui, Sire, le voilà. » Sa figure s'épanouit ; il témoigna franchement sa satisfaction.

Le traité de Vienne, enlevant à l'Autriche, outre les quatre-vingt-cinq millions qu'avait obtenus Champagny, de nouvelles provinces, donnait à l'Italie, c'est-à-dire à l'Empire français, les provinces illyriennes ; au roi de Bavière, l'électorat de Salzbourg, et partageait la Galicie entre la Russie et le roi de Saxe, comme grand-duc de Varsovie. Ainsi cette nouvelle guerre aboutissait à ajouter à l'Empire français la

Carniole, et à agrandir de nouveau les royaumes de Bavière et de Saxe, ces amis d'aujourd'hui, ces ennemis de demain. Voilà le grand résultat pour lequel avaient péri tant de milliers d'hommes! Voilà le beau fruit du génie politique de Napoléon!

Je me trompe. La paix de Vienne eut encore un autre effet : ce fut de procurer à ce soldat parvenu l'honneur de recevoir dans sa couche, comme un autre Louis XVI, à la place de Joséphine de Beauharnais, la compagne de sa vie, aujourd'hui répudiée, une archiduchesse d'Autriche, la fille de ce François Ier qu'il venait de battre, et que cette union ne devait pas empêcher de s'allier bientôt à ses ennemis pour le renverser. Mais M. Thiers ne nous a-t-il pas dit que « en recevant dans son lit la fille des Césars et en mêlant un sang plébéien à l'un des sangs les plus vieux de l'Europe, Napoléon ne faisait que continuer la Révolution (1)! » Parlons sérieusement. En épousant Marie-Louise, Napoléon satisfaisait son immense orgueil, et croyait assurer à jamais le salut de son Empire. Il est vrai qu'il parut alors avoir atteint l'apogée de sa puissance ; mais il est vrai aussi que jamais apogée ne fut plus voisin de la chute.

(1) *Histoire de la Révolution française*, t. X, dernière page.

NEUVIÈME LEÇON.

LA CHUTE DE L'EMPIRE.

Nous avons conduit Napoléon jusqu'à l'apogée de sa puissance; nous arrivons maintenant à sa chute, c'est-à-dire au dénoûment fatal et à la trop légitime expiation de cette œuvre de corruption et de violence qu'il avait inaugurée le 18 brumaire. J'ai montré dans le Consulat le fruit naturel du 18 brumaire, et dans l'Empire le développement logique du Consulat; il ne reste plus qu'à tirer en quelque sorte la conséquence dernière, en montrant dans la chute de l'Empire l'effet nécessaire de l'Empire lui-même.

Au point de l'histoire où nous sommes parvenus, M. Thiers (c'est une remarque que j'ai déjà eu l'occasion de présenter) commence à se montrer sévère pour Napoléon, et je me trouverai ainsi plus souvent d'accord avec lui. Cette tardive sévérité est encore, il est vrai, comme je le montrerai par plus d'un exemple, bien insuffisante, et, comme je le montrerai aussi surabondamment, bien peu conséquente avec elle-même ; telle qu'elle est, elle contraste singulièrement avec l'admiration sans réserve qui a rempli la première moitié de l'ouvrage. Mais d'où vient que l'apologie laisse maintenant une place au blâme? Est-ce parce que l'heure des revers et de la chute est arrivée? On n'est que juste en reprochant à M. Thiers de se laisser beaucoup trop dominer par la considération du succès ; mais il y a une autre explication dont il faut aussi tenir compte ; je veux parler de l'enseignement qu'ont apporté à l'historien les événements survenus au beau milieu de l'apothéose qu'il avait entreprise. Il est à regretter seulement que cette leçon ne l'ait pas encore mieux éclairé : il eût alors fait remonter son blâme beaucoup plus haut.

Avant de contempler la chute de l'Empire, rappelons-nous quelle était la puissance de Napoléon au moment où elle atteignit son apogée, à l'époque de la paix de Vienne et du mariage du nouveau César avec la fille de l'empereur d'Autriche, l'archiduchesse Marie-Louise, en 1810, c'est-à-dire au moment même où commence la chute.

A cette époque, l'Empire, formant cent trente départements, s'étendait des bouches de l'Elbe à celles du Tibre. Quelques mois avant la paix de Vienne, Napoléon avait dépouillé de ses États, pour les réunir à la France, ce même Pape avec lequel il avait conclu le Concordat et par lequel il s'était fait sacrer, mais qui ne voulait pas se conformer à toutes les prétentions de l'Empereur, et qui, en dépit du blocus continental, avait ouvert ses ports aux Anglais. Le fils qu'il eut de Marie-Louise (20 mars 1811) reçut en venant au monde le titre de *Roi de Rome*. La Hollande, à laquelle il avait donné pour roi son frère Louis, n'ayant pu se soumettre aux prescriptions d'un système qui la ruinait, Napoléon déposséda son frère de ce royaume, et réunit la Hollande à l'Empire (1er juillet 1810). Bientôt (13 décembre 1810) il y incorpora les villes anséatiques, Brême, Hambourg, Lubeck, qui étaient déjà sous sa main; plus le duché d'Oldenbourg, enlevé à l'oncle de son allié l'empereur de Russie, le territoire des princes de Salm et d'Arenberg, une portion du Hanovre, reprise à son frère Jérôme, le roi de Westphalie, et, *par la même occasion*, comme dit M. Thiers (t. XII, p. 442), il s'empara du Valais, dont il fit le département du Simplon.

A cet Empire, où les États les plus éloignés et les plus divers, depuis la Hollande et l'Allemagne jusqu'à la Suisse et l'Italie, se trouvaient convertis en départements français, il faut joindre les États qui, sans y être directement incorporés, en formaient les annexes et en subissaient la loi : au midi de l'Europe, le royaume d'Italie, que Napoléon gouvernait par l'intermédiaire d'un vice-roi, son beau-fils, le prince Eugène; les provinces illyriennes, qu'il avait enlevées à l'Autriche après Wagram et qu'il faisait régir par son beau-frère Murat; le royaume d'Espagne, où il avait établi et rétabli son frère Joseph ; en Allemagne, le royaume de Westphalie, qu'il avait créé pour son frère Jérôme ; ceux de Saxe, de Bavière et de Wurtemberg, qu'il avait constitués au profit de ses auxiliaires, transformés par lui de ducs en rois ; enfin la Confédération du Rhin, dont il s'était fait proclamer le *protecteur*. Il étendait aussi sa protection, c'est-à-dire sa domination, sur la Confédération helvétique et sur le Danemark. Enfin la Suède, forcée d'entrer dans la croisade contre l'Angleterre en adoptant le système continental, avait élu en 1810 comme héritier de la couronne un des lieutenants de Napoléon, le maréchal Bernadotte.

Quant aux deux grandes puissances allemandes, que Napoléon avaient démembrées, la Prusse et l'Autriche, elles étaient devenues ses esclaves et ses tributaires : elles étaient, je n'ai pas besoin de le dire, asservies, comme toutes les autres, au système continental, et leurs armées n'avaient pas le droit de dépasser un certain nombre d'hommes déterminé par le vainqueur. Dans l'état présent des choses, quelque ressentiment qu'elles nourrissent contre lui et quelque désir qu'elles eussent de se relever, elles étaient réduites à l'impuissance.

Enfin, depuis la paix de Tilsitt, l'Empire russe était l'allié de l'Empire français, et il avait dû se soumettre aux lois du blocus continental, qu'il observait encore, au moins dans une certaine mesure, à la fin de 1810.

Ainsi, à cette époque, Napoléon embrassait dans son Empire une partie de l'Europe, et sa puissance s'étendait sur tout le reste du continent, auquel il avait imposé la loi du blocus. Il put croire alors qu'il allait achever de réaliser son rêve, et que, nouvel empereur d'Occident, il serait bientôt le maître absolu et incontesté de l'Europe entière.

Mais à peine le colossal édifice que je viens de décrire était-il construit qu'il s'écroulait comme un château de cartes. Ce nouvel Empire d'Occident que Napoléon avait voulu créer au début du xixe siècle, en étouffant en Europe toute liberté individuelle et toute indépendance nationale, pour assujettir tous les peuples à la domination d'un seul peuple, ou plutôt d'un seul homme, était une œuvre trop artificielle et trop violente pour être durable. Quel attachement pouvaient avoir pour son Empire ces États qu'il y avait incorporés par droit de conquête, la Hollande, les villes anséatiques, etc., ou auxquels il avait imposé des rois tirés de sa famille, l'Espagne, le royaume de Naples, etc., et ceux dont il avait cru se faire des alliés en les démembrant, la Prusse et l'Autriche ; ceux-là mêmes auxquels il avait distribué les dépouilles des précédents, la Saxe et la Bavière ; tous ceux enfin sur lesquels il étendait sa protection tyrannique, la Confédération du Rhin et la Confédération suisse ? Tous ces peuples se voyaient engrenés dans un système étranger et despotique qui révoltait leurs sentiments les plus chers et blessait leurs intérêts avec leur liberté ; et lorsque le ressentiment d'une grande défaite et d'une profonde humiliation venait se joindre à ces causes d'hostilité, quelle haine ne devait pas fermenter dans leurs cœurs ? Napoléon ne pouvait évidemment les retenir sous son joug que par la terreur de ses armes, c'est-à-dire qu'à la condition de toujours vaincre. Le jour où il serait battu à son tour et cesserait d'être réputé invincible, les peuples qu'il avait terrassés et qu'il tenait asservis ne pouvaient manquer de se soulever contre l'ennemi commun, et, en se réunissant cette fois au lieu de se diviser, d'entraîner de leur côté ses propres auxiliaires, humiliés eux-mêmes de la domination qui pesait sur eux et du rôle qu'on leur avait fait jouer. Or, ce jour-là ne pouvait tarder à venir, parce que la fortune de la guerre est changeante, et que d'ailleurs les ennemis de Napoléon s'étaient formés à son école ; parce que, dans le temps même où il atteignait l'apogée de sa puissance, l'opiniâtre résistance des Espagnols, aidés d'une armée anglaise et d'un habile général, faisait déjà pâlir le prestige de ses armes ; parce que les forces militaires du pays dont il avait tant abusé allaient chaque jour s'épuisant ; parce qu'enfin, à mesure que ces forces s'épuisaient, il devenait toujours plus entreprenant et plus téméraire.

L'édifice de l'Empire, si fragilement construit dans ses parties extérieures, avait-il au moins en France même de solides fondements ? Là aussi il ne devait sa durée qu'au triomphe de la force, et il ne pouvait manquer de s'écrouler avec la défaite. Bonaparte avait fait le 18 brumaire en invoquant *le dieu de la guerre et le dieu de la fortune*, et c'est grâce à leur constante faveur qu'il avait pu maintenir le despotisme inauguré ce jour-là ; mais aussi devait-il être perdu le jour où cet appui lui ferait défaut. Sur quel autre en effet pouvait-il compter? S'il avait trop bien étouffé en France toute vie publique pour avoir à redouter aucune résistance sérieuse tant que la guerre et la fortune lui demeureraient favorables, il avait en revanche trop exploité, fatigué, épuisé le pays pour avoir le droit d'espérer que celui-ci le soutiendrait jusqu'au bout dans ses revers et le défendrait unanimement contre toute l'Europe.

Ce n'est pas dans les Corps publics, tels qu'il les avait faits, un Sénat, un Corps législatif, un Conseil d'État, ni en général dans ses créatures, que Napoléon pouvait espérer de trouver un solide appui au jour des revers. Il était évident que ce jour-là il n'en devait attendre autre chose que la défection : c'était le fruit naturel de la corruption qu'il avait semée autour de lui. Dans ces Corps de l'État, la servilité et la bassesse avaient atteint les dernières limites. « Sire », disait le Sénat au sujet de la guerre d'Espagne, cette monstrueuse folie, « la volonté du peuple français est la même que celle de Votre Majesté ; la guerre d'Espagne est politique ; elle est juste, elle est nécessaire... Les pères envient la noble destinée de cette jeunesse belliqueuse qui se précipite vers les camps de Votre Majesté, et qui brûle de mériter dans les rangs des vainqueurs de Marengo et d'Austerlitz un regard de Votre Majesté... » — Le Corps législatif rivalisait de platitude avec le Sénat : en juillet 1811, quatre mois après la naissance de l'héritier impérial, le président de cette assemblée, M. de Montesquiou (qui remplaçait dignement dans ce poste M. de Fontanes, devenu Grand-Maître de l'Université), proposa gravement de nommer une commission à l'effet d'offrir à *Sa Majesté le Roi de Rome*, alors âgé de quatre mois, l'hommage du respect, de l'amour et de la fidélité du Corps législatif. Le procès-verbal du 25 juillet constate que la députation fut reçue à Saint-Cloud par le jeune prince, et qu'en son nom madame la gouvernante adressa aux législateurs de vifs et sincères remercîments (1). Mais plus la servilité et la bassesse étaient grandes à l'égard de Napoléon triomphant, plus la défection était certaine à l'égard de Napoléon vaincu. On verra tout à l'heure ces mêmes Corps, qui s'étaient montrés bassement serviles au temps de sa prospérité, s'empresser de voter sa déchéance quand le moment sera venu.

En attendant, les courtisans de Napoléon se vengeaient de leur servitude par les propos qu'ils tenaient contre lui, agissant en cela comme ces valets

(1) *Histoire du gouvernement parlementaire*, par Duvergier de Hauranne, t. I, p. 589.

qui dénigrent par derrière le maître qu'ils flagornent en face. « Serait-ce », dit à ce sujet le *Mémorial* (1), qui constate en bien des endroits ce signe des temps, révélé par tous les Mémoires de l'époque impériale, « serait-ce que les courtisans réservaient pour le château seul leur courtisanerie et cherchaient un contre-poids au dehors dans une apparence d'opposition et d'indépendance ? » — « Ce contraste de souplesse et d'audace, dit le général Rapp dans ses *Mémoires* (p. 149), que sa livrée déployait tour à tour dans ses antichambres et ses salons le déconcertait; il ne concevait pas qu'on fût si bas et si perfide, qu'on déchirât d'une main tandis qu'on sollicitait de l'autre. » La seule chose qui m'étonne ici, c'est l'étonnement de Napoléon. Il avait cru faire une chose merveilleusement habile en réunissant à sa cour, dans une commune domesticité, les hommes nouveaux de la Révolution et les grandes familles de l'ancien régime; il oubliait que ce n'est pas en avilissant les hommes qu'on s'assure leur dévouement. Je viens de dire comment ils se consolaient déjà de leur avilissement; ils s'en vengeront bien mieux tout à l'heure.

Mais laissons là les gens de cour et les fonctionnaires de l'Empire, dont la fidélité à Napoléon dépendait uniquement de sa fortune, et regardons, en dehors de ce qu'on nomme le monde officiel, la nation elle-même. Quelque soin que Napoléon eût mis

(1) 31 août 1816.

à détruire en elle le sentiment de la liberté politique, il n'avait pu l'étouffer absolument dans toutes les âmes. Celles qui cultivaient encore ce sentiment ne formaient sans doute qu'une imperceptible minorité, et cette minorité était dépourvue de tout moyen d'action; mais elle entretenait un foyer d'où la flamme n'attendait pour jaillir qu'un moment favorable. Quant à la masse de la nation, si la gloire militaire la consolait plus aisément de la perte de la liberté politique, dont elle n'avait plus guère l'idée, elle sentait cependant combien cette gloire lui coûtait, et elle se fatiguait d'un régime qui lui demandait toujours de nouveaux hommes pour de nouvelles guerres, et qui, par ces guerres mêmes et toutes les entraves apportées au commerce, au lieu de la prospérité qu'il lui avait promise, lui apportait la gêne et la misère.

Les nouvelles levées que demandait Napoléon ne soulevaient jamais aucune difficulté dans le Sénat ni dans le Corps législatif, quand il lui plaisait de s'adresser aussi à ce dernier: mais il n'en était pas de même dans le pays.

Napoléon disait un jour au Conseil d'État que *la conscription est la racine éternelle d'une nation, l'épuration de son sens moral, la véritable institution de toutes ses habitudes* (1), et l'on comprend ce langage dans la bouche d'un homme pour qui la

---

(1) *Mémorial*, 14 novembre 1816.

nation qu'il gouvernait n'était qu'une armée destinée à conquérir le monde ; mais la nation ne jugeait pas ainsi cette institution, déjà si violente par elle-même et dont Napoléon faisait un si violent abus. La conscription, comme le reconnaît M. Thiers (t. XIII, p. 11), n'était pas encore entrée dans nos mœurs; et cet historien convient que la rigueur avec laquelle elle était exercée alors, et le triste sort des hommes appelés sous les armes avant l'âge viril, n'étaient pas faits pour disposer la population à s'y soumettre. Aussi, outre ceux qui se mutilaient pour n'être pas forcés de servir, y avait-il un grand nombre de réfractaires, une soixantaine de mille en 1811, qui couraient les bois et les montagnes, partout favorisés par la population. Or, voici l'odieux moyen qu'employa Napoléon pour faire rentrer ces réfractaires sous les drapeaux (j'en emprunte la description à M. Thiers lui-même) : ayant formé pour leur donner la chasse dix ou douze colonnes mobiles composées de cavalerie et d'infanterie légère, qu'il choisit parmi les plus vieilles troupes et qu'il plaça sous les ordres de généraux dévoués, en leur adjoignant des pelotons de gendarmerie pour les guider, non-seulement il les chargea de poursuivre les réfractaires, mais il leur enjoignit de traiter *militairement* les provinces qu'ils allaient parcourir, et de *mettre en garnison* chez les familles dont les enfants avaient manqué à l'appel, des soldats qui devaient être logés, nourris et payés par ces familles jusqu'à ce que les réfractaires eussent fait leur soumission. — C'était le système des *dragonnades* de Louis XIV appliqué à l'enrôlement militaire; les dragonnades s'appelaient maintenant les *garnisaires*, et ce nouveau nom n'était pas moins effrayant que le premier. Aussi, comme le constate M. Thiers, « leurs courses, ajoutées au déplaisir de la levée de 1811, poussèrent en diverses provinces le chagrin de la conscription jusqu'au désespoir ».

Un tel régime n'était pas fait pour assurer à Napoléon l'amour du peuple. Le cri des mères (cette expression n'est point ici une métaphore; elle est littéralement juste), le cri des mères commençait à s'élever de toutes parts contre lui; et si ce cri ne l'empêchait pas de leur arracher leurs enfants pour les envoyer à la boucherie, suivant la trop juste expression alors usitée, il n'en révélait pas moins une situation intolérable et qui ne pouvait durer.

Joignez à cela tous les maux que peuvent engendrer ou aggraver dans un peuple le despotisme au dedans et la guerre au dehors, et imaginez quelle devait être la disposition des esprits en France et à Paris au moment où Napoléon entreprenait la guerre de Russie, sans avoir pu terminer encore la guerre d'Espagne, et où la disette sévissait par surcroît. Telle était, en l'année 1812, la profondeur des souffrances populaires que, pour se dérober aux murmures de la capitale, Napoléon dut se transporter à Saint-Cloud avec toute sa cour dès le mois de mars de cette année. M. Thiers, qui rapporte ce fait (t. XIII, p. 448), remarque qu'il doit paraître bien étrange au milieu de la toute-puissance de Napoléon ; mais il n'en est que plus caractéristique : l'Empereur Napoléon forcé de fuir sa capitale pour se soustraire aux murmures du peuple, n'est-ce pas là déjà un grave symptôme ?

Sans doute, le peuple, dont les murmures menaçaient d'éclater en sa présence, ne songeait point à le renverser ; mais viennent les grands désastres, vienne même l'invasion étrangère, et Napoléon ne trouvera pas dans ce peuple l'unanimité et l'élan nécessaires pour réparer ces désastres ou pour repousser cette invasion. La France pourra faire encore un instant cause commune avec lui contre l'étranger ; mais l'effort de 1792, possible sous la République, ne le sera plus sous l'Empire ; et, à part l'humiliation de la défaite et la douleur de l'invasion, elle regardera la chute du despote comme une délivrance.

Ainsi, au dedans comme au dehors, l'Empire ne devait sa durée qu'à la force qui l'avait fondé, et il était condamné à s'écrouler lorsque cette force viendrait à s'ébranler. C'est naturellement du dehors que devaient venir les premières secousses, mais celles du dedans ne pouvaient manquer de suivre et d'amener la ruine de tout l'édifice.

Ce fut l'Espagne qui, la première, donna l'exemple de la résistance de tout un peuple à la domination de Napoléon, et qui fit subir à ses armes leurs premiers revers (1808). Là, pour la première fois, il avait vu une nation se soulever tout entière contre lui, et il avait trouvé dans le patriotisme de cette nation un obstacle auquel il ne s'était pas attendu, mais dont il avait pu, dès le début, mesurer la puissance et qu'il ne devait pas briser. Il avait bien pu réparer par quelques victoires les échecs de ses lieutenants, et rétablir son frère Joseph à Madrid; mais il n'avait pu désarmer la résistance dans toute la Péninsule : elle y resta en permanence et triompha de toutes les forces qu'il lui opposa. « Ce n'est point une affaire ordinaire que la guerre d'Espagne », — écrivait de Valladolid, en novembre 1809, au major général Berthier le général Kellermann (1), — « cette nation opiniâtre mine l'armée avec sa résistance de détail. C'est en vain qu'on abat d'un côté les têtes de l'hydre, elles renaissent de l'autre, et, sans une révolution dans les esprits, vous ne parviendrez de longtemps à soumettre cette vaste Péninsule; elle absorbera la population et les trésors de la France. Elle veut gagner du temps et nous lasser par sa constance. Nous n'obtiendrons sa soumission que par lassitude et par l'*anéantissement de la moitié de la population*. Tel est l'esprit qui anime cette nation qu'on ne peut même s'y créer quelques partisans. » — Le général Kellermann finissait cette lettre en disant : « Quand je m'enfonce dans ces réflexions, je m'y perds et j'en reviens à dire qu'il faut la tête et le

---

(1) Cité par Thiers, t. XII, p. 227.

bras d'Hercule. Lui seul, par la force et l'adresse, peut terminer cette grande affaire, si elle peut être terminée. » Mais Hercule ne daigna plus retourner en Espagne ; il se contenta d'y envoyer de nouvelles troupes, et laissa à ses capitaines le soin de poursuivre cette grande affaire. C'était sans doute que, n'ayant plus ici seulement à combattre une armée, mais tout un peuple, dispersé dans un pays montagneux, il ne pouvait se flatter de terminer la guerre par un de ces coups foudroyants qu'il avait l'habitude de frapper, et qu'il ne voulait pas compromettre sa renommée personnelle dans une entreprise aussi hasardeuse. Peut-être aussi était-il arrêté par cette crainte du poignard qui lui avait fait précipiter la paix en Allemagne, et qui était beaucoup plus fondée encore en présence du fanatisme espagnol. Ce qu'il y a de sûr, c'est qu'il laissa son armée se consumer dans une guerre atroce et interminable, où la résistance du pays était vigoureusement secondée par les soldats de l'Angleterre et leur habile général, lord Wellington, lequel avait parfaitement compris tout le parti qu'on pouvait tirer de la guerre contre Napoléon : de six cent mille hommes qui avaient été envoyés en Espagne de 1808 à 1812, il n'en restait pas, en mai 1812, trois cent mille. Le roi Joseph avait donc eu raison d'écrire à son frère dès le début : « Sire, votre gloire échouera en Espagne. » Mais la leçon, comme la prédiction, devait être perdue pour Napoléon ; elle ne profita qu'à l'Europe.

Pendant que cette déplorable guerre dévorait plus de la moitié des soldats destinés à dompter l'Espagne, Napoléon préparait une autre campagne encore plus difficile et plus désastreuse, et dont l'issue, trop facile à prévoir, allait tourner contre lui tous les peuples contenus jusque-là par la terreur de ses armes.

On se rappelle qu'à l'époque de la paix de Tilsitt (1807), l'Empereur des Français et l'Empereur de Russie s'étaient séparés en se jurant une amitié éternelle, et qu'ils avaient resserré leur alliance à Erfurt (octobre 1808), au moment où Napoléon se disposait à aller prendre le commandement de l'armée d'Espagne. Mais depuis ce temps Napoléon avait blessé son allié en rompant brusquement un projet de mariage avec la sœur d'Alexandre pour reporter son choix sur une archiduchesse d'Autriche; il l'avait alarmé en reculant toujours davantage les limites de son Empire vers le Nord; il l'avait à la fois alarmé et blessé en dépossédant violemment l'oncle même d'Alexandre, le grand-duc d'Oldenbourg, dont il avait réuni le duché à son Empire; et, au lieu de chercher à corriger ces actes par certains ménagements, il n'avait fait que se montrer plus exigeant envers lui au sujet du blocus continental. Malgré tout cela, Alexandre ne désirait pas la guerre; mais, s'il voulait bien concourir, dans une certaine mesure, au système continental, il ne voulait pas sacrifier tout le commerce de la Russie aux exigences de Napoléon. Il refusa donc de se soumettre à certains sacrifices que son impérieux allié lui voulait imposer, mais en s'efforçant d'éviter une rupture ; et, dans la crainte de ne pouvoir la prévenir, il résolut de prendre quelques précautions militaires, qui n'étaient d'ailleurs nullement menaçantes. Il n'en fallut pas davantage à Napoléon pour se décider à marcher contre Alexandre et à porter la guerre au cœur de la Russie. Cette guerre lointaine ouvrait une nouvelle carrière à son ambition, et en même temps il croyait y voir un moyen de sortir des embarras que lui causait la guerre d'Espagne ; il ne voyait pas, ce qui n'échappait pourtant à aucun esprit clairvoyant, qu'il marchait à sa ruine.

Il réunit pour cette folle expédition une armée d'environ six cent mille hommes, qui n'était pas seulement composée de Français, mais de soldats appartenant aux nations les plus diverses, et dont la plupart, comme les Prussiens et en général les Allémands, détestaient le drapeau qu'ils étaient forcés de suivre. Pendant qu'il rassemblait et qu'il mettait en mouvement cette armée, il employait la ruse et le mensonge pour tromper l'Empereur Alexandre sur sa résolution de lui faire la guerre et l'empêcher ainsi de prendre l'initiative : c'est ce que M. Thiers appelle (t. XIII, p. 439) *joindre les précautions diplomatiques aux précautions militaires*. On peut lire dans cet historien le détail de ces précautions diplomatiques, c'est-à-dire, pour appeler les choses par leur nom, de l'hypocrisie et des mensonges imaginés par Napoléon en cette circonstance ; mais M. Thiers se borne à les décrire sans songer à les blâmer. Est-ce qu'il les regarde comme parfaitement conformes aux lois de la guerre ? Il me semblait, à moi, que les lois de la guerre, quelque dures qu'elles puissent être, ne devaient jamais être contraires à celles de l'honneur, et que les lois de l'honneur repoussaient absolument la fourberie et le mensonge. Un autre moyen que les lois de la guerre ne sauraient, ce me semble, justifier davantage, mais que Napoléon ne rougit pas non plus d'employer, et que son historien rapporte aussi sans le flétrir, c'est l'emploi de la fausse monnaie : « Napoléon, dit M. Thiers (t. XIV, p. 282), avait amené à sa suite un gros trésor en numéraire, et de plus de *faux roubles en papier* qu'il avait sans aucun scrupule fait fabriquer à Paris, se croyant justifié par la conduite des coalisés, qui, à une autre époque, avaient rempli la France de faux assignats. »

Avant d'entrer en Russie, Napoléon alla tenir quelque temps sa cour à Dresde, dans le palais de celui qu'il avait fait roi de Saxe ; et il y reçut en roi des rois, son beau-père l'empereur d'Autriche, le roi de Prusse et presque tous les souverains de l'Allemagne, accourus pour s'incliner devant sa fortune. Ce fut là que la gloire du nouveau Charlemagne, arrivée à son plus haut période, brilla de son dernier éclat. Jamais Napoléon n'avait paru plus puissant ; jamais il n'avait attiré autour de lui une telle affluence de princes et de grands personnages. « Il fallait voir, dit un témoin oculaire, l'abbé de Pradt (1), en quel nombre et avec quelle soumission craintive une foule de princes, confondus avec les courtisans, souvent à peine aperçus par eux, attendaient le moment de comparaître devant l'arbitre de leurs destinées. » Mais ces mêmes princes, si empressés à saluer le lever de l'Empereur Napoléon et à se précipiter au-devant de lui pour en obtenir une parole ou un regard, faisaient tout bas des vœux contre celui dont ils courtisaient la puissance, et ils calculaient les chances qui pouvaient, en lui rendant fatale la nouvelle guerre, les délivrer d'un joug qu'ils abhorraient.

Bientôt Napoléon, jugeant que le moment d'agir était venu, et ayant imaginé un nouveau subterfuge, non plus pour endormir Alexandre, mais pour lui déclarer la guerre et en rejeter sur lui la responsabilité, ordonna à son armée de franchir le Niémen : du 22 au 24 juin 1812, quatre cent mille hommes traversèrent ce fleuve sous ses yeux ou non loin de lui ; plus de cent mille autres allaient bientôt les rejoindre. Combien ne devaient plus repasser ces bords !

Je ne puis suivre ici dans ses diverses péripéties cette campagne où les Français et leurs alliés n'eurent pas à lutter seulement contre des soldats courageux, mais contre la dévastation et l'incendie que le patriotisme russe semait sur leurs pas, et contre les

---

(1) *Histoire de l'ambassade dans le grand-duché de Varsovie.*

rigueurs du plus âpre climat, et qui se termina, avant la fin de la même année, par l'une des plus horribles déroutes dont l'histoire fasse mention ; mais, pour donner une idée de l'immensité du désastre que causa cette folle entreprise, certainement, de l'aveu même de M. Thiers, *l'une des plus insensées et des plus meurtrières que jamais on ait tentées*, j'emprunterai à cet historien (t. XIV, p. 671) le chiffre auquel il évalue approximativement les pertes de la France et de ses alliés : « De cinq cent trente-trois mille hommes qui avaient passé le Niémen, il n'y a aucune exagération à dire que trois cent mille environ moururent par le feu, par la misère ou par le froid. » Je rappelais tout à l'heure que la guerre d'Espagne avait dévoré trois cent mille hommes en quatre années (de 1808 à 1812) ; la guerre de Russie en dévora le même nombre en moins de six mois, et il ne s'agit ici que des pertes éprouvées par les Français ou leurs alliés. M. Thiers ne nous dit pas quelles furent celles des Russes, qu'il faut bien pourtant mettre aussi en ligne de compte.

Quelle fut cependant la conduite de Napoléon dans la désastreuse retraite de cette campagne et en présence des maux affreux dont il était l'unique auteur ? Au lieu de se porter à l'arrière-garde pour veiller sur les derniers débris de son armée et pour soutenir de sa présence et de son ascendant l'autorité ébranlée des généraux et le moral des soldats, « Napoléon, dit M. Thiers (p. 540), ne quittait pas la tête de l'armée, et tantôt à cheval, tantôt à pied, plus souvent en voiture, entre Berthier consterné, Murat éteint, passait des heures entières sans proférer une parole, plongé dans un abîme de réflexions désolantes dont il ne sortait que pour se plaindre de ses lieutenants, comme s'il avait pu faire illusion à quelqu'un en blâmant d'autres que lui. » Bien plus, non content de laisser à elle-même son arrière-garde, au lieu d'aller la diriger, il faisait brûler, dans son irritation contre les Russes, tous les villages qu'il traversait, sans se soucier des nouveaux embarras qu'il lui causait ainsi. Et voilà l'homme que M. Thiers, qui rapporte lui-même ces faits, persiste à célébrer comme le plus grand capitaine que le monde ait jamais vu. Pour ma part, peut-être par l'effet de ma profonde ignorance des choses de la guerre, j'avais toujours pensé que l'art de la guerre ne devait pas consister seulement à remporter d'éclatantes victoires, mais aussi à conduire au besoin une retraite, et il me semblait que cette seconde partie étant souvent plus difficile que la première, ne supposait pas un moindre mérite. Or, quelle retraite accusa jamais aussi hautement un chef d'armée que celle de la campagne de Russie? Quel capitaine se conduisit jamais d'une manière aussi déplorable que Napoléon en cette circonstance? C'est que, quel que fût son génie militaire, chose que je ne me permets pas de discuter, l'élément moral lui faisait complétement défaut. Le croirait-on? L'immensité même du désastre était pour lui un nouveau sujet d'orgueil : « Quand on n'a jamais eu de revers, disait-il au général Jomini, on doit les avoir grands comme sa fortune (1). » Le malheureux ne songeait point que ce désastre ne frappait pas seulement sa personne, mais des milliers, des centaines de milliers d'hommes, qui, par sa faute, enduraient les plus cruelles souffrances, périssaient sous les coups des Cosaques ou mouraient de faim ou de froid au milieu des neiges; et il ne faisait rien pour adoucir leurs maux, qu'il ne voulait même pas voir.

Enfin, pour couronner l'œuvre, il abandonna brusquement, au milieu de la déroute, l'armée qu'il avait entraînée dans ce désastre et que son devoir le plus simple était de soutenir. M. Thiers, que l'on a vu si indulgent pour le départ d'Égypte, ne l'est pas moins pour celui-ci : il faut, selon lui (p. 645), laisser à la tourbe des partis le soin de qualifier de désertion ce départ; M. Thiers cependant convient lui-même que « avec l'opiniâtreté de Masséna ou le flegme de Moreau, il eût été possible de tirer quelques ressources de cette situation, et de trouver enfin une limite où l'on pourrait arrêter les Russes et rallier les débris de l'armée »; puis il ajoute que, pour prendre ce parti, « il aurait fallu l'impulsion d'un sentiment moral qui eût porté à préférer même la perte du trône *à l'abandon d'une armée qu'on avait entraînée*

---

(1) Thiers, t. XIV, p. 596.

dans ce désastre », et où, comme il le disait plus haut (p. 510), *il n'y avait pas une souffrance, pas une mort dont on ne fût l'auteur*. Or, il me semble que cet aveu de l'historien justifie suffisamment l'expression de *désertion* contre laquelle il s'emporte, et qu'on peut bien employer ici cette expression sans mériter pour cela d'être rangé dans « la tourbe des partis ». Ce n'est pas un aveugle esprit de parti, c'est le sentiment moral lui-même qui prononce cet arrêt contre Napoléon; M. Thiers aurait pu le reconnaître après l'aveu qui vient de lui échapper.

Au moment où la retraite de Russie commençait le châtiment et préparait la chute de Napoléon, il se passait à Paris un événement singulier, qui montrait combien, à l'intérieur même, l'établissement impérial, si solide en apparence, était en réalité fragile. Je dois dire ici un mot de cet événement, qui jette un jour si nouveau sur l'état de l'Empire à cette époque. Un général obscur, détenu depuis 1808, s'étant échappé un soir de la maison de santé où il avait été transféré en dernier lieu, se présente à une caserne, revêtu d'un habit de général et muni de faux ordres qu'il avait fabriqués dans sa prison ; annonce au commandant que Napoléon a été tué à Moscou d'un coup de feu, et que le Sénat, secrètement rassemblé, a décidé le rétablissement de la République ; se fait remettre la cohorte qui occupait cette caserne; se rend, à la tête de cette cohorte, à la prison de la Force ; en fait sortir deux généraux prisonniers, Lahorie et Guidal, auxquels il communique et fait accepter la nouvelle de la mort de Napoléon et les faux décrets du Sénat; fait arrêter et conduire à la Conciergerie, par le moyen de ces deux généraux, le ministre de la police, le duc de Rovigo, et le ministre de la guerre, le duc de Feltre; transmet au préfet de la Seine, Frochot, l'ordre de préparer à l'Hôtel de ville une salle pour le gouvernement provisoire ; au colonel d'un des régiments de la garnison de Paris, celui de garder par des détachements toutes les barrières de la capitale, ordres qui sont exécutés sans aucune difficulté ; et n'est enfin arrêté dans le succès de son entreprise que pour s'être troublé lui-même après avoir renversé d'un coup de pistolet le commandant de la place de Paris, Hulin.

M. Thiers explique très-bien les causes qui avaient fait réussir un moment la tentative de Malet : « Tant de crédulité, dit-il (t. XIV, p. 532), à admettre les ordres les plus étranges, tant d'obéissance à les exécuter, accusaient non pas les hommes, toujours si faciles à tromper et si prompts à obéir quand ils en ont pris l'habitude, mais le régime sous lequel de telles choses étaient possibles. Sous ce régime de secret, d'obéissance passive et aveugle, où un homme était à lui seul le gouvernement, la Constitution, l'État, où cet homme jouait tous les jours le sort de la France et le sien dans de fabuleuses aventures, il était naturel de croire à sa mort, sa mort admise, de chercher une sorte d'autorité dans le Sénat, et de continuer à obéir passivement, sans examen, sans contestation, car on n'était plus habitué à concevoir, à souffrir une contradiction. On n'aurait pas surpris par de tels moyens un État libre, parce qu'il y a mille contradicteurs à rencontrer à chaque pas dans un pays où tout homme raisonne et discute ses devoirs. Dans un État despotique, le téméraire qui met la main sur le ressort essentiel du gouvernement est le maître, et c'est ce qui donne naissance aux conspirations de palais, signe honteux de la caducité des empires voués au despotisme. Il existait pourtant un héritier de Napoléon, et l'on n'y avait pas même songé ! »

Ces réflexions sont fort justes; mais ce régime, dont M. Thiers montre si bien ici la nature et les effets, n'était-il pas sorti tout entier du 18 brumaire, célébré par le même historien?

M. Thiers aurait pu rapporter aussi comme un trait qui caractérise admirablement et la fatigue du pays et l'avilissement des fonctionnaires, cette fière réponse de Malet au président du conseil de guerre chargé de le juger : cet officier lui ayant demandé s'il avait des complices, « toute la France, répondit Malet, et vous-même si j'avais réussi ».

Ce qui, dans cette affaire, achève de peindre l'abaissement des âmes, ce fut la manière dont les serviteurs de Napoléon qui s'étaient laissés prendre au piége cherchèrent à racheter leur sottise auprès de leur maître : bien qu'il n'y eût eu en réalité qu'un seul conspirateur, en cinq jours, quatorze malheureux furent arrêtés, jugés, condamnés, et douze exécutés (1).

Lorsque Napoléon reçut à Dorogobouje la nouvelle de cet étrange événement, il en fut naturellement fort surpris, et se montra particulièrement frappé de l'oubli qu'on avait fait de son fils : il put voir là le signe de la fragilité des institutions impériales. « Eh quoi, s'écria-t-il plusieurs fois avec amertume, on ne songeait donc pas à mon fils, à ma femme, aux institutions de l'Empire ! »

De retour à Paris, il se servit de cette affaire pour détourner l'attention publique des événements de Russie, si accablants pour lui-même, et pour étouffer le bruit de ses propres fautes sous le retentissement de celles des autres. Ce fut à cette occasion que, dans un discours au Conseil d'État, il fit remonter à *l'idéologie* la cause de *tous les malheurs de la France* (2). Mais l'impudence était ici trop grossière pour être habile.

Malgré toutes les scènes qu'il joua en cette circonstance, il ne put empêcher les conséquences de la campagne de Russie de se produire au dehors et

---

(1) Thiers, p. 534.
(2) « C'est à l'idéologie, disait Napoléon, c'est à cette ténébreuse métaphysique qui, en recherchant avec subtilité les causes premières, veut sur ses bases fonder la religion des peuples, c'est à l'idéologie qu'il faut attribuer tous les malheurs de la France.... C'est elle qui a amené le régime des hommes de sang, qui a proclamé le principe de l'insurrection comme un devoir, qui a adulé le peuple en l'appelant à une souveraineté qu'il était incapable d'exercer ; qui a détruit la sainteté et le respect des lois en les faisant dépendre, non des prin-

même à l'intérieur. « Dans les rues de Paris », raconte M. Thiers (t. XV, p. 241), lequel déclare ne rapporter que ce qu'il a lu dans les bulletins de la police impériale, « l'audace était devenue extrême et vraiment surprenante sous un pareil régime... Les soldats malades qui avaient à se rendre de leurs casernes à l'hôpital militaire situé à l'une des extrémités de Paris, étaient obligés de traverser toute la ville pour y aller. On avait vu plus d'une fois les femmes du peuple les entourer, les plaindre, leur donner des soins, et crier que c'étaient de nouvelles victimes de *Bonaparte*, comme on l'appelait dès qu'on était mécontent. On le refaisait ainsi d'empereur général, et on lui ôtait un sceptre dont il usait si cruellement.... Le long du Rhin surtout, les récits des militaires revenant de Russie produisaient l'effet le plus fâcheux. On avait entendu des hommes appartenant aux vieux cadres qui rentraient par Mayence, dire aux conscrits en route pour rejoindre leurs corps : Où allez-vous donc ? — A l'armée. — Attendez donc que l'Empereur vous y mène lui-même, et, en attendant, retournez chez vous. Allusion offensante au départ de Smorgoni que beaucoup de soldats de la grande

cipes sacrés de la justice, mais seulement de la volonté d'une assemblée composée d'hommes étrangers à la connaissance des lois civiles, criminelles, administratives, politiques et militaires.... Lorsqu'on est appelé à régénérer un État, ce sont des principes tout opposés qu'il faut suivre.... et que le Conseil d'État doit avoir constamment en vue..... Il doit y joindre un courage à toute épreuve, et, à l'exemple des présidents Harlay et Molé, être prêt à périr en défendant le souverain, le trône et les lois. »

armée n'avaient pas encore pardonné à Napoléon. »
Dans les pays étrangers réunis à l'Empire, comme le
grand-duché de Berg, les villes anséatiques, la Hollande, le mécontentement éclatait en séditions et en
tumultes ; et les exécutions ordonnées par Napoléon,
tout en imprimant la terreur, ne faisaient qu'augmenter la haine.

L'Allemagne, témoin du désastre de l'armée de
Napoléon, tressaillit de joie et sentit renaître l'espérance et le courage. Les troupes prussiennes, qui
avaient été forcées de prendre part à la campagne de
Russie, se livrèrent à une joie délirante en apprenant
la convention conclue à Taurogen (janvier 1813)
entre leur général, York, et le général russe Diébitch ; et la défection du général prussien causa dans
toute l'Allemagne une émotion extraordinaire. Depuis
plusieurs années, ce pays s'était couvert de sociétés
secrètes, dont le but était de développer dans les âmes
le sentiment de la patrie allemande et de préparer
l'affranchissement de cette patrie (1). L'exaltation, entretenue par ces sociétés, particulièrement par celle
qu'on désignait sous le nom de *Tugendbund* (*Union*

---

(1) Sur l'insurrection de l'Allemagne, voy. l'*Histoire de la guerre
de 1813 en Allemagne* par le lieutenant-colonel Charras (Leipzig,
1866), ouvrage qu'une mort prématurée a si malheureusement interrompu, mais qui, tout incomplet qu'il est, n'en contient pas
moins, suivant la remarque de V. Chauffour (*Préface*, p. III), toute
la pensée de l'historien et la haute moralité qu'il était destiné à enseigner. — Mais en renvoyant le public français à ce beau livre,
j'oublie qu'il lui est interdit de le lire.

(Note de la nouvelle édition.)

de la vertu), n'attendait que le moment favorable pour éclater et se répandre. Ce moment était venu. L'entraînement fut général. M. Thiers le compare justement à celui qui s'était produit en France en 1792, à l'apparition du duc de Brunswick : mais il en trace un tableau bien pâle et bien incomplet. Croirait-on que cet historien, si prodigue de détails (quand il s'agit, il est vrai, des choses de la guerre), ne nomme même pas des poëtes tels que Kœrner, Arndt, Uhland, dont les chants patriotiques eurent un si grand retentissement et une si grande influence, ni un professeur tel que Fichte, dont les *Discours à la nation allemande* furent comme les Philippiques de l'Allemagne (1). Je ne puis moi-même refaire ici ce tableau; je me borne à constater le mouvement. Il finit par entraîner le roi de Prusse, qui avait commencé par désavouer le général York et était demeuré quelque temps fort perplexe, mais à qui la politique de Napoléon ne permit pas de résister à l'ardeur du peuple prussien. Lorsque parurent enfin les édits (des 3, 9 et 11 février 1813) qui appelaient aux armes la population, ils trouvèrent tous les cœurs déjà embrasés du feu du patriotisme et tous les bras prêts à s'armer. La Prusse ne fut bientôt plus qu'un vaste camp. Alors se forma une nouvelle coalition où, parmi les puissances de l'Allemagne, la Prusse unit seule d'abord

---

(1) Voyez dans le travail que j'ai publié en tête de ma traduction des *Considérations sur la Révolution française*, par Fichte, les extraits que j'ai donnés de ces *Discours*, p. LXXI et suiv.

JULES BARNI.

ses armes à celles de la Russie et de la Suède, mais où entrèrent bientôt à leur tour, grâce à la folle politique de Napoléon, les autres puissances allemandes et l'Autriche elle-même, qui s'était d'abord proposée comme médiatrice.

Napoléon, après avoir rassemblé de nouvelles forces et avoir constitué un conseil de régence, courut en Allemagne, et battit les coalisés dans la sanglante journée de Lutzen, où il perdit environ vingt-cinq mille hommes, tués ou blessés, et dans celle de Bautzen, qui ne coûta pas moins cher. Mais ces victoires, achetées au prix de tant de sang, devaient demeurer stériles, ou plutôt elles ne devaient pas moins le conduire à sa perte que si elles avaient été pour lui des défaites. Il crut qu'en continuant la guerre il allait redevenir le maître de l'Allemagne et de l'Europe; et, dans son fol orgueil, il repoussa les conditions de paix qui lui furent offertes au congrès de Prague, quelque avantageuses qu'elles fussent pour la France à qui elles laissaient, non-seulement ses frontières naturelles, mais plusieurs des annexes qu'il lui avait données bien inutilement. Ces propositions froissaient son orgueil : au risque de se perdre tout à fait et de ruiner la France avec lui, il ne voulait d'autre paix que celle dont il dicterait lui-même toutes les conditions à l'Europe humiliée. Aussi le congrès de Prague ne fut-il pour lui qu'un moyen de gagner du temps, afin de préparer de nouveaux armements, moyen maladroit, d'ailleurs, car si Napoléon gagnait par là du temps, il en laissait aussi à ses ennemis pour réunir leurs forces. Je n'insiste pas sur cette dernière faute ; mais on ne saurait trop accuser l'aveugle orgueil dont il fit preuve en cette circonstance. Le ministre autrichien, M. de Metternich, au sortir d'une entrevue qu'il eut avec Napoléon à Dresde le 28 juin 1813, et où il tenta vainement de l'amener à signer la paix, disait à Berthier, qui lui demandait s'il était content de l'Empereur : « Oui, j'en suis content, car il a éclairé ma conscience, et, je vous le jure, votre maître a perdu la raison (1). » Il y avait longtemps, d'ailleurs, que ce phénomène, effet ordinaire du césarisme, avait commencé à se manifester chez Napoléon et avait été remarqué par ses serviteurs. Dès 1809, le ministre de la marine Decrès disait à Marmont, fort étonné alors d'entendre un tel langage : « L'Empereur est fou, tout à fait fou.... Et tout cela finira par une épouvantable catastrophe. » On pourrait remonter plus haut encore : à vrai dire, la politique de Napoléon, celle du Consulat comme celle de l'Empire, toute cette politique, issue du

---

(1) C'est dans cette entrevue que Napoléon avait prononcé les paroles suivantes, qui achèvent de faire connaître son indifférence pour la vie des hommes : « Vous n'êtes pas militaire, Monsieur, vous n'avez pas, comme moi, l'âme d'un soldat ; vous n'avez pas vécu dans les camps ; vous n'avez pas appris à mépriser la vie d'autrui et la vôtre, quand il le faut... *Que me font, à moi, deux cent mille hommes!..* » — Ces paroles avaient profondément ému M. de Metternich : « Ouvrons, s'était-il écrié, les portes et les fenêtres ; que l'Europe entière vous entende, Sire, et la cause que je viens défendre auprès de vous, la cause de la paix, n'y perdra point ! » (Thiers, t. XVI, p. 69.)

18 brumaire, fut toujours marquée au coin de la violence et de la déraison, et un esprit pénétrant aurait pu lire dans le début même la catastrophe finale.

La politique insensée de Napoléon au congrès de Prague jeta l'Autriche dans la coalition qu'il avait déjà poussé la Prusse à former avec la Russie et la Suède, pendant qu'au midi de l'Europe l'Espagne, aidée de l'Angleterre, tenait ses armes en échec. Bientôt, malgré la victoire qu'il avait remportée à Dresde sur les Autrichiens, après quatre batailles (Katzbach, Gross-Beeren, Kulm, Dennewitz) perdues par ses lieutenants, le royaume de Westphalie s'écroula soudainement à la seule apparition d'une troupe de Cosaques, et le roi Jérôme se vit forcé d'évacuer sa capitale (1813). En même temps la Bavière, ce royaume créé par Napoléon, adhérait à la coalition. Enfin, sur le champ de bataille même de Leipzig, au moment où Napoléon luttait, avec une armée réduite à cent cinquante mille hommes, contre toutes les forces réunies des coalisés au nombre de plus de trois cent mille, les soldats de Saxe, cet autre royaume créé par Napoléon, l'abandonnèrent tout à coup et tournèrent leurs canons contre ses troupes. Trahison indigne sans doute, mais qui était le fruit naturel de sa détestable politique. La bataille de Leipzig, perdue par Napoléon après deux jours de combat, où périrent plus de quarante mille Français et en tout plus de cent mille hommes, fut suivie d'une débandade qui rappela celle de la campagne de Russie et accrut encore les pertes de l'armée française. Ainsi, cette bataille, qu'on a nommée justement *la bataille des nations*, termina par un nouveau désastre cette nouvelle campagne où Napoléon avait tenté de refaire toute sa fortune d'un seul coup. Ce lui fut le coup fatal.

Pourtant les coalisés hésitèrent un moment à franchir le Rhin et à envahir le territoire français : ils se rappelaient le soulèvement national de 1792, et, ne sachant pas encore jusqu'à quel point la France était alors épuisée et dégoûtée elle-même du régime impérial, ils craignaient que l'invasion du territoire ne suscitât un soulèvement du même genre; eux aussi d'ailleurs étaient en général fatigués de la guerre et souhaitaient vivement la paix. Des propositions en ce sens furent faites à Napoléon : on lui offrit de traiter de la paix sur la double base des frontières naturelles de la France et d'une indépendance complète pour toutes les nations (1). Mais, soit que, comme le suppose M. Thiers, Napoléon craignît de laisser paraître sa faiblesse en se montrant accommodant, soit plutôt qu'il en coûtât trop à son orgueil de renoncer à son rêve de domination, et que, même à ce moment, il espérât encore relever sa fortune, il répondit de manière à détourner les puissances coalisées de leurs propositions pacifiques.

(1) Thiers, t. XVII, p. 31.

Le mois suivant (décembre 1813), la France était envahie par les armées alliées.

En vain Napoléon déploya, pour repousser cette invasion, toutes les ressources de son génie militaire; en vain, se plaçant adroitement entre les Prussiens et les Autrichiens, il remporta plusieurs victoires sur les uns et sur les autres; il ne put parvenir à délivrer la France du fléau qu'il avait attiré sur elle. C'est que, pour repousser une aussi formidable invasion, le génie militaire de Napoléon et la valeur de ce qui lui restait de soldats ne suffisaient point; il eût fallu pour cela l'élan de la nation tout entière, et ce n'était pas son régime qui pouvait susciter cet élan. Il ne se faisait pas lui-même tout à fait illusion sur ce point. « Sur le terrain même d'Arcis-sur-Aube et au milieu du feu, raconte M. Thiers (t. XVII, p. 533), s'entretenant familièrement avec le général Sébastiani : — Eh bien, général, lui demanda-t-il, que dites-vous de ce que vous voyez? — Je dis, répondit le général, que Votre Majesté a sans doute d'autres ressources que nous ne connaissons pas. — Celles que vous avez sous les yeux, reprit Napoléon, et pas d'autres. — Mais alors, comment Votre Majesté ne songe-t-elle pas à soulever la nation? — Chimères, répliqua Napoléon, chimères empruntées au souvenir de l'Espagne et de la Révolution française! Soulever la nation dans un pays où la Révolution a détruit les nobles et les prêtres et *où j'ai moi-même détruit la Révolution!....* » — Voilà un aveu précieux à recueillir : il confirme ce que j'ai essayé d'établir dans toute la suite de ce cours en présentant Napoléon comme le destructeur de l'esprit et de tous les grands résultats de la Révolution ; et il contient en même temps l'explication de l'impuissance où l'Empereur se trouva réduit à l'heure suprême. Il subissait ici, de son propre aveu, les conséquences de sa désastreuse politique.

Malheureusement la France les subissait avec lui. Grâce à Napoléon, elle se trouvait incapable de repousser l'invasion étrangère ; elle ne pouvait même empêcher les souverains alliés et leurs soldats d'entrer en vainqueurs dans les murs de sa capitale, et elle perdait, je ne dis pas les folles conquêtes du Consulat et de l'Empire, mais celles mêmes de la Révolution, c'est-à-dire ses frontières naturelles. Dure, mais trop juste expiation de la faute qu'elle avait commise en se laissant ravir ses libertés et en secondant le despote qui la dominait dans tous ses attentats contre l'indépendance des peuples. Mais c'est sur le châtiment du despote qu'il convient d'insister ici. Pour que l'expiation fût plus complète, ce fut le Sénat qui, sous l'influence de M. de Talleyrand (l'un des principaux complices de Bonaparte au 18 brumaire), prononça la déchéance de Napoléon et de sa famille (2 avril 1814). J'ajoute, pour la moralité de l'histoire, que ce même Sénat ne tarda pas à disparaître à son tour, après avoir soulevé le mépris universel en spécifiant le maintien de sa dotation dans la nouvelle constitution qu'il s'était chargé de rédiger.

La scène militaire, racontée par M. Thiers, d'après la relation de témoins oculaires dignes de foi (pages 703-705), forme aussi un trait caractéristique dans le tableau de la chute du moderne César. Comme Napoléon, retiré à Fontainebleau, songeait encore, après la capitulation de Paris, à livrer une dernière bataille aux coalisés, au risque de s'ensevelir avec eux sous les décombres de la capitale, et au moment où il venait de haranguer les troupes réunies autour de lui, un cri de colère éclata dans les états-majors. Tous étaient d'avis qu'il fallait empêcher un pareil acte de démence; « mais, ajoute M. Thiers, c'était à qui ne dirait pas les premiers mots. Les aides de camp entourèrent les généraux, les généraux les maréchaux, et s'excitant les uns les autres, ils demandèrent bientôt que leurs chefs refusassent l'obéissance... On était arrivé ainsi jusqu'à la porte du cabinet de Napoléon, et l'on s'anima jusqu'à ne plus vouloir quitter l'antichambre, dans l'intention de veiller sur les maréchaux et de les défendre si, à la suite de la scène qui se préparait, l'Empereur voulait les faire arrêter. Il y eut même dans cette espèce d'émeute quelques officiers assez égarés pour s'écrier qu'au besoin il fallait se débarrasser de la personne de Napoléon. En un mot, c'était le spectacle d'une de ces révoltes de la soldatesque dont l'empire romain avait fourni autrefois de si odieux exemples, et c'était bien, il faut le reconnaître, une digne fin de ce règne si déplorablement guerrier, que de s'achever au milieu d'une sédition militaire. » Fort bien; mais quel était le point de départ de ce règne si déplorablement guerrier, de ce gouvernement militaire, si ce n'est le coup d'État militaire du 18 brumaire, approuvé par M. Thiers jusqu'à la fin de son ouvrage.

Pressé par ses maréchaux d'abdiquer en faveur de son fils, Napoléon signa (4 avril 1814) l'abdication qu'ils attendaient de lui, non qu'il fût résigné à se soumettre à l'acte qu'il signait, mais afin de gagner deux ou trois jours dont il croyait avoir besoin pour se débarrasser de quelques maréchaux devenus singulièrement incommodes. Ainsi la mauvaise foi l'accompagna jusqu'au bout. Mais, eût-elle été faite de bonne foi, cette abdication arrivait trop tard. La défection du corps de Marmont venait de lui enlever toute chance d'être acceptée par les alliés. Napoléon se décida à signer une autre abdication (11 avril), par laquelle il renonçait pour lui et ses héritiers aux trônes de France et d'Italie. Après avoir accompli ce nouvel acte, cet homme que M. Thiers nous a représenté comme une âme religieuse, tenta de s'empoisonner : la vie n'avait plus de prix pour lui dès qu'il ne pouvait plus conserver la toute-puissance qu'il avait usurpée; et l'humiliation si bien méritée qu'il éprouvait en ce moment était une blessure trop cuisante pour son orgueil. Caton s'était suicidé pour ne pas survivre au triomphe de César; le nouveau César essaya de se suicider pour ne pas survivre à sa propre chute.

Mais il ne devait pas échapper si tôt à l'expiation. Pendant les quelques jours qu'il resta encore à Fontainebleau avant de partir pour l'île d'Elbe, il assista en quelque sorte aux funérailles de sa puissance : il subit le supplice de voir ses officiers, ceux qu'il avait le plus comblés de ses faveurs, l'abandonner l'un après l'autre pour courir au-devant du nouveau règne, et le vide se faire autour de lui; puis, lorsqu'il traversa la France pour gagner le port où il devait s'embarquer, si, sur quelques points, il entendit encore des cris de *vive l'Empereur!* sur d'autres, ceux de *à bas le tyran! à mort le tyran!* éclatèrent à ses oreilles, et il fut forcé de se déguiser en courrier, afin de ne pas être massacré par les populations exaspérées (1). Ainsi était cruellement, mais jus-

---

(1) Un général prussien, le comte de Waldbourg Trucksee, a rédigé un récit de cette fuite de Napoléon, dont il me paraît bon de reproduire le fragment suivant : « Dans tous les endroits que nous traversâmes, il fut reçu de la même manière. A Orgon, la rage du peuple était à son comble. Devant l'auberge même où il devait s'arrêter, on avait élevé une potence, à laquelle était suspendu un mannequin en uniforme français, avec cette inscription : *Tel sera tôt ou tard le sort du tyran!* Le peuple se cramponnait à la voiture de Napoléon et cherchait à le voir pour lui adresser les plus fortes injures. L'Empereur se cachait derrière le général Bertrand le plus qu'il pouvait; il était pâle et défait, ne disant pas un mot. Le comte de Schuwaloff, à côté de la voiture de Bonaparte, harangua la populace en ces termes : « N'avez-vous pas honte d'insulter un malheureux sans défense ? Il est assez humilié par la triste situation où il se trouve, lui qui s'imaginait donner des lois à l'univers et qui se voit

tement châtié celui qui avait élevé son pouvoir sur le mensonge, la violence, la corruption et la terreur, et qui, s'étant servi de la France opprimée pour opprimer l'Europe, avait fini par attirer l'étranger au sein de la France, et, après tant de conquêtes achetées au prix de tant de sang, la laissait plus petite qu'il ne l'avait trouvée. Enfin, lui dont l'Empire s'était étendu des bouches de l'Elbe à celles du Tibre, il obtenait de la pitié des souverains de l'Europe, auxquels il avait si longtemps dicté la loi, un royaume de six lieues de long. Malheureusement pour lui, mais surtout pour la France, il allait bientôt s'échapper de l'île que lui avait concédée cette imprudente pitié !

à la merci de votre générosité. Abandonnez-le à lui-même. Regardez-le ; vous voyez que le mépris est la seule arme que vous devez employer contre cet homme qui a cessé d'être dangereux... » Le peuple applaudissait à ce discours, et Bonaparte, voyant l'effet qu'il produisait, faisait des signes d'approbation au comte Schuwaloff. Il le remercia ensuite du service qu'il lui avait rendu. » L'auteur raconte aussi que Napoléon s'est travesti en courrier, avec cocarde blanche au chapeau. Enfin à la Calade, il se donna pour un colonel anglais et fit prier les commissaires des puissances alliées de ne pas le démentir. « Nous promîmes de nous conformer à ce désir, dit le comte de Waldbourg, et j'entrai le premier dans une espèce de chambre où je fus frappé de trouver le ci-devant souverain du monde plongé dans de profondes réflexions, la tête appuyée dans ses mains. Je ne le reconnus pas d'abord, et je m'approchai de lui. Il se leva en sursaut en entendant quelqu'un marcher, et me laissa voir son visage arrosé de larmes. »

DIXIÈME LEÇON.

LE RETOUR DE L'ILE D'ELBE ET LES CENT JOURS.

Mme de Staël a raconté, dans ses *Considérations sur la Révolution française* (V^e partie, chap. XIII), le sentiment de terreur dont elle fut frappée lorsqu'elle apprit que Napoléon, ayant quitté l'île d'Elbe, avait débarqué sur les côtes de France : « J'eus le malheur, dit-elle, de prévoir à l'instant les suites de cet événement, et je crus que la terre s'entr'ouvrait sous mes pas... Je dis à M. de La Valette, que je rencontrai presque à l'heure même où cette nouvelle retentissait autour de nous : « C'en est fait de la li- » berté, si Bonaparte triomphe, et de l'indépendance » nationale, s'il est battu. » Telle était, en effet, la situation où le retour de Napoléon jetait la France : son succès ne pouvait être que fatal à la liberté, qu'il avait renversée au 18 brumaire et à laquelle nul despote n'avait jamais porté de coups plus meurtriers ; et sa défaite devait être infailliblement suivie d'une nouvelle et plus terrible atteinte à l'indépendance nationale, sur laquelle il avait déjà attiré de si humiliantes représailles. Ainsi cet homme, qui avait fait tant de mal à la France, devait, même après sa chute, lui redevenir encore une fois funeste. Le jour où il débarqua à Cannes pour reconquérir le pouvoir qu'il avait si follement perdu, après l'avoir si criminellement usurpé, ne fut pas moins néfaste que celui où il avait débarqué à Fréjus pour mettre fin à ce qu'il appelait « le règne du bavardage »; et, si l'on veut juger les choses exactement, on conviendra que le retour de l'île d'Elbe fut aussi coupable que celui d'Égypte.

A la vérité, Napoléon affecta de revenir converti aux idées libérales. On verra tout à l'heure ce que valait cette prétendue conversion; mais, quels que fussent à cet égard ses vrais sentiments, il ne pouvait se dissimuler que son retour au trône allait de nouveau soulever l'Europe tout entière contre la France, et que, si celle-ci était vaincue de nouveau, comme cela n'était que trop probable, elle payerait bien cher cette nouvelle aventure. Il n'hésita point pourtant à jouer le sort de la France pour essayer de relever son trône et sa fortune.

Sans doute la tentation était forte : comment avait-on pu croire que celui qui avait été le maître de la France et de l'Europe se contenterait de régner sur l'île d'Elbe, et qu'il ne chercherait pas à reconquérir la couronne qu'il avait été forcé d'abdiquer? Sans doute aussi les fautes des Bourbons, et en général l'aveuglement de la réaction royaliste qui suivit la chute de l'Empire, faisaient la partie belle à Napoléon : en revenant en France pour chasser à son tour les Bourbons, il apparaissait à la foule comme le vengeur de la Révolution et de l'honneur national. Mais il n'en était pas moins coupable ; car, outre qu'il violait ainsi les engagements solennels qu'il avait signés (ce qui était pour lui la moindre des bagatelles), il ne revenait certainement pas pour relever l'œuvre de la Révolution, lui qui l'avait si radicalement détruite ; il allait, au contraire, entraver l'énergique résistance que soulevait alors l'ancien régime et qui ne pouvait guère manquer de triompher ; en tous cas, il précipitait la France au-devant de nouveaux malheurs et de nouvelles humiliations trop faciles à prévoir.

Je ne raconterai pas ce voyage de Cannes à Paris qui, suivant la juste expression de Mme de Staël, est une des plus grandes conceptions de l'audace que l'on puisse citer dans l'histoire ; chacun peut en lire le récit détaillé et en général exact dans l'ouvrage de M. Thiers (t. XIX). Cet historien décrit très-bien la joie et l'entraînement du peuple (au moins d'une partie du peuple) et de l'armée, à la nouvelle du retour de Napoléon et à sa vue ; et il oppose avec raison à cette joie et à cet entraînement la douleur et la consternation des hommes éclairés, qui n'attendaient de ce retour que d'affreuses calamités (p. 122-123). Mais, dans l'exposition qu'il fait des idées de ces hommes éclairés, il est un point qui mérite d'être relevé. Au rapport de M. Thiers, ces hommes se disaient que « sans doute on n'aurait aucune difficulté avec Napoléon à l'égard des principes de 89, qui composaient en quelque sorte sa philosophie politique, mais que, sous le rapport de la liberté constitutionnelle, on aurait probablement fort à faire ». Or je demande ce que signifient les principes de 89 sans la liberté, qui en est l'âme même, et comment des esprits éclairés ont jamais pu admettre que les principes de 89 composassent la philosophie politique de Napoléon. Je sais bien qu'il ne manquait pas de mettre ces principes en avant toutes les fois qu'il jugeait à propos de s'en parer, et qu'il les inscrivit dans le préambule des constitutions despotiques qu'il imposa successivement à la France ; mais quel esprit éclairé et sincère prit jamais au sérieux ce langage hypocrite, et consentit jamais à voir dans Napoléon un représentant des principes de 89? Évidemment, M. Thiers prête ici aux hommes qu'il fait parler des idées et un langage qui les eussent étrangement surpris.

Mais que pense M. Thiers lui-même de ce nouvel acte de Napoléon qui le ramena de l'île d'Elbe à Paris, au risque de jeter la France dans un nouvel abîme? Il ne glorifie pas cet acte comme il avait fait du départ d'Égypte et du 18 brumaire; mais il ne songe pas non plus à le blâmer, et même, à la fin de son récit, en résumant, très-justement d'ailleurs, les caractères et les causes de la révolution du 20 mars

1815, il semble chercher à le justifier. Selon lui (p. 227), et ceci est incontestable, « une nouvelle lutte entre l'ancien régime et la Révolution était inévitable. Il était impossible que ces deux puissances, replacées en face l'une de l'autre en 1814, se trouvassent en présence sans se saisir encore une fois corps à corps pour se livrer un dernier et formidable combat ». — « Napoléon, il est vrai, continue-t-il, en s'y mêlant, lui donnait des proportions européennes, c'est-à-dire gigantesques. Sans lui cette lutte aurait été moins prompte ; *peut-être aussi n'aurait-elle point provoqué l'intervention de l'étranger*, et dans ce cas il faudrait regretter à jamais qu'étant inévitable, elle eût été aggravée par sa présence. Mais ce point était fort douteux, et *probablement* l'étranger, en voyant les Bourbons renversés par les régicides, n'aurait pas été moins tenté d'intervenir qu'en voyant apparaître le visage irritant du vainqueur d'Austerlitz. » Mais quand on accorderait à M. Thiers que, même sans le retour de Napoléon, une nouvelle intervention de l'étranger dans les affaires de la France était *probable*, ce qui, d'ailleurs, n'est rien moins que prouvé, il ne s'ensuit pas que Napoléon ne soit pas coupable de l'avoir *certainement* provoquée. Sans lui, M. Thiers en convient lui-même, cette intervention n'aurait *peut-être* pas eu lieu ; avec lui, au contraire, elle était *inévitable*. Que faut-il de plus pour condamner la conduite de Napoléon ? D'ailleurs, à entendre M. Thiers, il semble que la Révolution et Napoléon ne fissent qu'un, comme si celui-ci n'avait pas été, suivant le mot de Mme de Staël, le premier des contre-révolutionnaires, et comme si, comme le dit encore ce grand esprit à propos du retour de l'île d'Elbe, les amis de la liberté pouvaient voir en lui autre chose que la contre-révolution du despotisme.

M. Thiers a une autre manière d'absoudre Napoléon qui n'est pas moins curieuse. Tout en convenant (p. 578), que « le vrai dévouement eût consisté à mourir à l'île d'Elbe », il déclare que « ce dévouement eût exigé tant de vertu qu'il n'y a pas grande justice à l'imposer à un mortel quelconque. Dans ce cas, ajoute-t-il, il n'y aurait jamais eu de prétendants dans le monde, c'est-à-dire point d'ambition dans le cœur humain ». Telle est la complaisante moralité de l'historien du Consulat et de l'Empire !

Personne ne voudra dire qu'en revenant en France, Napoléon se faisait illusion sur les conséquences de son retour. Il déclarait, il est vrai, dans les diverses villes qu'il traversait, à Grenoble, à Lyon, et il continuait de déclarer à Paris même, qu'il ne doutait nullement du maintien de la paix, étant décidé à prendre pour base de sa politique le traité de Paris, qu'il n'aurait pas signé, mais qu'il acceptait maintenant, et assuré qu'il était du concours de son beau-père l'empereur d'Autriche, avec lequel il feignait de secrètes communications ; mais qui pourrait soutenir que cette déclaration était sincère ? M. Thiers nous fournit lui-même (p. 243, — Cf. p. 405), le moyen d'en apprécier la valeur. Pendant que Napoléon tenait le langage que je viens de rappeler, il disait, le 20 mars, au maréchal Davout, pour le décider à accepter le ministère de la guerre : « Vous êtes un homme sûr, je puis vous dire tout. Je laisse croire que je suis d'accord avec une au moins des puissances européennes, et que j'ai notamment de secrètes communications avec mon beau-père, l'empereur d'Autriche. Il n'en est rien : *je suis seul, seul, entendez-vous, en face de l'Europe. Je m'attends à la trouver unie et implacable.* Il faut donc nous battre à outrance, et pour cela préparer en trois mois des moyens formidables. » On voit par là quelle était la sincérité du langage de Napoléon lorsqu'il promettait la paix. Reste à savoir s'il était plus sincère en promettant la liberté et en se déclarant converti aux idées libérales.

M. Thiers, qui ne peut défendre la sincérité de la première promesse, soutient celle de la seconde. Cette thèse est singulière; mais, puisqu'on la met en avant, il faut la discuter.

Et d'abord, est-il vraisemblable de supposer que l'homme qui avait fait le 18 brumaire, le Consulat et l'Empire, c'est-à-dire qui, après avoir renversé par un coup d'État militaire les libres institutions de son pays, avait extirpé jusqu'aux dernières racines de la liberté, et organisé, non pas une dictature passagère, comme il se plaisait maintenant à le dire, mais un véritable césarisme, un césarisme digne des empereurs de Rome ou de Constantinople; est-il vraisemblable de supposer que cet homme, reconquérant son trône par une révolution qui, comme M. Thiers le reconnaît lui-même (p. 246), « était au fond une révolution militaire », y remontait franchement converti aux idées libérales? Napoléon ne pouvait sans doute rentrer en France, où ces idées avaient fermenté depuis sa chute, et se mettre à la place des Bourbons, qui avaient apporté au pays, avec la paix, un gouvernement constitutionnel, sans conformer son langage à l'esprit du temps et sans promettre à son tour la liberté, sans faire même quelque chose en ce sens; mais évidemment ce ne pouvait être là pour lui qu'un masque dont il se couvrait pour se faire accepter de nouveau, ou, si l'on veut, qu'une nécessité qu'il subissait provisoirement; et ce masque ou cette nécessité, il ne pouvait manquer de s'en affranchir pour rentrer dans sa vraie nature et dans son vrai rôle, une fois qu'il serait redevenu assez fort pour faire la loi.

Mais ne nous en tenons pas à de simples conjectures, quelque fondées qu'elles soient, et voyons les actes mêmes qui accompagnèrent ou suivirent les déclarations libérales de Napoléon.

Peu de jours après son débarquement, par un décret daté de Lyon, il décide que les émigrés rentrés sans radiation régulière antérieure à 1814 seront tenus d'évacuer le territoire.

Un autre décret ordonne la mise en jugement et, en attendant, le séquestre des biens, contre treize personnes, sous le prétexte qu'elles avaient connivé avec les envahisseurs du territoire. Sur les instances de Bertrand, ce dernier décret fut ajourné, mais non abandonné.

Bientôt il expulse les officiers de la maison du roi ; crée sept lieutenants généraux de police avec des pouvoirs presque illimités ; établit des peines rétroactives contre les fonctionnaires qui avaient pris part à des rassemblements en faveur de la cause royale, etc. Tous ces actes, comme le dit Benjamin Constant dans ses *Lettres sur les Cent Jours*, étaient *illégaux, arbitraires, tyranniques*.

Le 20 mars, il appelle Carnot au ministère de l'intérieur ; mais il a soin de lui conférer le titre de comte. C'était pour Napoléon, selon M. Thiers (p. 240), un moyen de corriger la signification républicaine du nom de Carnot ; soit, mais cela ne me paraît pas être précisément la preuve d'un bien sincère libéralisme. M. Thiers n'est pas de cet avis : il voit là, au contraire, une sorte de gage donné à la cause de la monarchie constitutionnelle. Il faut avoir pour cela bien de la bonne volonté.

Le mois suivant (24 avril), songeant à faire rédiger une constitution qui répondît aux idées libérales avec lesquelles il se voyait forcé de compter en ce moment, Napoléon appela auprès de lui le publiciste qui représentait alors ces idées avec le plus d'éclat; un homme qui, sous le Consulat, avait résisté à sa tyrannie; qui, dès le 8 mars, avait publié dans le *Journal de Paris* un violent article où il dénonçait son retour comme une calamité pour la France, et prenait, au nom de tous ceux à qui la liberté était chère, l'engagement de repousser l'éternel ennemi de la liberté; qui, enfin, le 19 mars suivant, la veille même de la rentrée de l'ex-empereur à Paris, avait inséré dans le *Journal des Débats* un article non moins violent où il conjurait les Français de ne point abandonner leur roi pour se prosterner au pied d'un homme teint de leur sang et poursuivi naguère de leurs anathèmes, et déclarait que, quant à lui, on ne le verrait pas, misérable transfuge, se traîner d'un pouvoir à un autre. Faut-il voir dans la conduite de Napoléon conviant Benjamin Constant à la rédaction de sa future constitution, un témoignage certain de la sincérité de sa conversion aux idées libérales? Ou plutôt n'était-ce pas là de sa part un calcul destiné à la fois à faire croire à cette sincérité et à décréditer, en l'attirant auprès de lui, l'homme qui venait de l'attaquer si violemment et qui avait pris un si solennel engagement de ne point se rallier au nouveau pouvoir? « On se demandera, dit M. Thiers (p. 423), s'il n'entrait pas dans cette conduite plus de mépris des hommes que de vraie générosité, et l'on appréciera mal le sentiment qui l'animait. Ce sentiment n'était autre que la clémence tant vantée de César, c'est-à-dire une connaissance approfondie des hommes, un discernement très-fin du peu de solidité de leurs passions, une grande facilité d'humeur à leur égard et un grand art de les ramener en les séduisant. » J'accorde à M. Thiers que le sentiment qui animait Napoléon n'était autre que la clémence de César ; mais je ne vois pas ce qui distingue cette clémence du mépris des hommes et ce qu'elle a de commun avec la vraie générosité. Quoi qu'il en soit sur ce point, Benjamin Constant, qui a raconté, dans ses *Lettres sur les Cent jours*, sa première entrevue avec Napoléon et d'autres entretiens qu'il eut avec lui au sujet de la nouvelle constitution, se montre beaucoup moins affirmatif que M. Thiers à l'endroit du libéralisme de l'Empereur. « Il n'essaya point, dit-il, de me tromper ni sur ses vues, ni sur l'état des choses. *Il ne se présenta point comme corrigé par les leçons de l'adversité.* Il ne voulut point se donner le mérite de revenir à la liberté par inclination. Il examina froidement dans son intérêt, avec une impartialité trop voisine de l'indifférence, ce qui était possible et ce qui était préférable. » Et, après avoir rapporté textuellement les discours que lui tint Napoléon dans leur première entrevue, discours dont M. Thiers se borne à donner une analyse décolorée, Benjamin Constant ajoute : « Il était clair que, si l'expérience avait démontré à Napoléon que *momentanément* la liberté lui était nécessaire, elle ne l'avait point *convaincu* que cette liberté qu'il voulait bien employer comme moyen fût le but principal... Dans tous ses discours, j'avais reconnu ce mépris pour les discussions et pour les formes délibérantes, caractère inhérent aux hommes qui ont l'instinct du pouvoir absolu... Il me rappelait le système de ce ministre de 1814 qui avait considéré la Charte comme un leurre, jeté au peuple français pour satisfaire une fantaisie d'un jour, dont ce peuple se dégoûterait bientôt lui-même... Enfin je n'avais pu méconnaître des regrets étouffés et non détruits pour un régime de guerre, de conquêtes et de suprématie européenne. Qui pourrait répondre de l'effet de ces regrets trop mal déguisés, si de rapides et brillants succès rouvraient à Bonaparte une carrière aventureuse de gloire et de périls, qui avait seule des charmes pour lui? » Il y a loin de ce jugement porté sur Napoléon par Benjamin Constant à la peinture faite par M. Thiers des nouveaux sentiments du vieux César.

On voit aussi par là combien il est peu exact de représenter Benjamin Constant, ainsi que le fait M. Thiers, comme étant sorti de cette première entrevue *persuadé complétement* (il est vrai que l'historien ajoute : *ou à peu près*), comme *remerciant le sort qui l'avait rendu prisonnier d'un tel vainqueur* (p. 426), enfin comme *dominé* par Napoléon (p. 427). Benjamin Constant affirme, au contraire, qu'il se retira sans avoir pris une résolution décisive et sans avoir contracté d'engagement, ce qu'il explique par le jugement que je viens de rapporter. Tout ce que l'on peut dire, c'est qu'il avoue que cette entrevue diminua, sous quelques rapports, sa conviction intérieure, que la puissance de Napoléon et la liberté étaient incompatibles.

Pour en revenir à la conviction libérale de Napoléon, il est juste de reconnaître qu'il se montra de facile composition à l'égard de la liberté de la presse, et que, dès le 15 mars, il abolit la censure, cette institution établie par lui sous le Consulat et que la Restauration avait eu le tort de lui emprunter. Il était politique, de sa part, de se montrer, sur ce point, au moins pour le moment, plus libéral que les Bourbons, qu'il venait remplacer. La liberté de la presse lui paraissait d'ailleurs nécessaire à cette époque pour rendre quelque crédit à ses propres affirmations. « En effet, disposant pendant son premier règne, comme le dit M. Thiers (p. 410), de tous les organes de l'opinion, il avait vu naître dans le public une telle incrédulité, qu'il ne lui était plus permis de démentir un fait faux, ni d'attester un fait vrai, à ce point que le pouvoir était pour ainsi dire sans voix, et qu'on ajoutait plus de foi aux bulletins de l'ennemi qui mentait qu'à ceux du gouvernement qui disait vrai. Aussi Napoléon avait-il renoncé, en 1813 et en 1814, à publier des bulletins, et se contentait-il d'insérer au *Moniteur* des lettres qu'il donnait comme écrites par des officiers de l'armée à divers personnages de l'État. » Mais il ne suit pas de là que, comme l'affirme M. Thiers (*ibid.* et p. 428),

Napoléon fût revenu *complétement éclairé* sur les mérites de la liberté de la presse, et qu'il fût à cet égard *pleinement converti par son expérience antérieure;* il s'ensuit simplement que cette liberté entrait dans sa politique du moment.

Mais il est un fait qui, comme le dit M. Duvergier de Hauranne (*Histoire du gouvernement parlementaire*, t. II, p. 500), suffit pour condamner au silence ceux qui, aujourd'hui encore, affirment que Napoléon était revenu de l'île d'Elbe sincèrement corrigé de ses anciens penchants, et tout prêt à accepter, sans arrière-pensée, le régime constitutionnel : c'est l'invincible obstination avec laquelle il voulut, malgré l'avis unanime du Conseil d'État, que la nouvelle constitution gardât le silence sur la confiscation, ce qui était une manière sournoise de rétablir cette odieuse institution. Ce fait est assez significatif par lui-même; mais le langage que Napoléon tint à ce sujet devant le Conseil d'État fit tomber tous les voiles : on y vit reparaître tout entier l'incorrigible despote, impatient, comme dit Benjamin Constant, du frein que l'opinion lui imposait. « On me pousse, s'écria-t-il en promenant autour de lui des regards de mécontentement et d'irritation, dans une route qui n'est pas la mienne. On m'affaiblit, on m'enchaîne. La France me cherche et ne me trouve plus. L'opinion était excellente, elle est exécrable. La France se demande qu'est devenu le vieux bras de l'Empereur, ce bras dont elle a besoin pour dompter l'Europe. Que me parle-t-on de bonté, de justice abstraite, de lois naturelles? La première loi, c'est la nécessité; la première justice, c'est le salut public. On veut que les hommes que j'ai comblés de biens s'en servent pour conspirer contre moi dans l'étranger. Cela ne peut être, cela ne sera pas; chaque Français, chaque soldat, chaque patriote aurait droit de me demander compte des richesses laissées à ses ennemis. Quand la paix sera faite, nous verrons. A chaque jour sa peine, à chaque circonstance sa loi, à chacun sa nature. La mienne n'est pas d'être un ange. Messieurs, je le répète, il faut qu'on retrouve, il faut qu'on revoie le bras de l'Empereur. » Ce discours n'a pas besoin de commentaires. M. Thiers le reproduit sous la forme indirecte, mais il l'affaiblit et l'émousse (p. 441, 442). Il ajoute qu'après cette sortie Napoléon se calma; Benjamin Constant déclare, au contraire, que cet emportement se renouvela dans cette séance chaque fois qu'on revint sur cet article. Enfin M. Thiers affirme que, si Napoléon ne permit pas d'insérer l'article relatif à l'abolition de la confiscation, « il promit solennellement de rétablir cet article après la paix ». Comment Benjamin Constant, qui cherche à justifier la conduite qu'il tint en ne résistant pas jusqu'au bout à l'obstination de Napoléon et en ne l'abandonnant pas après avoir reconnu que cette obstination était invincible; comment Benjamin Constant omet-il la circonstance alléguée ici par M. Thiers? Il faut dire, en tous cas, l'impression que produisit sur lui *la scène effrayante* à laquelle il venait d'assister, et la conclusion qu'il en tira, ce que M. Thiers a négligé de rapporter : « La violence que Napoléon avait apportée à maintenir la confiscation, son appel répété au vieux bras de l'Empereur, à ce bras qui avait si longtemps pesé sur la France, m'avaient profondément affligé. J'y voyais pour la première fois les symptômes d'une révolte contre le joug constitutionnel, révolte ridicule dans un prince faible, mais terrible dans un homme doué d'un vaste génie et d'immenses facultés. Cette disposition était menaçante et *paraissait, pour se développer, n'attendre que la victoire* (1). »

Il est encore un point sur lequel Napoléon ne manifesta pas une résolution moins inébranlable et qui est bien propre aussi à montrer sous leur vrai jour ses sentiments libéraux ; je veux parler du titre qu'il voulut absolument donner au nouvel acte constitutionnel. Si Napoléon avait en effet réellement dépouillé le vieil homme, le vieil Empereur, il n'aurait pas tenu à rattacher ce nouvel acte constitutionnel aux anciennes Constitutions de l'Empire, et à lui donner le titre même d'*Acte additionnel* à ces Constitutions, ce qui était à la fois un contre-sens et une maladresse : un contre-sens, car c'était accoler la liberté

---

(1) « Pendant l'allocution de Napoléon, disait peu de temps après Benjamin Constant à M. Beugnot, sa voix était altérée, sa main se contractait et s'étendait par des mouvements convulsifs, et il me semblait voir la patte du lion qui aiguisait ses griffes. » (*Mémoires du comte Beugnot*, t. II, p. 242.)

au despotisme; une maladresse, car c'était exciter la défiance générale à l'endroit de la Constitution. « Ce fut certainement une grande faute, dit Benjamin Constant, faisant ici son *meâ culpâ*, que de réimprimer sur le pacte solennel qui pouvait rattacher la France à son ancien chef les stigmates de la tyrannie exercée par lui à une autre époque. » Mais ce qui mécontentait et alarmait ici les vrais amis de la liberté était justement ce qui convenait à Napoléon : la Constitution nouvelle, en se rattachant aux anciennes Constitutions impériales, se confondait avec elles dans une même origine, et, en donnant la main au despotisme dans le passé, lui laissait en quelque sorte la porte ouverte pour l'avenir. De même que les anciennes Constitutions se trouvaient modifiées par la nouvelle dans le sens de la liberté, cette nouvelle Constitution, qui n'était qu'un acte additionnel aux anciennes, ne pouvait-elle pas être, à son tour, sous l'action de nouvelles circonstances, modifiée dans le sens du pouvoir absolu? Un nouvel acte additionnel suffirait pour cela. Telle était certainement le fond de la pensée de Napoléon : outre que cette manière de rattacher le nouvel Empire à l'ancien sauvegardait son amour-propre, elle attestait son défaut de sincérité. Elle n'était pas seulement un triste fruit de l'orgueil, comme le reconnaît M. Thiers (page 457); elle décelait aussi une arrière-pensée despotique.

Le titre donné par Napoléon au nouvel acte constitutionnel entraînait d'ailleurs une conséquence à laquelle, par la même raison, il tenait absolument : c'était de le dispenser de recourir à une assemblée nationale qui, en discutant et en votant, après un libre examen, la nouvelle constitution, en aurait fait son œuvre et lui aurait ainsi enlevé cet acte de souveraineté, ou tout au moins l'aurait partagé avec lui. Il consentait bien à se soumettre, au moins pour le moment, à une nouvelle Constitution, mais à la condition de l'octroyer en quelque sorte lui-même, comme Louis XVIII avait fait pour la Charte ; et quoiqu'il affectât en ce moment de s'appuyer sur le principe de la souveraineté de la nation, il voulait conserver dans cet acte fondamental la réalité de cette souveraineté, sauf à soumettre son œuvre à la vaine formalité d'un de ces votes qui se faisaient sur des registres ouverts aux secrétariats des mairies et des administrations, et qui avaient successivement sanctionné tous les sénatus-consultes du Consulat et de l'Empire. Seulement il imagina un *champ de mai*, où le recensement des votes ainsi recueillis devait se faire solennellement en présence de tous les membres des colléges électoraux qui voudraient se rendre à Paris, et où l'Empereur devait recevoir et prêter un nouveau serment ; mais cette solennité n'était qu'une nouvelle manière d'escamoter la souveraineté nationale.

Aussi n'est-on pas étonné quand on voit l'effet que produisit sur les contemporains la publication de l'*Acte additionnel*, quelques dispositions libérales qu'il contînt d'ailleurs. Le titre même qui rattachait cette nouvelle Constitution à celles de l'Empire, si justement détestées, et que commentait encore le préambule en rappelant comme des monuments de gloire ces odieuses Constitutions; le mode d'acceptation renouvelé du Consulat et de l'Empire, sauf la vaine cérémonie du champ de mai; le maintien de la confiscation; l'hérédité de la pairie, cette institution attentatoire au principe de l'égalité et par là si impopulaire en France, etc.; tout cela était bien fait, il faut en convenir, pour ouvrir les yeux sur les vrais sentiments de Napoléon. Ceux qui avaient cru d'abord à sa conversion ne purent persister plus longtemps dans leur erreur. La publication de l'*Acte additionnel* fut, comme le reconnaît M. Thiers lui-même (p. 449), « une déception universelle et cruelle ». — « Je ne me rappelle pas, dit un témoin très-favorable à Napoléon, M. Hobbouse (1), avoir jamais vu, dans ce que l'homme est porté à nommer l'opinion publique, un changement pareil à celui qui eut lieu à Paris, lorsque parut l'*Acte additionnel*. » — « L'effet, dit Thibaudeau (2), fut prompt comme la foudre : à l'enthousiasme des patriotes succéda incontinent un froid glacial; ils tombèrent dans le découragement, ne prévirent que malheurs et s'y résignèrent. »

---

(1) Cité par M. Duvergier de Hauranne, t. II, p. 508.
(2) Duvergier de Hauranne, t. II, p. 509.

Les contemporains ne se montraient-ils pas ici plus clairvoyants que ne le suppose M. Thiers et qu'il ne l'est lui-même en affirmant qu'ils se trompaient sur les vraies dispositions de Napoléon, et que celui-ci était en effet corrigé par l'expérience et l'adversité ? Je crois en avoir dit assez pour prouver qu'il n'était nullement changé, et que, en parlant de liberté, en quittant le rôle d'empereur absolu pour prendre celui de monarque constitutionnel, il ne faisait que se conformer à contre-cœur aux nécessités du moment, en attendant que les circonstances lui permissent de rentrer dans son ancien rôle.

Benjamin Constant lui-même, le rédacteur de l'*Acte additionnel*, était loin d'être sans défiance à l'égard de Napoléon. Il en était de même, en général, de ceux qui, parmi les amis de la liberté, crurent devoir adhérer à cet acte, et d'abord du glorieux vétéran du parti libéral, de La Fayette. Ce dernier, après avoir vivement blâmé le titre, la forme d'acceptation et diverses dispositions de l'*Acte additionnel*, ne consentit à y adhérer que lorsque l'assemblée des représentants de la nation eut été convoquée, c'est-à-dire que quand la nation eut été mise en possession des moyens de surveiller, de contenir et au besoin de renverser Napoléon. M. Thiers avoue bien d'abord que La Fayette était, à l'égard de la prétendue conversion de l'Empereur, d'une incrédulité invincible ; mais plus loin, entraîné par le parti pris qui le domine, il représente inexactement les sentiments de La Fayette en le montrant convaincu enfin de la sincérité de Napoléon. Après avoir exposé que celui-ci, en se décidant à convoquer les représentants du pays, prouvait ainsi *tout à la fois sa sincérité et sa force morale* (p. 465), il ajoute : « M. de La Fayette, cette fois, fut pleinement satisfait et ne s'en cacha point. » La Fayette, il est vrai, écrivait à Benjamin Constant, qui venait de lui annoncer le décret ordonnant la réunion des députés et qui lui demandait s'il était satisfait (1er mai 1815) : « Oui, je suis satisfait, et j'aime à vous le dire ! » Mais est-ce la sincérité de Napoléon qui le satisfaisait, comme M. Thiers voudrait le faire croire ? Non, c'est que, comme il le dit dans sa réponse à Benjamin Constant, la convocation immédiate d'une assemblée de représentants lui paraissait *l'unique moyen de salut* (1). Quant à la sincérité de Napoléon, elle lui était toujours tellement suspecte, qu'après le vote qui consacrait l'*Acte additionnel*, vivement sollicité par Joseph et par d'autres personnages d'aller voir Napoléon, il répondit que *n'étant pas en confiance sur les dispositions de l'Empereur*, se sentant destiné à les combattre, il ne se pressait pas de faire des démarches que Napoléon pourrait prendre pour des engagements. On voit jusqu'où allait même alors la défiance de La Fayette et combien son adhésion était restreinte.

---

(1) *Mémoires* de La Fayette, t. V, p. 424.

Il n'est pas exact non plus de dire, comme le fait M. Thiers (p. 456), que, « sauf un point (l'hérédité de la pairie), La Fayette était *complétement* satisfait du contenu de l'*Acte additionnel* ». Sans parler du titre et du mode d'acceptation, La Fayette trouvait plus d'un point à y reprendre : il y blâmait énergiquement, outre l'hérédité de la pairie, le maintien de la confiscation et l'article 87, qui interdisait, au nom du peuple français, toute proposition de rétablir les Bourbons ni aucun prince de cette famille, même en cas d'extinction de la famille impériale, article qui avait été introduit subitement dans la dernière lecture et que Benjamin Constant attribuait à Napoléon lui-même. Cet article lui paraissait une insulte aux droits de la nation de se choisir des chefs, et il flétrissait le sentiment d'égoïsme qui l'avait dicté. Telles sont les diverses objections que La Fayette n'avait pas craint d'exprimer devant le frère de l'Empereur, le prince Joseph (1). Voici d'ailleurs avec quelles restrictions lui et son fils consignèrent leur vote sur le registre de leur commune : « Le nouvel acte appelé additionnel à des ci-devant Constitutions de l'Empire qui, pour la plupart, ne furent jamais soumises à la délibération nationale, est lui-même présenté par une autorité provisoire, non à la discussion légale, mais à la signature individuelle des citoyens. Il renferme des articles que tout ami de la liberté doit, à mon

---

(1) *Mémoires*, p. 420.

avis, adopter; *d'autres* que je rejette pour ma part sans que le mode imposé permette de les distinguer, encore moins de les discuter ici, mais que je me réserve de désigner ailleurs. Cependant, comme les droits de la souveraineté du peuple ont été reconnus et qu'ils ne peuvent, non plus que les droits essentiels de chacun de nous, être aliénés sur aucun point, je dis *oui* malgré les illégalités et sous les réserves ci-dessus, parce que je veux hâter de tout mon pouvoir la réunion d'une assemblée représentative, ce premier moyen de *salut*, de *défense* et d'*amendement*. »

On le voit, M. Thiers, obéissant à une sorte de parti pris, n'a pas rapporté très-exactement les sentiments de La Fayette au sujet de Napoléon et de l'*Acte additionnel*, non plus que ceux de Benjamin Constant. A l'égard de Mme de Staël, par suite de la même cause, il a pris juste le contre-pied de la vérité. L'erreur commise ici par M. Thiers a déjà été relevée par l'auteur du livre *Coppet et Weimar*, et par M. Chauffour-Kestner (1); mais je tiens à la mettre en lumière à mon tour, parce qu'il s'agit d'une femme illustre non-seulement par son génie, mais par sa résistance au despotisme de Napoléon, et parce qu'un écrivain fort répandu, M. Sainte-Beuve (2), a cru devoir défendre ici M. Thiers contre l'auteur de *Coppet et Weimar*.

---

(1) *Réforme littéraire*, 23 février 1862.
(2) *Causeries du lundi*, 12 mai 1862.

Dans ses *Considérations sur la Révolution française* (V^e partie, chap. xiv), Mme de Staël s'exprime ainsi :

« Si c'était un crime de rappeler Bonaparte, c'était une niaiserie de vouloir masquer un tel homme en roi constitutionnel; du moment qu'on le reprenait, il fallait lui donner la dictature militaire, rétablir la conscription, faire lever la nation en masse, enfin ne pas s'embarrasser de la liberté quand l'indépendance était compromise. L'on déconsidérait nécessairement Bonaparte en lui faisant tenir un langage tout contraire à celui qui avait été le sien pendant quinze ans. Il était clair qu'il ne pouvait proclamer des principes si différents de ceux qu'il avait suivis quand il était tout-puissant, que parce qu'il y était forcé par les circonstances..... Quelques amis de la liberté, cherchant à se faire illusion à eux-mêmes, ont voulu se justifier de se rattacher à Bonaparte en lui faisant signer une constitution libre; mais il n'y avait point d'excuse pour servir Bonaparte ailleurs que sur le champ de bataille. Une fois les étrangers aux portes de la France, il fallait leur en défendre l'entrée : l'estime de l'Europe ne se regagnait qu'à ce prix. Mais c'était dégrader les principes de la liberté que d'en entourer un ci-devant despote ; c'était mettre de l'hypocrisie dans les plus sincères des vérités humaines. En effet, comment Bonaparte aurait-il supporté la constitution qu'on lui faisait proclamer ? Lorsque des ministres responsables se seraient refusés à sa volonté, qu'en aurait-il fait? Et si ces mêmes ministres avaient été sévèrement accusés par les députés pour lui avoir obéi, comment auraient-ils contenu le mouvement involontaire de sa main pour faire signe à ses grenadiers d'aller encore une fois chasser à coups de baïonnettes les représentants d'une autre puissance que la sienne... Une grande faute aussi qu'on a fait commettre à Bonaparte, c'est l'établissement d'une chambre des pairs. L'imitation de la constitution anglaise, si souvent recommandée, avait enfin saisi les esprits français, et, comme toujours, ils ont porté cette idée à l'extrême ; car une pairie ne peut pas plus se créer du soir au lendemain qu'une dynastie... »

Vous venez d'entendre le jugement porté par Mme de Staël sur le nouveau rôle de Napoléon, sur les quelques amis de la liberté qui s'étaient rattachés à lui, enfin sur la nouvelle constitution elle-même, l'*Acte additionnel;* voici maintenant l'affirmation de M. Thiers :

« Mme de Staël, que son rare esprit et sa parfaite connaissance de l'Angleterre garantissaient des erreurs régnantes (sans doute du préjugé contre l'hérédité de la pairie?), *approuva hautement l'Acte additionnel* (p. 453) (1). »

Cette assertion de M. Thiers paraît bien étrange

---

(1) Plus haut, M. Thiers a affirmé que, depuis le retour de Napoléon, Mme de Staël n'avait pas quitté sa demeure, tandis qu'il est parfaitement établi qu'elle était partie pour Coppet le 12 mars.

après le chapitre de Mme de Staël que je viens de rappeler. Quoi! Mme de Staël qui, dans ce chapitre, s'est exprimée avec cette vivacité sur le compte de ses meilleurs amis (Benjamin Constant et Sismondi), Mme de Staël avait elle-même hautement approuvé l'*Acte additionnel*? Comment une telle contradiction est-elle possible? Si pourtant le fait est établi, il faut bien l'admettre, quelque impossible qu'il paraisse, suivant l'axiome logique : *ab esse ad posse valet consequentia*. Mais il faut pour cela de bien fortes preuves. Or, quelles sont celles de M. Thiers? Ce n'est pas sans doute l'autorité du duc de Rovigo, cet instrument des persécutions exercées contre Mme de Staël, appelé ici en témoignage par M. Sainte-Beuve (1). Sur quoi donc se fonde M. Thiers? Il parle plus loin (p. 466) de lettres écrites par Mme de Staël pour disposer les ministres anglais à la paix et remises à M. Crawford, ministre des États-Unis à Paris, qui, retournant en Amérique pour y occuper le ministère de la guerre, passait par Londres, où il avait des amis et du crédit; et, analysant le contenu de ces lettres, il fait dire à Mme de Staël que Napo-

---

(1) Voici le passage des *Mémoires* de Rovigo cité par M. Sainte-Beuve : « Les publicistes en étaient satisfaits (de l'*Acte additionnel*); Mme de Staël elle-même applaudissait aux garanties qu'il renfermait. — « Les articles additionnels, écrivait-elle au prince **, sont tout ce qu'il faut à la France, rien que ce qu'il faut, pas plus qu'il ne faut. » Et comme il faut qu'il y ait toujours quelque chose d'individuel dans ce qui paraît le plus indépendant; elle ajoutait : « Le retour de l'Empereur est prodigieux et surpasse toute imagination; je vous recommande mon fils. »

léon n'était plus un despote isolé dans la nation, mais *un monarque libéral* appuyé sur la France. Mais la seule pièce sur laquelle M. Thiers puisse s'appuyer ici est une lettre publiée dans le recueil de la correspondance de lord Castelreagh et intitulée par l'éditeur : *Lettre de Mme de Staël à M. Crawford*. Or il est au moins douteux que cette lettre ait été écrite en effet par Mme de Staël (l'auteur de *Coppet et Weimar* a donné contre l'authenticité de cette pièce de très-fortes raisons que ne détruit nullement l'argumentation de M. Sainte-Beuve) ; et, en tous cas, elle ne contient *pas un mot* qui ait trait au libéralisme de Napoléon et à l'*Acte additionnel*. Ainsi cette lettre, fût-elle de la main même de Mme de Staël, ne prouve absolument rien en faveur de cette affirmation si catégorique, que Mme de Staël avait hautement approuvé l'*Acte additionnel;* et l'analyse qu'en donne M. Thiers est absolument inexacte. Que cette femme illustre ait remis ou envoyé à M. Crawford des lettres destinées à détourner le gouvernement anglais de la guerre qui se préparait contre la France, il n'y aurait là assurément rien que de très-patriotique et de très-louable, je l'accorde sans peine à M. Sainte-Beuve; mais l'avocat de M. Thiers déplace ici la question : il s'agit de savoir si, comme le soutient cet historien, Mme de Staël a jamais approuvé ou patronné la politique soi-disant libérale de Napoléon et défendu l'*Acte additionnel*. « Toute la question est là », dirai-je à mon tour, en empruntant à

M. Sainte-Beuve ses paroles ; toute la question est là entre Mme de Staël et M. Thiers. Or, le document dont s'est servi M. Thiers et que M. Sainte-Beuve reproduit tout entier, ce document, fût-il authentique, ne fournit aucun argument à l'appui de l'assertion de M. Thiers, qui l'a, je le répète, très-inexactement analysé. Ainsi l'inconséquence où serait tombée Mme de Staël (si elle avait commis la même faute) en blâmant, dans ses *Considérations sur la Révolution française*, ceux des amis de la liberté qui, comme Benjamin Constant et Sismondi, avaient cru devoir se rallier à Bonaparte, cette inconséquence, qu'admet M. Sainte-Beuve, mais qui ne choque guère cet écrivain, ne lui peut être reprochée. Il faut que M. Thiers raye Mme de Staël de la liste des personnes qui ont approuvé l'*Acte additionnel*.

Nous avons d'ailleurs, sur les opinions soutenues par Mme de Staël, pendant la durée même des Cent Jours, son propre témoignage. Elle écrivait le 8 décembre 1815 au sujet de Sismondi (1) : « Je suis de votre avis sur Sismondi ; c'est un homme de la meilleure foi du monde. *Nous avons eu des querelles terribles par lettres sur Bonaparte* (2) : *il a vu la liberté là où elle était impossible ;* mais il faut convenir aussi que, pour la France, tout valait mieux

---

(1) Voyez les *Lettres inédites de Sismondi, de Bonstetten, de Mme de Staël et de Mme de Souza*, publiées par M. Saint-René Taillandier, 1863, p. 349.

(2) Combien il serait à désirer que ces lettres, si elles existent encore, fussent enfin publiées !

que l'état où elle est réduite actuellement. » Ainsi Mme de Staël a eu par lettres avec Sismondi des luttes terribles sur Bonaparte et l'*Acte additionnel*, dont ce publiciste avait entrepris la défense en règle dans le *Moniteur*; si elle l'a attaqué contre Sismondi, elle ne l'a donc pas approuvé hautement, et il n'est pas vrai que, comme l'affirme M. Thiers, l'*école fort éclairée des publicistes génevois* (par où il faut sans doute entendre Sismondi) ait ici suivi son impulsion, puisque Mme de Staël s'était placée dans le camp opposé.

Avait-elle raison contre Sismondi, ou bien la vérité et la sagesse étaient-elles du côté de ce publiciste, se portant garant de la bonne foi et des dispositions vraiment libérales de Napoléon, et défendant l'*Acte additionnel* comme la meilleure constitution que la France ait jamais eue. Au jugement de M. Thiers (p. 455), « ce qu'écrivait M. de Sismondi était la vérité même, mais la vérité pour les esprits sages et non prévenus ». Je pense au contraire et je crois avoir prouvé que les esprits sages ne devaient pas avoir la moindre confiance dans les promesses et dans les actes de Napoléon; que le rôle de monarque constitutionnel qu'il jouait en ce moment n'était pour lui qu'un rôle forcé et passager; que le titre même et le mode d'acceptation de l'*Acte additionnel* en étaient une nouvelle preuve; que d'ailleurs cet *Acte* renfermait des dispositions contraires aux principes de la Révolution, comme, par exemple, l'institution de la pairie héréditaire, si justement critiquée par La Fayette, par Mme de Staël, et plus tard par Benjamin Constant, qui l'avait soutenue contre Napoléon, lequel, après l'avoir repoussée, l'avait acceptée en voyant le parti qu'il en pouvait tirer. Enfin j'ajoute avec Mme de Staël qu'il n'y avait point d'excuses pour servir Bonaparte ailleurs que sur le champ de bataille.

C'est qu'il y a des alliances qu'on ne saurait accepter sans se rabaisser et sans compromettre la cause même qu'on veut servir. Telle était l'alliance avec l'usurpateur de Brumaire, avec le despote du Consulat et de l'Empire. Bonaparte s'était rendu à jamais indigne d'être accepté comme le chef d'un peuple libre et d'être appuyé à ce titre par des hommes tels que Benjamin Constant, Sismondi, etc. Ces hommes devaient le repousser pour cause d'indignité.

Ils devaient le repousser aussi pour cause d'incapacité : je veux dire qu'eût-il été sincère en offrant la liberté, il était absolument incapable de remplir le nouveau rôle qu'on attendait de lui. Il y a des empreintes qui, une fois contractées, ne s'effacent plus : telle est celle du despotisme ; il y a des pentes qu'on ne remonte pas : quand on a été César, on ne saurait devenir Washington ou même Guillaume d'Orange. « C'était donc une duperie, comme dit Mme de Staël, que de vouloir masquer Napoléon en monarque constitutionnel. » Un tel homme était incorrigible. Mais, de plus, quoi que prétende M. Thiers, il ne pouvait être sincère.

Aussi ne rencontra-t-il partout que l'incrédulité ou le doute. L'*Acte additionnel* n'obtint qu'un nombre insignifiant de suffrages, et la cérémonie du *champ de mai*, où Napoléon se rendit avec l'appareil et dans la voiture du sacre, et se montra dans le costume de son couronnement, culotte de soie, manteau impérial, toque à plumes, cette cérémonie ne contribua point à ramener la confiance; elle ne fit qu'accroître l'incrédulité générale. M. Thiers voit là une grande leçon donnée au génie *vainement, quoique sincèrement repentant* (p. 629). Je regarde comme une fable le sincère repentir supposé par M. Thiers; mais le spectacle ne m'en paraît pas moins grandement instructif et profondément moral : quand on a fait le 18 brumaire, le Consulat et l'Empire, on a perdu le droit d'être pris au sérieux le jour où l'on veut parler la langue de la liberté.

Mais Napoléon eût-il été réellement résolu à se transformer en monarque libéral, et eût-il réussi à se faire accepter comme tel, son retour n'en devait pas moins avoir pour effet de soulever toute l'Europe contre la France. L'effet ne se fit pas attendre. Lorsqu'il débarqua au golfe Jouan, les puissances réunies à Vienne n'avaient pu s'entendre encore sur le partage de ses dépouilles, et peut-être allaient-elles en venir aux mains ; en face du péril commun elles se retrouvèrent aussitôt d'accord : après l'avoir mis hors la loi des nations (déclaration du 13 mars), elles signèrent (25 mars) un nouveau traité de coalition, auquel accédèrent tous les autres États de l'Europe, à l'exception de la Suède et du Portugal. Napoléon eut beau protester de ses intentions pacifiques et se déclarer prêt à ratifier le traité de Paris, qu'il avait repoussé l'année précédente ; l'Europe, plus incrédule encore à l'égard de ses offres de paix que la France à l'égard de ses offres de liberté, refusa de l'entendre et ferma la frontière à ses courriers. Il trouvait donc en face de lui, comme il s'y était attendu, « l'Europe unie et implacable ». Il nia ou dissimula aussi longtemps qu'il le put cette terrible conséquence de son retour. Il avait promis à la France, pour lui faire accepter ce retour, la paix avec le liberté ; il ne pouvait permettre à la réalité de démentir sitôt sa promesse : annonçant toujours la prochaine rentrée de l'impératrice et de son fils, qui ne devaient plus revenir, il présenta la déclaration du 13 mars comme une pièce *apocryphe* (1), nia l'existence du nouveau traité de coalition et l'arrestation de ses courriers à la frontière ; puis quand il ne fut plus possible de nier ces actes, il en dissimula

(1) M. Thiers affirme le contraire : « Napoléon, dit-il (p. 392), commença par faire publier comme officielle la déclaration du 13 mars, dont il n'avait été parlé que d'une manière vague et comme d'une pièce douteuse. Il la fit suivre d'une consultation du Conseil d'État, qui était en ce moment l'autorité morale la plus haute, les chambres étant dissoutes. Ce Corps, après avoir constaté l'autorité de la déclaration du 13 mars, soutenait que cette pièce, émanée réellement des souverains réunis en congrès, outrageait à la fois le droit, la vérité des faits, etc. » Mais la consultation du Conseil d'État, citée par

la portée. « La France, comme dit le colonel Charras dans son *Histoire de la campagne de* 1815 (chap. II), la France ne devait en quelque sorte connaître tout le péril de la situation qu'au bruit du canon tiré sur sa frontière. » Mais ce système de mensonge et de dissimulation, que Napoléon regardait comme la suprême habileté, et qui ne lui avait en effet que trop souvent réussi, n'était plus guère de mise en face d'un tel péril : il ne servit qu'à mieux assurer la catastrophe finale.

M. Thiers, contient tout juste le contraire de ce que lui fait dire cet historien : *Nous disons*, déclarait le Conseil d'État, *que cette pièce est l'ouvrage des plénipotentiaires français*. Cette singulière erreur a été relevée par M. V. Chauffour dans l'article de la *Réforme littéraire* que j'ai cité plus haut, et dans son travail sur *M. Thiers historien*, p. 38.

ONZIÈME LEÇON.

WATERLOO. — SAINTE-HÉLÈNE.

L'effet immédiat du retour de Napoléon avait été de soulever de nouveau contre la France l'Europe entière, au moment où celle-ci commençait à se diviser. En face du péril commun, toutes les causes de dissentiment s'étaient effacées : l'accord s'était aussitôt rétabli entre les souverains; et les peuples, oubliant leurs griefs contre leurs rois, faisaient cause commune avec eux. De la Méditerranée à la mer du Nord, la France était menacée par plus d'un million de soldats.

Que fit Napoléon pour repousser cette nouvelle et formidable coalition? On l'a vu, il nia ou dissimula le péril aussi longtemps qu'il put, ce qui était une singulière façon de préparer le pays à le repousser; et, d'un autre côté, par son *Acte additionnel*, il aliéna l'esprit public, dont l'élan eût été alors si nécessaire. C'est qu'il comptait sur une victoire foudroyante pour briser d'un coup la coalition et du même coup rétablir son despotisme.

Ce fut là sans doute le principal motif qui détermina son choix entre les deux plans de campagne qui se présentaient à lui.

L'un de ces plans était de se tenir sur la défensive, de laisser les coalisés s'engager sur le territoire français et de les attendre, pour les écraser, sous Paris et sous Lyon.

L'autre était de les attaquer au dehors avant qu'ils eussent pu réunir leurs forces, de surprendre les armées anglo-hollandaise et prussienne, qui occupaient en ce moment la Belgique, et, après les avoir battues et dispersées, de voler au-devant des Russes et des Autrichiens pour les battre et les disperser à leur tour.

Le premier de ces plans exigeait, pour réussir, la levée en masse du pays; mais c'était là un moyen qui répugnait à Napoléon, parce qu'il faisait à la nation une trop large part dans l'œuvre de son salut, et qu'en la sauvant sûrement, il eût pu tourner contre lui.

Le second plan avait aux yeux de Napoléon l'avantage de faire trancher la question exclusivement par l'armée, c'est-à-dire par lui-même, et de lui permettre ainsi, en cas de succès, de relever, avec son prestige, sa domination tout entière. C'était, il est vrai, jouer encore une fois la fortune de la France avec la sienne sur un coup de dé; mais Napoléon n'était-il pas accoutumé à risquer la fortune de la France pour satisfaire son ambition? Il devait donc se décider pour ce dernier plan.

M. Thiers convient bien (t. XX, p. 296) que « c'était une extrême témérité que de se battre avec cent vingt mille hommes contre deux cent vingt mille, formés en partie des premiers soldats de l'Europe, commandés par des généraux exaspérés, résolus à vaincre où à mourir (Wellington et Blucher) »; mais il ajoute que « cette témérité si grande était presque de la sagesse dans la situation où Napoléon se trouvait ». Singulière sagesse, en vérité, que celle qui exposait la France au désastre de Waterloo ! « Ce n'était qu'à cette condition, affirme M. Thiers, qu'il pouvait gagner cette prodigieuse gageure de vaincre l'Europe exaspérée avec les forces détruites de la France. » Cette assertion est au moins douteuse : n'y avait-il pas un moyen moins téméraire de tenter de vaincre la coalition, et le premier plan n'offrait-il pas ce moyen ? Ce qui est plus sûr, c'est que Napoléon avait besoin d'une victoire foudroyante pour dompter de nouveau la France en même temps que l'Europe, que *ce n'était qu'à cette condition* qu'il pouvait reconquérir son pouvoir, et que ce fut là le principal motif de cette extrême témérité dont M. Thiers lui fait un mérite. Comme le dit très-bien le colonel Charras (p. 59), « toute liberté minait les assises de sa puissance. Tout délai était un péril de plus. Pour rétablir son despotisme, il fallait au vaincu de 1814 le prestige de la victoire. Il crut le trouver en Belgique : il y courut. »

Mais, au lieu de la victoire sur laquelle il comptait

pour ressaisir tout son pouvoir, c'était un immense désastre qu'il allait rencontrer dans les plaines de la Belgique, un désastre qui devait consommer sa ruine et pour la seconde fois livrer la France à la coalition européenne.

Quelles furent les causes de ce désastre?

Napoléon, qui a écrit à Sainte-Hélène deux relations de la campagne de 1815, n'a pas manqué d'y faire sa propre apologie et de rejeter sur ses lieutenants, particulièrement sur le maréchal Grouchy, la catastrophe de Waterloo. A l'entendre, « tout ce qui tenait à l'habileté (ce sont ses propres paroles), il l'avait accompli »; ses lieutenants seuls ont commis des fautes, et c'est à eux seuls qu'il faut attribuer la perte de la bataille.

Cette apologie de Napoléon par lui-même aurait dû, ce semble, mettre en défiance le public et surtout les historiens; c'est le contraire qui est arrivé : la version de Sainte-Hélène est devenue une sorte de lieu commun historique que les écrivains français ont reproduit à l'envi, et que tout le monde s'est plu à répéter comme une vérité incontestable.

Elle ne pouvait pourtant, quelque accréditée et quelque répandue qu'elle fût, échapper toujours à un examen approfondi et vraiment digne de l'histoire (1).

(1) Il est juste de dire qu'elle avait déjà rencontré en France un savant contradicteur dans un écrivain militaire de grande valeur, Jomini. Mais les écrits de Jomini étaient peu connus, ou tenus pour suspects, et la version de Sainte-Hélène n'en conservait pas moins tout son prestige.

Jeté par la proscription du 2 décembre sur le théâtre même de la campagne de 1815, un officier français, doué d'autant de sagacité d'esprit et d'expérience militaire que d'indépendance de caractère, M. le colonel Charras (1), eut l'idée de profiter de son séjour en Belgique pour faire une nouvelle étude de cette campagne. Il avait cru jusque-là, comme tout le monde, aux récits de Napoléon, et c'est sur la foi de ce guide et ses écrits à la main qu'il entreprit cette étude nouvelle ; mais il ne tarda pas à s'apercevoir de l'impossibilité de les faire concorder avec les événements étudiés sur les lieux mêmes. « Je reconnus bientôt, dit-il (*Avant-propos*, p. 6), les artifices de cette narration rapide, magique, qui se joue du temps, des distances, transpose, altère, dissimule les faits, en invente au besoin, et n'a d'autre but que l'apologie captieuse de celui-là même qui l'a composée. » Convaincu désormais que la vérité n'était point là, il la chercha résolûment et entreprit de la rétablir. De là ce grand travail critique sur la campagne de 1815, qui a pour but de restituer à l'histoire la place usurpée par l'apologie et la légende. M. Charras ne s'est pas borné d'ailleurs à décrire les opérations militaires qui ont amené la catastrophe de Waterloo ; mais, comprenant que des raisons de stratégie et de tactique ne suffisent pas pour expliquer un pareil désastre et les événements qui l'ont suivi,

---

(1) Je parlais ainsi du colonel Charras en 1863 ; je le louerais bien davantage aujourd'hui qu'il n'est plus.

il s'est appliqué aussi à en rechercher et à en mettre en lumière les causes supérieures et dernières. Il n'a pas fait seulement de la campagne de 1815 une histoire militaire, il en a fait aussi une histoire véritablement philosophique.

A son tour, un écrivain illustre, jeté sur la même terre par la même proscription, M. Edgar Quinet, qui avait été amené, dès 1840, à reconnaître la nécessité de réviser la version de Sainte-Hélène, et qui avait déjà lui-même, à cette époque, ébauché quelques points de ce travail critique, reprit, à l'aide du livre de M. Charras et dans le même esprit de justice et de vérité, l'examen de la campagne de 1815; confirma par ses propres recherches les résultats de l'enquête accomplie par son compagnon d'exil; et, plus heureux que ce dernier, put faire pénétrer en France cette restauration si nécessaire de l'histoire de Waterloo (1). Dans cet ouvrage, si éloquent à la fois et si solide, M. Edgar Quinet a nettement caractérisé et vigoureusement combattu cette légende napoléonienne qui a pris la place de l'histoire, non-seulement au détriment de la vérité et de la logique, mais de la dignité et de la conscience humaines; et il a joint ses efforts à ceux de M. Charras pour restituer à l'histoire et à la conscience tous leurs droits dans le récit et l'appréciation du désastre de 1815. Tâche bien digne de celui qui, du fond de son exil, venait

(1) *Histoire de la campagne de* 1815, 1862.

de dénoncer avec tant de force et de justesse la méthode qui a, dans notre siècle, si profondément perverti l'histoire, particulièrement l'histoire de France (1). Il appliquait lui-même la réforme dont il venait de donner le signal, à la partie de cette histoire où elle est le plus urgente, à l'histoire de Napoléon.

La conclusion à laquelle arrivent MM. Charras et Quinet, c'est que Napoléon a été lui-même l'auteur du désastre de Waterloo par la manière dont il a préparé et dirigé la campagne, particulièrement la terrible bataille du 18 juin, qui s'est terminée par ce désastre; et que c'est à tort qu'il en a repoussé la responsabilité, soit en alléguant « un concours de fatalités inouïes », soit en rejetant sur ses lieutenants toutes les fautes commises.

C'est surtout sur le maréchal Grouchy que Napoléon et ses apologistes ont fait retomber la responsabilité de la catastrophe de Waterloo. Ce qui détermina cette catastrophe, ce fut, comme chacun sait, l'intervention inattendue de l'armée prussienne tombant à revers sur l'armée française, déjà épuisée par une longue lutte contre un ennemi supérieur en nombre. Or, cette intervention, Napoléon, à l'entendre, ne pouvait la prévoir, puisqu'il devait compter que Grouchy empêcherait les Prussiens de venir en aide aux Anglais. Grouchy, en manquant à ce rôle, fut

---

(1) *Philosophie de l'histoire de France.* Paris, 1855.

donc, selon lui, le coupable. « Sa conduite, a dit Napoléon, fut aussi imprévoyable que si, sur sa route, son armée eût éprouvé un tremblement de terre qui l'aurait engloutie. »

M. Charras reconnaît que le maréchal Grouchy commit des fautes, et entre autres celle de repousser l'avis ouvert par Gérard au bruit de la canonnade du Mont-Saint-Jean ; mais il ajoute et il s'applique à démontrer (ch. xv) que, quand même le maréchal Grouchy, exécutant la manœuvre conseillée par son lieutenant, se serait dirigé vers le champ de bataille de Waterloo, il n'aurait pu empêcher le désastre de l'armée française (1).

M. Quinet (p. 297-311) pense, au contraire, que la marche de Grouchy au canon eût pu empêcher ce désastre, mais il n'en fait pas moins remonter la responsabilité à Napoléon en montrant dans les fautes du chef les causes qui ont amené la perte de la bataille. Si le maréchal Grouchy eût été homme à prendre sur lui la résolution qu'on lui conseillait, cette résolution eût pu sauver l'armée française, mais ce n'en est pas moins Napoléon qui l'a perdue par ses propres fautes. Sur ce point, M. Quinet et M. Charras se retrouvent complétement d'accord.

Malgré le jour si nouveau que les travaux de ces deux historiens avaient jeté sur la campagne de 1815,

---

(1) Cette opinion avait été déjà soutenue par Jomini. Elle a été reprise dans un livre publié en 1868 sous ce titre : *Le drame de Waterloo*, par Piérart. (Note de la nouvelle édition.)

M. Thiers, dans le chapitre de son *Histoire du Consulat et de l'Empire* qu'il a consacré à Waterloo, a repris la vieille thèse que la version apologétique de Sainte-Hélène a jetée dans le monde et qu'a consacrée une trop confiante admiration. Selon lui, Napoléon « n'avait jamais été ni plus profond, ni plus actif, ni plus fécond en ressources que dans cette campagne (t. XX, p. 294); » tous ses plans furent admirablement conçus, et nulle faute ne lui peut être imputée; il n'y eut de fautes commises que par ses lieutenants, Reille, d'Erlon, Ney, Grouchy, et ce fut l'aveuglement de ce dernier qui causa le désastre.

Il n'entre pas dans l'objet de ce cours de discuter la question militaire débattue entre MM. Charras et Quinet, d'une part, et M. Thiers, de l'autre; j'y serais d'ailleurs, je l'avoue, tout à fait incompétent. Je me bornerai à dire que M. Thiers reste ici dominé par cette admiration aveugle qui a trop souvent altéré chez lui la vérité historique, et trop souvent aussi, hélas! éclipsé la lumière morale, et que si, dans ce dernier volume de son *Histoire du Consulat et de l'Empire*, il consent à abandonner dans Napoléon *l'homme d'État*, il ne peut se résoudre à abandonner le *capitaine :* il ne veut pas que celui-ci ait été faillible, et il supprime ou dénature les faits, ou en invente au besoin, pour les accommoder à cette opinion préconçue. Mais, pour être juste envers M. Thiers, je dois ajouter que, s'il ne veut voir de fautes militaires que dans les lieutenants de Napoléon, et s'il accuse Grouchy d'avoir été la cause du désastre de Waterloo, il reconnaît que la conduite de Grouchy en fut seulement la cause matérielle, que la cause morale en doit être cherchée dans tout le règne de Napoléon, et qu'à cette hauteur celui-ci reparaît comme le vrai coupable (p. 294). Ainsi, en définitive, de l'aveu même de M. Thiers, c'est Napoléon qui est le véritable auteur du désastre de Waterloo, quels qu'aient été d'ailleurs les fautes ou les accidents particuliers qui le déterminèrent; et c'est *dans tout son règne*, dans ce règne de quinze ans, où il avait abusé de tout, de la France, de son avenir, de son génie, qu'il en faut chercher la dernière et véritable cause. Fort bien, sur ce point M. Thiers se rapproche de MM. Charras et Quinet; mais qu'il sache au moins être conséquent : qu'il ne s'arrête pas en si beau chemin, qu'il remonte au principe même du règne dont Waterloo est l'effet et le châtiment, je veux dire au 18 brumaire.

Tout le monde connaît l'immense déroute par laquelle se termina la bataille de Waterloo. L'abattement et la terreur succédant tout à coup au plus prodigieux héroïsme, la confusion et le désordre gagnant bientôt toute l'armée française, le torrent des fuyards s'écoulant par la chaussée de Charleroy, la chasse donnée aux Français, même aux blessés, par les Prussiens, l'encombrement du pont de Genappe, les horreurs de Charleroy, tout cela n'était pas moins que la perte même de la bataille l'œuvre de Napoléon. Cette nouvelle déroute, comme celle de la campagne de Russie, comme celle de la campagne d'Allemagne, retombe tout entière à sa charge. Aucune disposition n'avait été prise pour faciliter la retraite en cas de défaite; et, lorsque le désastre eut éclaté, Napoléon ne sut rien faire pour en atténuer la gravité. « Rétablir un peu d'ordre dans cet immense désordre, dit le colonel Charras (p. 315), former seulement une arrière-garde de quelques centaines d'hommes, lui parut une œuvre impossible : il se résigna à suivre les débris de l'armée. » Il poursuivit ainsi sa route, sans donner aucune instruction, de Genappe à Charleroy et de Charleroy à Philippeville, où il arriva presque seul, et où, se jetant sur un lit d'auberge, il laissa échapper une larme, non pas sans doute sur les milliers d'hommes qu'il venait de faire massacrer, ou qui souffraient ou mouraient en ce moment même à cause de lui ; non pas davantage sur le triste sort de la France, qu'il livrait pour la seconde fois à la coalition triomphante, mais sur le coup porté à son orgueil et à sa puissance.

Parvenu à Laon, Napoléon manifesta la résolution de s'arrêter là pour rallier les débris de l'armée ; mais il céda sans beaucoup de peine à l'avis de ses familiers, qui lui conseillaient de se rendre à Paris pour comprimer ses ennemis par sa présence. M. Thiers trouve que la question de savoir s'il valait mieux rester à Laon ou courir à Paris était « extrêmement grave (p. 308) », « et des plus difficiles à résoudre (p. 309) » ; je trouve au contraire qu'elle était des plus simples : il suffisait pour la résoudre de consulter la voix du devoir. Mais c'est là une considération dont Napoléon ne se préoccupait nullement, et dont son historien ne se préoccupe guère davantage. Nous avons vu Napoléon sacrifier sans façon, dans les circonstances les plus critiques, son devoir de général aux intérêts de son ambition : c'est ainsi qu'il avait abandonné furtivement l'armée d'Égypte dans la détresse pour aller conquérir à Paris le pouvoir suprême ; c'est ainsi encore que, dans la campagne de Russie, pour sauver sa couronne menacée, il avait déserté son armée au milieu de la plus horrible déroute. Nous avons vu aussi comment son historien, M. Thiers, justifie ces actes et qualifie quiconque ose les blâmer. Il y revient ici, pour les absoudre de la même façon, dans un passage qui mérite d'être relevé : « Dans ces diverses occasions, dit-il (p. 308), Napoléon avait sacrifié l'intérêt militaire à l'intérêt politique, et jusqu'ici le calcul lui avait réussi, aux dépens toutefois de sa réputation personnelle, car il avait fourni à ses ennemis le prétexte de dire qu'une fois son armée mise en péril par sa faute, il n'avait d'autre souci que de sauver sa personne. C'était là un reproche d'ennemi, car dans chacune de ses conjonctures, il avait atteint un grand but. En effet, lorsqu'il avait abandonné l'armée d'Égypte pour venir fonder un gouvernement à Paris, il était devenu Consul et Empereur. Après la campagne de 1812, en quittant son armée, à Smorgoni, et en traversant l'Allemagne avant qu'elle fût soulevée, il avait pu réunir les moyens de vaincre l'Europe à Lutzen et à Bautzen, ce qui eût suffi pour sauver sa couronne s'il avait su imposer des sacrifices à son orgueil. Il avait donc agi habilement, puisque la première fois il avait conquis le pouvoir et l'avait conservé la seconde. En serait-il de même de la troisième? » Il semble donc que, pour l'historien du *Consulat et de l'Empire* comme pour Napoléon, la question d'habileté soit tout, et la question de moralité rien. Cette dernière question, dans le cas présent comme dans les deux autres, comme en général dans tous les cas, était fort simple : la conduite à suivre était clairement tracée. La première seule pouvait offrir quelque difficulté; mais cette question même était moins difficile à résoudre que ne le suppose M. Thiers. Napoléon avait lui-même le sentiment de l'imprudence qu'il commettait. « Puisque vous le croyez nécessaire, dit-il à ses familiers, j'irai à Paris, mais je suis persuadé que vous me faites faire *une sottise;* ma vraie place est ici. » Il pressentait l'impression et les conséquences qu'allait produire son retour, et cependant il cédait à l'avis de son entourage. N'est-ce pas que, comme le dit M. Edgar Quinet (p. 324), « sa puissance de volonté avait été brisée dans l'effort suprême du soir de Waterloo? » Mais n'est-ce pas surtout qu'il était frappé par cette parole de ses conseillers : « Votre présence à Paris est nécessaire pour comprimer vos ennemis? »

La nouvelle du désastre de Waterloo l'avait précédé à Paris. Elle y avait produit, comme il était naturel, une émotion extraordinaire; et, comme il était naturel aussi, elle avait fait naître partout la pensée de la déchéance de Napoléon. Il avait par son retour de l'île d'Elbe soulevé de nouveau l'Europe contre la France, et sa première rencontre avec la coalition venait d'aboutir à un épouvantable désastre; où était désormais son titre au pouvoir qu'il avait ressaisi? Ce n'était pas de lui qu'on attendait la liberté : on savait qu'on n'avait autre chose à en attendre que le renouvellement du despotisme; mais ce n'était plus de lui non plus qu'on pouvait attendre maintenant le salut de la patrie : l'honneur national, dont il s'était donné comme le vengeur, ne venait-il pas de recevoir entre ses mains un nouvel et formidable échec? Cet échec n'avait-il pas dépouillé Napoléon de son dernier prestige? Son rôle était donc bien fini; l'Empereur n'avait plus qu'à signer de nouveau son abdication. Telle était la pensée qui s'était déjà emparée de la plupart des esprits, et en particulier des représentants du pays, lorsqu'il arriva à Paris et descendit à l'Élysée, le 21 juin au matin.

Il apprit bientôt la vérité sur l'état de l'opinion et les dispositions des chambres. Ayant interrogé M. de Caulaincourt : « La nouvelle de vos malheurs a déjà transpiré, lui répondit ce ministre, l'agitation est grande; les dispositions des députés paraissent plus hostiles que jamais; il est à craindre qu'ils ne répon=

dent pas à votre attente. Je regrette de vous voir à Paris : il eût été préférable de ne pas vous séparer de votre armée; c'est elle qui fait votre force et votre sûreté. » Dans le conseil des ministres, qui eut lieu quelques heures après son arrivée, Napoléon ayant déclaré qu'il avait besoin d'une dictature temporaire pour sauver la patrie, qu'il pourrait s'en saisir, mais qu'il serait plus utile qu'elle lui fût donnée par les chambres, un silence significatif accueillit cette déclaration; puis, sur son interpellation, un des ministres, Regnauld de Saint-Jean d'Angély, osa lui répondre que le concours des représentants aux vues de l'Empereur n'était plus probable, qu'ils semblaient ne plus croire que ce fût sa main qui dût sauver la patrie, et que, dans cet état des esprits, il était à craindre qu'un grand sacrifice ne fût nécessaire. « Parlez net, Regnauld, dit brusquement Napoléon; c'est une abdication qu'ils veulent, n'est-il pas vrai? » Regnauld s'inclina en signe d'assentiment; et, poussant jusqu'au bout la sincérité : « Je pense même, continua-t-il, qu'il serait possible, si Votre Majesté ne se déterminait pas à offrir son abdication, que la Chambre osât la lui demander. »

Lucien Bonaparte, qui avait si utilement servi son frère dans le coup d'État du 18 brumaire, et qui se croyait sans doute revenu à cette époque, engagea Napoléon à prononcer la dissolution des Chambres, à se déclarer sur le champ dictateur et à mettre la France en état de siége. Mais le temps des coups d'État était passé pour Napoléon. Il le sentait bien lui-même. Aussi, tout en disant qu'il dépendait de lui de se saisir de la dictature, qu'il ne craignait pas les députés, qu'il serait toujours, quelque chose qu'ils essayassent, l'idole du peuple et de l'armée, qu'il n'aurait qu'un mot à dire pour qu'ils fussent tous assommés, s'abstenait-il d'agir. Les rôles étaient maintenant intervertis : c'était à la Chambre des représentants qu'il était désormais réservé de faire un coup d'État contre lui. Elle était destinée à venger ainsi les Cinq-Cents de l'an VIII chassés par les grenadiers de Bonaparte; et c'était Fouché, Fouché, le complice de Bonaparte au 18 brumaire, aujourd'hui encore son ministre, qui la poussait à ce coup d'État vengeur, et qui allait consommer sa ruine, comme son autre complice Talleyrand avait été en 1814 le principal instrument de sa perte.

Pendant que l'on délibérait à l'Élysée, la Chambre des représentants, déjà travaillée par Fouché, et persuadée, d'après un avis perfidement transmis par ce ministre, qu'elle allait être dissoute, résolut de prévenir le décret qui devait la frapper : sur la proposition du général La Fayette, adoptée à l'unanimité, elle déclara traître à la patrie quiconque entreprendrait de la dissoudre et appela les ministres à sa barre.

Lorsqu'il reçut communication de cet acte qui était un véritable coup d'État parlementaire et qui lui annonçait clairement son prochain renversement, Napoléon tressaillit, parla encore de chasser cette insolente assemblée; puis, comprenant combien une lutte avec le Parlement lui offrait peu de chances de succès (la Chambre des pairs elle-même, composée en grande partie de ses créatures, venait d'adopter à son tour le décret de la Chambre des représentants), laissa échapper ces paroles : « Je vois que Regnauld ne m'avait pas trompé; eh! bien, soit, s'il le faut, j'abdiquerai » ; puis, craignant d'avoir été trop vite, il s'écria qu'avant de prendre un parti, il fallait pourtant voir ce que tout cela deviendrait; se borna en conséquence à envoyer Regnauld à la Chambre des représentants et Carnot à la Chambre des pairs, comme pour annoncer officiellement son retour, mais en réalité pour reconnaître l'état des esprits, et défendit aux autres ministres de se rendre à l'appel des représentants; puis, après un nouveau message de ceux-ci et sur les rapports de ses affidés annonçant que, si les ministres n'obéissaient pas sur-le-champ à l'ordre de l'assemblée, elle prononcerait sa déchéance, se décida, pour gagner du temps, à envoyer ses ministres, en leur adjoignant, ce qui était sinon une bravade, du moins une insigne maladresse, son frère Lucien; puis, au retour de Lucien, qui le pressait toujours de dissoudre la Chambre des représentants, déclara qu'il faudrait pour cela employer la force, que ce serait le signal de la guerre civile déchaînée sur la France, « parole peu sincère, comme dit

Charras (p. 417), dans la bouche de celui qui n'avait pas reculé à l'idée de l'allumer au 18 brumaire et au retour de l'île d'Elbe, mais parole destinée à dissimuler son découragement et son impuissance » ; puis, dans la nuit qui suivit cette journée où il avait montré tant d'indécision et où les événements avaient marché si vite, médita de sinistres projets, dont il a eu soin plus tard de nous instruire lui-même en ces termes : « Se rendre le 22 au palais des Tuileries, y convoquer toutes les troupes de ligne qui se trouvaient dans la capitale, les six mille hommes de la garde impériale, les fédérés, la garde nationale, le Conseil d'État, les ministres, et ajourner les Chambres. Que si elles résistaient, les contraindre; se livrer, s'il le fallait, aux actes les plus terribles, gouverner au besoin par la hache des licteurs (1). »

M. Thiers, tout préoccupé de faire valoir la patriotique résignation de l'Empereur, a passé ces projets sous silence. Napoléon ne s'y arrêta point sans doute, mais il les roula dans son esprit; et s'il les abandonna, ce n'est pas que leur nature répugnât à sa conscience (il avait assez montré dans sa carrière qu'il était absolument exempt de pareils scrupules); mais c'est parce que la réussite lui parut plus que douteuse. L'échec de Waterloo avait brisé d'ailleurs sa force de volonté. L'homme de la fortune était anéanti par ce désastre.

(1) Cf. *Histoire de la campagne de* 1815, par Edgar Quinet, p. 338.

Pendant cette même nuit où il avait médité la dissolution des Chambres et une sanglante dictature, les événements avaient continué de marcher. Le lendemain matin, ses conseillers, y compris Lucien, furent unanimes à lui déclarer qu'il ne lui restait plus qu'un parti à prendre, l'abdication, et que ce parti, il fallait le prendre sur-le-champ, s'il voulait éviter la déchéance. Napoléon ne se montra pas moins indécis que la veille, et, comme la veille, chercha à traîner les choses en longueur; mais la Chambre des représentants était résolue à en finir : après lui avoir accordé une heure pour déclarer son abdication, elle le somma, ce délai expiré, de l'envoyer sur-le-champ; faute de quoi elle prononcerait sa mise hors la loi. Ce fut seulement sous le coup de cette sommation et de cette menace, qu'il se décida enfin à dicter à Lucien un acte qui coûtait si fort à son orgueil, mais qu'il ne pouvait plus différer. Par cet acte il déclara sa vie politique terminée, proclama son fils, sous le titre de Napoléon II, Empereur des Français, et engagea les Chambres à organiser sans délai la régence par une loi. Mais en 1815, comme en 1814, l'Empereur devait emporter l'Empire avec lui. Ce ne fut pas un conseil de régence, mais un gouvernement provisoire qu'installèrent les Chambres, et ce gouvernement provisoire allait bientôt relever de nouveau le trône des Bourbons. Napoléon du moins ne s'était guère fait d'illusions à ce sujet : « Mon fils, mon fils, avait-il dit, en rédigeant son abdication, quelle chimère !... Non, ce n'est pas en faveur de mon fils, mais des Bourbons que j'abdique... Ceux-là du moins ne sont pas prisonniers à Vienne ! » Napoléon vit ainsi, pour la seconde fois, s'écrouler son trône et la dynastie qu'il s'était flatté de fonder ; et, pour la seconde fois, il assista à l'anéantissement de sa grandeur : comme à Fontainebleau, il vit ses familiers s'éloigner de lui un à un et son palais devenir désert. Une défaite avait suffi pour produire cette nouvelle catastrophe. Il n'en fallait pas davantage en effet pour ruiner le pouvoir qu'avait relevé l'aventure du 20 mars. Il n'y avait rien là que de naturel et de juste.

Mais peut-être s'étonnera-t-on davantage que la France ait été accablée par la perte d'une seule bataille, et qu'après cette unique défaite elle ait laissé envahir son territoire et sa capitale sans opposer une sérieuse résistance ? Pour s'expliquer ce phénomène, il suffit de se rappeler ce que l'Empire avait fait de la France, l'épuisement où il l'avait réduite, l'abaissement qu'il avait produit dans les caractères, l'habitude qu'il avait imprimée aux esprits de ne voir dans la nation qu'un homme, si bien que cet homme une fois vaincu et abattu, il semblait que la nation fût incapable de se sauver elle-même. Ajoutez à cela que, suivant la remarque de M. Edgar Quinet, l'invasion n'était déjà plus pour le pays un mal nouveau et inconnu. Dans ces circonstances, l'assemblée des représentants put bien renverser Napoléon, mais elle ne sut pas organiser la défense nationale et empêcher l'ennemi de pénétrer au cœur de la France. Un mot résume tout : Fouché était maintenant le chef du gouvernement, et tenait le sort du pays suspendu au fil de ses intrigues.

Suivons maintenant le vaincu de Waterloo à Sainte-Hélène, où se consomma pour lui l'expiation, mais où s'acheva aussi la légende qui pèse encore aujourd'hui sur l'histoire.

Telle a été la destinée de Napoléon que ses malheurs mêmes ont concouru à éblouir et à égarer les esprits. L'immensité de ses revers avait égalé celle de ses succès ; le rocher de Sainte-Hélène vint à son tour jeter un éclat d'un nouveau genre sur cette prodigieuse destinée et en consacrer la poésie dans l'imagination populaire. Je ne sais ce qui serait arrivé de la renommée de Napoléon si Blucher, exerçant les représailles qu'il avait projetées, l'avait fait fusiller dans le fossé où lui-même, quelques années auparavant, avait fait fusiller le duc d'Enghien (1); mais

---

(1) « Cette résolution du vieux et farouche feld-maréchal est mise hors de doute par la récente publication des *Mémoires* du baron de Müffling. On y trouve, p. 274, une note adressée à cet officier par le général de Gneisenau, et datée du 29 juin 1815, dans laquelle il dit : « Je suis chargé par le feld-maréchal Blucher de demander à Votre Excellence de déclarer au duc Wellington que c'était l'intention du maréchal de faire exécuter Bonaparte sur le terrain même où le duc d'Enghien a été fusillé ; que, néanmoins, par déférence pour les désirs du duc, il s'abstiendra de cette mesure, mais que le duc doit prendre sur lui la responsabilité de cette abstention. » (*Histoire de la captivité de Napoléon à Sainte-Hélène, d'après les documents officiels inédits et les manuscrits de sir Hudson Lowe*, t. I, p. 15).

transporté sur un rocher isolé au milieu l'Océan, retenu captif dans cette île étroite et consumé par une mort lente dans ce lointain exil, il apparut comme un nouveau Prométhée, enchaîné par la jalousie des dieux de la terre. Lui-même d'ailleurs et ses compagnons d'exil ne négligèrent rien pour grossir le bruit de leurs plaintes et donner le change à l'opinion. Ainsi se forma cette légende qui, à la place d'un usurpateur, d'un despote, d'un conquérant justement châtié, et ne sachant pas même supporter dignement le malheur qui le frappait, représenta dans le captif de Sainte-Hélène la touchante victime d'une inique persécution, le martyr héroïque du droit et de la démocratie. On sait quelle puissance a acquis cette légende; mais plus elle est puissante, plus il importe de montrer combien elle est contraire à la vérité et à la moralité de l'histoire. M. Thiers, tout en la contredisant sur quelques points, l'a à son tour beaucoup trop subie et suivie, et ici encore son récit et ses jugements sont loin de satisfaire la critique historique et la critique morale. Essayons donc encore de rendre à l'histoire sa vérité et sa moralité.

Le monde a retenti des plaintes que proféra Napoléon au sujet de sa déportation à Sainte-Hélène. C'était, à l'entendre, un odieux attentat au droit des gens : il était venu à bord du *Bellérophon* librement et sous la foi des déclarations du capitaine Maitland; et l'Angleterre, en le traitant comme prisonnier, au lieu de l'accueillir comme un hôte, avait violé en sa personne les droits les plus sacrés! Il est certain au contraire que, dans la situation où il se trouvait au moment où il prit le parti de se livrer à l'Angleterre, Napoléon était forcé de se rendre, sinon au gouvernement anglais, du moins à l'une des puissances coalisées contre lui, et qu'il n'était alors en position de stipuler aucune condition touchant sa liberté ; d'un autre côté, il n'est pas moins certain que le capitaine Maitland lui avait déclaré qu'il n'avait point de pouvoirs pour lui accorder aucune sorte de conditions, et qu'il ne pouvait s'engager à rien moins qu'à le conduire en Angleterre, où le gouvernement agirait à son égard comme il le jugerait à propos (1). Il n'est donc pas vrai que l'Angleterre, en agissant comme elle le fit, ait violé le droit des gens dans la personne de Napoléon. Elle avait le droit de le traiter en prisonnier, et j'ajoute qu'elle ne pouvait faire autrement que d'user de ce droit : il eût été trop sottement imprudent de laisser la liberté à l'échappé de l'île d'Elbe. Mais l'Angleterre eût-elle attenté en effet au droit des gens dans la personne de Napoléon, comme celui-ci l'en accusait si hautement, était-il fondé à protester contre la violation des droits les plus sacrés, lui qui, dans tout le cours de sa carrière, n'avait cessé de les violer chez les autres? Ces droits sacrés, les avait-il respectés dans ses concitoyens,

(1) *Histoire de la captivité de Napoléon à Sainte-Hélène, d'après les documents officiels inédits et les manuscrits de sir Hudson Lowe*, t. I, p. 17

dans ceux particulièrement qu'il avait fait déporter à Cayenne, tout en les reconnaissant innocents de l'attentat pour lequel il les condamnait? Les avait-il respectés dans ce jeune duc d'Enghien qu'il avait fait enlever sur un sol inviolable et fusiller comme un criminel dans les fossés de Vincennes? Les avait-il respectés dans l'honnête libraire Palm, dans l'héroïque Hofer et dans tant d'autres malheureux, fusillés par ses ordres? Les avait-il respectés dans ces milliers d'hommes sacrifiés à son ambition? Comment donc pouvait-il s'étonner et osait-il se plaindre qu'on lui fît subir la loi qu'il avait faite aux autres? N'avait-il pas perdu à jamais le droit de crier à la violation du droit?

M. Thiers reconnaît (t. XX, p. 563) que la détention de Napoléon était fondée sur le droit et sur la nécessité; mais il blâme le gouvernement anglais d'avoir refusé à son prisonnier le titre d'Empereur. Que l'Angleterre ait manqué en cela de dignité et de véritable prudence, comme le lui reproche notre historien (p. 566), c'est ce qu'il est inutile de discuter ici; je dois seulement rappeler ce qu'a négligé M. Thiers, qu'en lui infligeant cette humiliation, elle ne faisait encore à son égard que ce qu'il avait fait lui-même à l'égard des autres. N'avait-il pas, en effet, après Iéna, affecté de qualifier uniquement du titre de général le duc de Brunswick, atteint d'une blesssure mortelle et dont il allait confisquer le duché? Et n'avait-il pas agi de même avec l'électeur de Hesse? Ici encore Napoléon n'avait pas le droit de se plaindre. S'il avait eu d'ailleurs l'âme un peu grande, le prisonnier de Sainte-Hélène n'aurait pas revendiqué avec tant d'affectation les titres d'Empereur et de Majesté, et le refus de ces titres ne lui aurait pas causé une si vive et si constante irritation. Il est vrai que, dans cette hypothèse, Bonaparte n'aurait pas songé à *se faire sire*.

Un des incidents les plus dramatiques qui aient été mis en circulation au sujet de la déportation de Napoléon, est celui de son épée demandée d'une voix tremblante, au nom de l'Angleterre, par l'amiral Keith, et restant à son côté par le seul effet d'un geste terrible et d'un regard foudroyant. Cet incident, raconté en des termes saisissants par le général Montholon (1), a été répété par tout le monde. M. Thiers n'a pas manqué de le reproduire. Mais cette belle histoire paraît n'être qu'une de ces anecdotes inventées ou du moins arrangées à l'effet de frapper les imaginations. Pour la juger ainsi, il suffit de rapprocher, comme on l'a déjà fait (2), du récit de Mon-

---

(1) « Sa Seigneurie, raconte-t-il dans ses *Récits de la captivité de l'empereur Napoléon à Sainte-Hélène*, t. I, p. 113, lui dit d'une voix assourdie par une vive émotion : L'Angleterre vous demande votre épée. L'Empereur, par un mouvement convulsif, posa la main sur cette épée qu'un Anglais osait demander. L'expression terrible de son regard fut sa seule réponse. Jamais elle n'avait été plus puissante, plus surhumaine. Le vieil amiral se sentit foudroyé ; sa grande taille s'affaissa ; sa tête, blanchie par les années, tomba sur sa poitrine comme celle d'un coupable qui s'humilie devant sa condamnation. L'Empereur garda son épée. »

(2) *Histoire de la captivité de Napoléon à Sainte-Hélène*, citée plus haut, t. I, p. 26.

tholon le *Mémorial de Sainte-Hélène* : « Je demandai, rapporte Las Cases, s'il serait bien possible qu'on pût en venir au point d'arracher à l'Empereur son épée. L'amiral répondit qu'il la respecterait, mais que Napoléon serait le seul et que tout le reste serait désarmé. »

En général, les vexations que Napoléon et ses volontaires compagnons d'exil eurent à subir de la part du cabinet britannique et de ses agents, particulièrement d'Hudson Lowe, ont été singulièrement exagérées par les prisonniers de Sainte-Hélène. Ce n'était pas là seulement chez eux l'effet naturel du malheur qu'ils subissaient, mais un calcul, un système raisonné. Nous avons à cet égard leur propre aveu. « Il ne nous restait », écrivait Las Cases à la date du 30 novembre 1815, dans un passage de son journal qu'il a depuis supprimé, mais que le manuscrit tombé en la possession d'Hudson Lowe a sauvé de l'anéantissement (1), « il ne nous restait que des armes morales. Pour en faire l'usage le plus avantageux, il fallait *réduire en système* notre attitude, nos paroles, nos sentiments, nos privations mêmes ; il fallait qu'une nombreuse population en Europe prît un vif intérêt à nous, et que l'opposition en Angleterre ne manquât pas d'attaquer le ministère au sujet de la violence de ses procédés envers nous. » Cet aveu est confirmé par celui de M. de Montholon. Il disait un

---

(1) Voyez à ce sujet l'ouvrage cité, p. 7.

jour à un officier anglais qui lui racontait que sir Hudson Lowe n'avait pas voulu le désigner pour résider à Longewood, par égard pour Napoléon, parce qu'il n'était encore que simple lieutenant : « Mon cher ami, vous l'avez échappé belle ; si vous étiez venu ici comme officier d'ordonnance, nous vous aurions très-certainement perdu de réputation. Que voulez-vous? cela fait partie de notre système (1). » Bien des années après, M. de Montholon, de retour en France et visité par le même officier, qui s'efforçait apparemment de justifier Hudson Lowe, lui répondait : « Que voulez-vous? un ange descendu du ciel n'aurait pas pu nous plaire s'il eût été gouverneur de Sainte-Hélène (2). » On voit déjà, par ces aveux, combien il faut rabattre de toutes les accusations parties de Sainte-Hélène contre le ministère anglais et ses représentants, surtout contre Hudson Lowe. Je ne prétends pas défendre ici sur tous les points la conduite de l'Angleterre ni celle du gouverneur auquel elle avait confié la garde de Napoléon. Tout en rappelant, ce qu'accorde M. Thiers lui-même, que l'Angleterre avait le droit de prendre toutes les précautions nécessaires pour empêcher son prisonnier de s'évader, et en ajoutant que la plupart des vexations dont le captif et ses compagnons se plaignaient avec tant

---

(1) Voyez même ouvrage, p. 8.
(2) Même ouvrage, p. 173. — Ces citations ont déjà été relevées par M. Viel Castel dans son article de la *Revue des deux mondes*, du 15 février 1855 : *Sir Hudson Lowe et la captivité de Sainte Hélène*.

d'éclat avaient leur raison d'être dans cette nécessité, je suis disposé à reconnaître que souvent le gouvernement anglais dépassa la mesure et manqua de générosité à l'égard de Napoléon, qu'il eût pu faire un choix plus heureux que celui d'Hudson Lowe, que ce gouverneur n'avait en effet ni l'agrément ni l'adresse désirables, et qu'il ne sut pas toujours éviter des tracasseries inutiles. Mais il faut reconnaître aussi que l'Angleterre et Hudson Lowe ont été horriblement noircis par Napoléon et son entourage. Que n'ont-ils pas dit en particulier contre ce gouverneur? Sous quels affreux traits ne l'ont-ils pas représenté? A les entendre, c'était un odieux sbire, un abominable geôlier, un assassin commis par l'Angleterre pour mettre fin aux jours de l'Empereur? Ces accusations, répétées à l'envi par de complaisants échos, ont formé sur le gouverneur de Sainte-Hélène une de ces opinions que l'on accepte comme des vérités sans prendre la peine de les contrôler. Hudson Lowe a aujourd'hui sa légende à côté de celle de Napoléon : c'est l'infâme bourreau à côté de la glorieuse victime. La véridique histoire réfute cette mensongère légende.

Il résulte des documents si nombreux et si complets qui ont été récemment publiés, qu'Hudson Lowe, loin d'être le vil geôlier qu'on nous a dépeint en lui, était un caractère fort honorable, un homme ayant au plus haut degré le sentiment du devoir et nullement dépourvu de celui de l'humanité; que, s'il manquait de grâce et d'adresse, il apporta, dans bien des circonstances difficiles, une modération et un esprit de conciliation vraiment méritoires, qu'il fit les plus louables efforts pour obtenir du ministère anglais l'adoucissement des ordres qu'il était chargé d'exécuter, qu'il en tempéra souvent de lui-même l'exécution autant qu'il le pouvait sans manquer à ses devoirs, et que, bien qu'outrageusement traité par Napoléon et ses compagnons, il ne se montra jamais étranger aux égards que le malheur, même le mieux mérité et le plus mal supporté, obtient d'une âme un peu généreuse. C'est ce qu'attestent une foule de pièces historiques et d'exemples cités par l'ouvrage auquel je viens de faire allusion.

Ce même ouvrage n'atteste que trop au contraire, ce qui résultait d'ailleurs suffisamment des relations du *Mémorial de Sainte-Hélène*, combien peu de grandeur d'âme et de dignité Napoléon montra dans son malheur. N'est-il pas triste de le voir, dans ce profond abîme où il est tombé, non-seulement s'irriter de ce que le gouvernement anglais et son représentant Hudson Lowe refusent de l'appeler du nom d'empereur, mais maintenir autour de lui la ridicule étiquette de la cour impériale; exiger, par exemple, que ses volontaires compagnons d'exil restent debout devant lui pendant les longues heures que duraient ses parties d'échecs; conserver vis-à-vis d'eux l'attitude d'un souverain absolu; souffrir que quelques-uns de ses domestiques couchent par terre, en travers de sa porte, comme des chiens; se faire un malin plaisir de tirer, au risque de tuer les gens, sur des animaux appartenant à des habitants de l'île, à ses serviteurs ou même à ses compagnons? Tout cela ne dénote pas assurément une âme grande et vraiment humaine. Mais à quelle absence de dignité ne descendit-il pas dans ses rapports avec le gouverneur? Plus d'une fois, sans avoir aucun grief sérieux contre lui, il l'outragea en face, le traitant de geôlier, de bourreau, d'assassin, de telle sorte qu'Hudson Lowe dut renoncer désormais à toute entrevue avec Napoléon (1); ne pouvant plus l'insulter en face, il l'outragea par écrit (2), et ne cessa de s'évertuer à lui rendre sa mission plus difficile et à le faire paraître odieux. Cela rentrait dans le système dont je parlais tout à l'heure. C'est ainsi encore qu'il fit vendre son argenterie pour donner à croire que le gouvernement anglais le laissait dans une gêne intolérable.

En même temps qu'il cherchait à exciter ainsi la compassion de l'Europe, il s'appliquait à donner le change à l'opinion sur la politique qui l'avait dirigé dans sa carrière, et à se montrer plus que jamais

---

(1) Voyez dans l'*Histoire de la captivité de Napoléon à Sainte-Hélène*, le récit de l'entrevue qui eut lieu entre Hudson Lowe et Napoléon le 17 mai 1816, t. I, p. 217 et suiv., et celui de leur dernière entrevue, le 18 août de la même année, p. 309.

(2) Dans une apostille écrite par Napoléon au dos d'une lettre d'Hudson Lowe, 18 novembre 1817, il qualifie les lettres du gouverneur de *dégoûtants écrits*, et cet officier *d'assassin* : « Je ne puis le traiter que comme un assassin » ; et il ajoute : « Si l'on eût envoyé en ce pays un homme d'honneur, j'aurais quelques tourments de moins sans doute, mais on se fût épargné bien des reproches de l'Europe et de l'histoire que le fatras d'écrits de cet homme astucieux ne saurait tromper ».

converti aux idées libérales. A l'entendre, sa mission avait été d'assurer le triomphe de la Révolution en s'en faisant le modérateur à l'intérieur et le défenseur au dehors. Il en avait fait *briller le flambeau*, il en avait *consacré les principes*, il en avait été le *soldat*, la persécution achevait de l'en rendre *le Messie* (1). L'établissement de l'Empire, après le Consulat, n'avait eu d'autre but que de mettre les principes et les intérêts de la Révolution à l'abri des factions et de l'influence de l'étranger (2). Là aussi était la cause de cette lutte à mort où il s'était trouvé engagé contre le reste de l'Europe, et il n'y avait succombé que pour avoir voulu la terminer trop promptement (3). En faisant la guerre à l'Europe et en étendant sur elle sa domination, il y avait d'ailleurs porté lui-même les principes de la Révolution. Il avait ainsi rempli le rôle d'un monarque civilisateur. M. Thiers prétend (t. XX, p. 649) que, tout en revendiquant ce titre, il convenait qu'il n'avait pas été un *monarque libéral*. Il est vrai que, le plus souvent, il expliquait son règne comme ayant été une sorte de dictature nécessitée par les circonstances, ou il affectait de regretter de n'avoir point pratiqué les idées libérales auxquelles il rendait maintenant hommage ; mais parfois aussi il osait soutenir que son gouvernement avait été *une monarchie constitutionnelle et tempérée* (4),

(1) *Mémorial*, 9-10 avril 1816.
(2) *Ibid.*, 8 septembre 1816.
(3) *Ibid.*, 14-18 septembre 1815.
(4) *Ibid.*, 8 septembre 1816.

et que les Français à son époque avaient été le peuple le plus libre de l'Europe (1). Dans d'autres moments il laissait reparaître tout entière la griffe du despote : « Pour gouverner, s'écriait-il, il faut être militaire ; on ne gouverne qu'avec des éperons et des bottes (2). » Mais son langage ordinaire était calculé en vue de l'esprit libéral qui soufflait alors. Tous ces artifices que le *Mémorial* se chargea de répandre n'obtinrent que trop de crédit dans les esprits, et ils exercèrent une déplorable influence sur le cours de la démocratie française. Ils ne dataient sans doute pas tous de Sainte-Hélène : ce n'est pas là qu'est née cette sophistique napoléonienne qui a bouleversé le sens des mots, confondu les notions les plus simples, faussé l'esprit public, égaré la démocratie ; mais elle a reçu de Sainte-Hélène un nouveau développement et un nouveau lustre. Or, là est le plus grand mal que Napoléon ait fait à la France : la brutalité d'un despotisme franc, le fléau de la guerre et celui de l'invasion sont des maux qui n'altèrent pas nécessairement le caractère d'un peuple et dont il peut même profiter ; mais lorsque le sophisme a si profondément pénétré dans son esprit, comment l'extirper ?

Je ne m'arrêterai pas, avec M. Thiers (t. XX, p. 670), sur les entretiens littéraires de Napoléon : son goût pour la tragédie classique, à la manière de

---

(1) *Mémorial*, 20 juillet 1816.
(2) *Ibid.*, 5 juillet 1816.

Luce de Lancival, et son dédain pour le drame, à la manière de Shakespeare, de Gœthe et de Schiller, qu'il appelait *la tragédie des femmes de chambre*, n'ont rien qui doive étonner de la part d'un homme qui avait donné à toute sa carrière une sorte de grandiose théâtral. Mais quoique j'aie déjà parlé dans une de mes précédentes leçons (1) des sentiments religieux de Napoléon, je ne saurais laisser passer sans réflexion ce que M. Thiers rapporte ici des conversations de Sainte-Hélène sur ce sujet. Je pourrais demander d'abord à M. Thiers ce que signifient les opinions religieuses d'un homme quand elles ne servent pas à le soutenir dans le chemin de la vertu, et opposer à celles de Napoléon la vie même de ce personnage, cette vie si absolument étrangère à tout principe de moralité, par conséquent à tout vrai sentiment religieux. Mais quand on examine la profession de foi de Napoléon, même dans l'exposition de son historien, on y reconnaît aussitôt la nature tout extérieure et politique de sa religion. Est-ce, par exemple, le fait d'un esprit profondément religieux que de prétendre que *chacun doit vivre et mourir dans la religion où sa mère lui a enseigné à adorer Dieu, et que la religion est une partie de la destinée* (p. 673)? M. Thiers n'a pas d'ailleurs rapporté complétement et fidèlement les opinions exprimées sur ce point par Napoléon à Sainte-Hélène. Il ne dit pas que,

---

(1) IVe leçon, p. 90.

malgré la précédente maxime et son attachement pour la religion catholique, Napoléon avouait sans façon que, pendant l'expédition d'Égypte, il ne se serait pas fait scrupule d'embrasser l'islamisme, s'il y avait trouvé un grand avantage politique : « Il m'eût fallu pour cela, ajoutait-il, au moins jusqu'à l'Euphrate (1). » M. Thiers lui fait dire ensuite que, quand à l'époque du Concordat quelques vieux révolutionnaires lui parlèrent de faire la France protestante, il avait été *révolté*, comme si on lui eût proposé d'abdiquer sa qualité de Français pour devenir Anglais ou Allemand ; mais il ne mentionne pas le reproche que Napoléon faisait à François Ier de n'avoir pas adopté le protestantisme à sa naissance et de ne s'en être pas déclaré le chef en Europe (2). Enfin comment M. Thiers peut-il rapporter sérieusement (p. 704) l'apostrophe adressée par Napoléon au docteur Antomarchi, lequel s'était permis de sourire en l'entendant recommander qu'on observât à ses funérailles les rites du culte catholique : « Jeune homme, vous avez peut-être trop d'esprit pour croire en Dieu : je n'en suis pas là.... *N'est pas athée qui veut !* » Napoléon savait très-bien, et son historien reconnaît sans doute qu'on peut parfaitement croire en Dieu sans se soumettre aux rites du culte catholique. Lui-même, tout en faisant profession de croire

---

(1) *Mémorial*, 26 avril 1816.
(2) *Ibid.*, 17 août 1816.

en Dieu, n'avait pas craint, dans des entretiens que M. Thiers a négligé aussi de rapporter, de se déclarer incrédule à l'endroit du catholicisme (1). Son apostrophe à Antomarchi n'était donc pas à sa place, outre que la conduite *du grand homme expirant* n'était pas irrépréhensible; car, on ne doit pas, *sous peine d'être faux et hypocrite,* se soumettre aux cérémonies d'une religion à laquelle on ne croit pas.

M. Thiers raconte ensuite (p. 705) les derniers entretiens de Napoléon, et il le fait ainsi parler : « Vous allez, dit-il à ses amis qui l'entouraient, retourner en Europe. Vous y reviendrez avec le reflet de ma gloire, avec l'honneur d'un noble dévouement. Vous y serez considérés et heureux. Moi, je vais rejoindre Kléber, Desaix, Lannes, Masséna, Bessières, Duroc, Ney!.... Ils viendront à ma rencontre.... ils ressentiront encore une fois l'ivresse de la gloire humaine... Nous parlerons de ce que nous avons fait, nous nous entretiendrons de notre métier avec Frédéric, Turenne, Condé, César, Annibal. Puis, s'arrêtant, Napoléon ajouta avec un singulier sourire : A moins que là-haut, comme ici-bas, on n'ait peur *de voir tant de militaires ensemble.* — Ce léger badinage mêlé à ce langage solennel émut vivement les

---

(1) « Je suis bien loin d'être athée, assurément, disait-il à Sainte-Hélène (*Mémorial,* 7-8 juin 1816); mais je ne puis croire tout ce que l'on m'enseigne en dépit de ma raison, sous peine d'être faux et hypocrite. » Il faut lire toute la suite de cet entretien.

assistants. » Les paroles rapportées par M. Thiers sont tirées, avec quelques modifications (suivant l'usage de cet historien), du récit d'Antomarchi (1); mais il paraît que cette belle tirade et le *léger badinage* qui la termine ont été imaginés par un littérateur français, qui a cru bien faire en embellissant ainsi la relation des derniers moments de Napoléon (2).

Il n'est pas jusqu'au crâne de Napoléon qui n'ait été amplifié et transformé par la légende. Oui, il y a une *légende crâniologique* de Napoléon, comme l'a très-bien constaté et expliqué un physiologiste philosophe, aussi bon observateur que spirituel écrivain, M. Louis Peisse (3). C'est cette légende qui a inspiré à Victor Hugo ces vers hyperboliques :

> Ce front prodigieux, ce crâne fait au moule
> Du globe impérial...................

L'historien du *Consulat et de l'Empire* la reproduit à son tour, en écrivant (p. 709) que Napoléon *avait la tête la plus vaste dont la science anatomique ait constaté l'existence.* La science anatomique constate tout le contraire. Écoutez sur ce point le savant que je viens de nommer. « Ce qui frappe d'abord dans la tête véritable de Napoléon, dit M. Peisse

---

(1) *Derniers moments de Napoléon.*
(2) C'est ce qui m'a été affirmé de la manière la plus positive, d'après un témoignage parfaitement digne de foi, mais que je n'ai pas le droit de nommer.
(3) *La Médecine et les Médecins*, t. II, p. 47.

(p. 48-49); c'est la petitesse du crâne. Le buste de Canova, celui de Chaudet surtout, les effigies des monnaies nous ont si fort exagéré la dimension du crâne de Napoléon, et principalement celle de la région frontale, que, comparée à cette mesure idéale, le crâne véritable paraît petit, mesquin. Cependant il est extrêmement bien proportionné, soit avec la face, soit avec le corps tout entier. Sa circonférence étant de 20 pouces 10 lignes, sa dimension absolue n'offre rien de remarquable; c'est là une mesure des plus communes : sur dix têtes d'hommes adultes, plus de la moitié offrent de 20 à 21 pouces. Le crâne de Napoléon n'avait donc rien de plus extraordinaire, quant à la dimension, que celui du plus sot de ses chambellans. Tout ce qui a été débité à ce sujet est absolument imaginaire.... J'ai mesuré, dit encore M. Peisse (p. 60), l'angle frontal (sur le plâtre d'Antomarchi et sur la médaille de bronze incrustée à la partie inférieure) : il ne dépasse pas dans la nature 75 degrés; dans la médaille, c'est un angle droit et même obtus. On conçoit qu'avec une exagération de 15 degrés, les artistes aient pu mouler à Napoléon un front de Jupiter olympien. En réalité, le front était, phrénologiquement parlant, assez médiocre; c'est là un fait dont tout observateur de bonne foi conviendra. Le simple coup d'œil suffit pour s'en assurer, et la mesure de l'angle (75 degrés) est une preuve géométrique sans réplique. »

Je ne prétends tirer de ces observations anatomiques aucune conclusion contre le génie de Napoléon, mais simplement opposer, soit à la légende qui s'est attachée au crâne de ce personnage, soit à l'assertion de M. Thiers, le témoignage même de la science.

Si maintenant j'osais mêler en cette matière le plaisant au sérieux, je rappellerais que le docteur Antomarchi ayant été curieux d'appliquer à la tête de Napoléon le système phrénologique de Gall et de Spurzheim, le premier signe qui lui apparut fut *l'organe de la dissimulation.*

Le chapitre de M. Thiers sur Sainte-Hélène me suggère encore une observation que je ne puis omettre. Cet historien analyse les dispositions testamentaires de Napoléon (p. 703); pourquoi a-t-il jugé à propos de passer sous silence l'article suivant (quatrième codicille, 5°) :

« *Idem* (10 000) dix mille francs au sous-officier Cantillon, qui a essuyé un procès comme prévenu d'avoir voulu assassiner lord Wellington, ce dont il a été déclaré innocent. Cantillon avait autant le droit d'assassiner cet oligarque que celui-ci de m'envoyer pour périr sur le rocher de Sainte-Hélène. Wellington, qui a proposé cet attentat, cherchait à le justifier sur l'intérêt de la Grande-Bretagne. Cantillon, si vraiment il eût assassiné le lord, se serait couvert, et aurait été justifié par les mêmes motifs, l'intérêt de la France de se défaire d'un général qui, d'ailleurs, avait violé la capitulation de Paris, et par là s'était rendu responsable du sang des martyrs Ney, Labédoyère, etc., et du crime d'avoir dépouillé les musées contre le texte des traités. »

Cet article est assez caractéristique pour mériter d'être recueilli par l'histoire (1). M. Thiers n'aurait pas dû le négliger au moment où il s'apprêtait à couronner son ouvrage par un fidèle portrait de Napoléon, que je me réserve d'examiner dans ma prochaine et dernière leçon.

(1) M. Duvergier de Hauranne, dans sa belle *Histoire du gouvernement parlementaire*, n'a pas manqué de le relever à propos de la mort de Napoléon, t. VI, pages 389-390 ; et il le rapproche de cette déclaration que contient le même testament touchant le meurtre du duc d'Enghien : « J'ai fait arrêter et juger le duc d'Enghien, parce que cela était nécessaire à la sûreté, à l'intérêt et à l'honneur du peuple français, lorsque le comte d'Artois entretenait, de son aveu, soixante assassins à Paris. Dans une semblable circonstance j'agirais encore de même. » — « Ainsi, s'écrie l'historien justement indigné, après avoir rappelé ces deux articles du testament de Napoléon, ainsi se trouvaient solennellement proclamés, par l'empereur Napoléon, deux droits aussi abominables l'un que l'autre : pour le souverain, le droit de tuer, au nom de la sûreté de l'État, l'ennemi dont il soupçonne les intentions et dont il redoute les desseins ; pour le simple citoyen, le droit d'assassiner le général d'armée, et, à plus forte raison, le souverain dont les actes lui paraissent injustes ou dont il croit l'existence nuisible aux intérêts du pays. Nous le demandons aux honnêtes gens de tous les partis, poussa-t-on jamais plus loin l'oubli de toutes les notions du bien et du mal ? »

DOUZIÈME LEÇON.

LE PORTRAIT DE NAPOLÉON.

M. Thiers termine son *Histoire du Consulat et de l'Empire* par un jugement sur Napoléon où il essaye de se faire l'interprète de la postérité. Il avait déjà placé à la fin du dix-septième volume une *Conclusion* où il jugeait l'ensemble du règne de Napoléon depuis le 18 brumaire jusqu'à la première abdication. Maintenant qu'il a conduit ce personnage jusqu'à la fin de sa carrière, il entreprend de juger l'homme tout entier et de prononcer sur lui le dernier mot de l'histoire. Examinons à notre tour ce jugement, en le complétant au besoin par celui que je viens de rappeler, et voyons si c'est là en effet le vrai jugement de l'histoire, ou si celle-ci n'a pas tout autre chose à dire. C'est par cet examen que je clorai l'étude morale sur Napoléon et son historien M. Thiers, qui a été l'objet de ce cours : il m'en fournira tout naturellement la conclusion; et, pour appuyer cette conclusion, je n'aurai qu'à rappeler ce que j'ai établi dans les leçons précédentes.

Il y a d'abord un point qui domine tout le reste et sur lequel le dernier jugement de M. Thiers, tout en modifiant celui qui formait la *Conclusion* de son *Histoire de la Révolution*, laisse encore beaucoup à désirer, soit sous le rapport de la morale publique, soit sous celui de la logique, je veux parler du 18 brumaire. C'est là un attentat public, s'il en fut jamais, et c'est dans ce premier attentat qu'il faut placer le principe de tous les autres et de tous les maux qui, par suite, ont accablé la France. Or, M. Thiers convient bien que la toute-puissance porte en soi une folie incurable, la tentation de tout faire quand on peut tout faire, même le mal après le bien (t. XX, p. 795), et qu'en rappelant cette vérité, on aurait pu prévoir que celui qu'il appelle *le sage* de 1800 serait l'insensé de 1812 et de 1813 ; mais, on le voit par cette expression même, l'auteur du 18 brumaire n'est encore pour lui qu'un sage, et il ne songe point à lui reprocher cet attentat. « Le 18 brumaire, disait-il dans la *Conclusion* du tome XVII, ne fut ni une faute ni un attentat. » — « Certes, dit-il, p. 794, nous ne sommes pas de ceux qui reprochent à Napoléon d'avoir, dans la journée du 18 brumaire, arraché la France aux mains du Directoire, entre lesquelles peut-être elle eût péri. » Quelle moralité à la fois et quelle logique dans ce jugement ! Napoléon est amnistié d'avoir, à l'aide du mensonge et de la violence, renversé un gouvernement constitutionnel et chassé du sanctuaire des lois les représentants du peuple ; et il est célébré à l'égal d'un sauveur pour avoir arraché la France à un danger où elle eût peut-être succombé (ce qui est faux d'ailleurs), par un acte dont la conséquence dernière devait être la folie la plus désastreuse, une folie qui, suivant l'aveu et les expressions mêmes de M. Thiers (p. 795), coûta à la France un million d'hommes immolés sur les champs de bataille, attira l'Europe sur elle, et la laissa vaincue, noyée dans son sang, dépouillée du fruit de vingt ans de victoires, désolée en un mot, et n'ayant pour refleurir que les germes de la civilisation moderne déposés dans son sein.

Mais, dit M. Thiers, après avoir déclaré qu'il n'est pas de ceux qui reprochent à Napoléon d'avoir arraché la France aux mains du Directoire, « de ce qu'il fallait la tirer de ces mains faibles et corrompues, ce n'était pas une raison pour la livrer tout entière aux mains puissantes, mais téméraires, du vainqueur de Rivoli et de Marengo. » C'est là une autre inconséquence. Le coup d'État du 18 brumaire ne pouvait avoir d'autre effet que le despotisme qui en est sorti ; dès qu'on loue ou qu'on amnistie le premier, on perd le droit de se plaindre du second. M. Thiers le déclare d'ailleurs dans ce même jugement final : « Napoléon ne pouvait pas, sous le rapport politique, être le législateur de la France » (p. 724), ce qui signifie qu'il n'en pouvait être que le dictateur. Or si, comme l'affirme M. Thiers, la liberté était alors hors de saison, si Napoléon ne pouvait se procurer que l'ordre (ou du moins ce que son historien appelle ainsi), que devient cette autre assertion, qu'il n'eût pas fallu livrer la France tout entière aux mains du vainqueur de Rivoli et de Marengo ? Et d'un autre côté, si, comme l'affirme aussi M. Thiers, avec plus de raison cette fois, « la toute-puissance porte en soi une folie incurable », je répète ici ce que je disais tout à l'heure : M. Thiers est-il fondé à se plaindre qu'un principe qu'il regarde comme nécessaire ait produit sa conséquence nécessaire ? Dès qu'on accepte le 18 brumaire, il faut accepter la dictature militaire qu'il a engendrée sous la forme du Consulat et de l'Empire ; et, dès qu'on accepte cette dictature, il faut accepter les fruits qu'elle a produits, quelque détestables qu'ils aient été. Que M. Thiers se mette au moins d'accord avec lui-même et qu'il ose être conséquent.

Mais pourquoi cet historien déclare-t-il que la liberté politique était alors impossible ? M. Thiers a souvent, il faut en convenir, une singulière façon de poser les questions, et une non moins singulière façon de les résoudre.

« Les amis de la liberté, dit-il (p. 723), et nous sommes du nombre (on ne s'en douterait guère à lire son Histoire !), reprochent à Napoléon de ne l'avoir pas donnée à la France. » Ce n'est pas seulement de n'avoir pas donné à la France la liberté que les amis de la liberté accusent Napoléon, c'est de l'avoir dépouillée de celle qu'elle avait conquise. Les amis de la liberté n'accepteraient donc pas la question ainsi posée. Quoi qu'il en soit, que répond M. Thiers? « Sous le rapport politique il était impossible que Napoléon devînt un organisateur définitif, car la forme de notre gouvernement devait varier encore bien des fois. » Mais, si la forme du gouvernement français devait varier encore bien des fois, n'est-ce pas précisément parce que Bonaparte n'a pas su en être l'organisateur définitif? La question de savoir pourquoi il n'a pas pu l'être n'est donc nullement résolue par là. De ce que la forme du gouvernement a varié depuis Napoléon, il ne s'ensuit pas nécessairement qu'il était impossible à celui-ci de l'organiser définitivement. M. Thiers déplace d'ailleurs la question qu'il a posée lui-même. Il ne s'agit pas en effet de savoir s'il était possible ou impossible que Napoléon devînt, sous le rapport politique, un organisateur *définitif*, mais s'il lui était impossible de ne pas donner la liberté à la France, ou, pour mieux dire, de ne pas l'en dépouiller; en d'autres termes, s'il lui était impossible d'établir un autre gouvernement que son despotisme. Là est la question. Que si nous faisons abstraction des termes de la question, et que nous cherchions le sens de la réponse de M. Thiers, nous trouvons, ou que cette réponse ne signifie rien du tout, ou que l'auteur songe à quelque nécessité inhérente à la nature des choses et qui aurait pesé sur Napoléon lui-même. Quelle est cette nécessité ? Je cherche ce qu'a voulu dire M. Thiers, et je ne trouve à l'appui de la pensée qu'il a voulu exprimer, que cette phrase, placée au commencement du paragraphe suivant : « Au lendemain des désordres de la Révolution, la politique qui naissait des circonstances, c'était non pas la politique de la liberté, mais la politique de réparation. » Je ne relève pas en ce moment ce qu'a de singulier cette dernière expression, *la politique de réparation*, appliquée à un système qui a consisté à détruire les plus précieuses conquêtes de la Révolution ; mais je demande sur quoi M. Thiers fonde cette assertion que la politique de liberté était impossible à l'époque du 18 brumaire. Quoi ! la liberté était absolument impossible à cette époque, où la France, commençant à se remettre des convulsions de la Révolution, inaugurait, au milieu de bien des tiraillements sans doute, mais avec le juste espoir d'avoir enfin touché le port, le règne des libres institutions qu'elle avait acquises au prix de ces convulsions ; et Bonaparte n'avait rien de mieux à faire que de fouler aux pieds ces institutions pour établir sur leurs ruines son pouvoir absolu ? Je ne saurais en vérité partager l'opinion de M. Thiers : je crois que Bonaparte avait un tout autre rôle à jouer ; qu'au lieu de détruire la liberté, il eût pu travailler à l'affermir ; et que c'est justement parce qu'il l'a détruite, au lieu de l'affermir, que la forme du gouvernement, du sien d'abord, et puis de ceux qui ont suivi, s'est trouvée de nouveau livrée au souffle des révolutions.

J'ai voulu en finir tout de suite avec ce qui me paraît être l'erreur fondamentale de toute l'Histoire de M. Thiers et de son jugement final sur Napoléon, et faire toucher en quelque sorte du doigt, avec cette erreur même, la suprême inconséquence de l'historien. Il reste maintenant à examiner l'ensemble de son jugement sur le rôle de Napoléon; mais il faut voir d'abord comment il peint ce personnage, et si l'idée qu'il en donne est exacte ou suffisante.

En cherchant à retracer le caractère que Napoléon avait reçu de la nature et des événements (p. 710), M. Thiers a négligé un point important, qui sert à expliquer ce caractère et par suite le rôle qu'a joué Napoléon, je veux parler de la race à laquelle il appartenait. Fichte l'avait très-bien observé dans le portrait qu'il en a tracé (1) : « Napoléon, disait-il, n'est pas Français. S'il l'était, peut-être que des idées sociables, un certain respect pour l'opinion des autres, quelque estime pour autre chose que lui-même, se manifesteraient en lui; peut-être que des faiblesses et des inconséquences bienfaisantes modifieraient son caractère. » Cette remarque du philosophe allemand est fort juste : ce mépris de l'humanité, ce dédain de l'opinion d'autrui, cet orgueil césarien, cette insen-

---

(1) Voyez à l'Appendice la traduction de ce portrait.

sibilité de cœur et cette profonde indifférence morale qui distinguaient Napoléon, tout cela n'est pas d'un Français. Elle n'est pas non plus d'un Français, comme l'a très-bien remarqué M. Edgar Quinet, dans son *Histoire de la campagne de* 1815 (p. 13), cette idée du grand empire, de la monarchie universelle que Napoléon tenta de réaliser. « Parmi les hommes qui ont pu rêver chez nous, dit M. Quinet, la puissance absolue, Louis XI, Richelieu, Louis XIV, il n'en est aucun qui ait rencontré ou imaginé cette forme : elle n'est pas française... C'est dans son ascendance florentine, gibeline, qu'il a trouvé cet idéal invétéré du grand empire gibelin, carlovingien, que ne pouvait lui donner aucune des formes, aucune des magistratures de la Révolution française. » Mais M. Thiers n'a que faire de cette sorte de considérations, puisque, selon lui (p. 793), Napoléon « était par son génie fait pour la France, comme la France était faite pour lui » (1).

La description que fait M. Thiers du caractère de Napoléon (p. 710) est au reste bien superficielle ; en général cet historien a bien peu creusé la figure qu'il a voulu buriner. Dire que Napoléon était né avec un esprit juste (ce qu'on ne saurait d'ailleurs admettre sans restriction), pénétrant, vaste, universel, et surtout prompt, avec un caractère aussi prompt que son es-

---

(1) « Ni lui », ajoute-t-il à l'appui de cette remarque, « ni lui sans l'armée française, ni l'armée française sans lui, n'auraient accompli ce qu'ils ont accompli ensemble. »

prit (p. 710), et que la promptitude était son caractère en toutes choses (p. 713), ce n'est pas donner de cette singulière nature une idée bien approfondie. Ce que M. Thiers ajoute sur les *développements successifs* du caractère de Napoléon (p. 712) n'est pas beaucoup plus profondément observé; le tableau que l'historien nous met ici sous les yeux ne manque pas de coloris, mais il ne montre que la surface des choses, et il n'est pas d'ailleurs exact de tous points. N'y a-t-il pas en effet une grande exagération à dire de Napoléon que « quand enfin on le croirait moins actif ou moins hardi, parce que son corps semble lui peser ou que la fortune cesse de lui sourire, il s'élance plus impétueux que jamais sur son cheval de bataille, prouvant que pour son âme ardente *la matière n'a point de poids, le malheur d'accablement?* » Les historiens dont j'ai cité les travaux dans la dernière leçon ont prouvé combien Napoléon fut différent de lui-même, comme capitaine, dans la campagne de Belgique; et l'Histoire même de M. Thiers atteste combien en général ce fils de la fortune savait mal supporter les revers : témoin son abattement si déplorable dans la retraite de Russie, sa tentative de suicide à Fontainebleau, sa fuite précipitée dans le désastre de Waterloo, son irrésolution ou sa torpeur à Paris après ce désastre.

M. Thiers considère ensuite Napoléon *sous le rapport des qualités morales* (p. 713); la peinture qu'il en fait sous ce rapport laisse encore plus à désirer.

Il veut bien reconnaître, en parlant des emportements de Napoléon, que « quelquefois ses colères étaient feintes » ; mais il ajoute, comme pour corriger ce reproche, que, « sincères elles n'avaient que la durée d'un éclair, *feintes la durée d'un besoin* », ce qui me paraît être une bien faible atténuation ; car on ne voit pas pourquoi les colères feintes de Napoléon auraient duré au delà du besoin qui les faisait feindre. M. Thiers explique ces feintes colères en disant qu'elles étaient *destinées à intimider des subalternes infidèles à leurs devoirs* ; cette explication n'est pas encore complète, et les aveux mêmes de Napoléon à Sainte-Hélène nous révèlent un autre motif : il voulait se créer ainsi, suivant son expression, *une auréole de crainte* qui écartât de lui toute familiarité (1). Mais, puisque cet article des feintes colères de Napoléon m'en fournit l'occasion, je veux relever tout de suite une grave lacune dans le portrait que M. Thiers trace de ce personnage. Il y a, en effet, tout un côté du caractère de Napoléon qu'il a, sauf le point que je viens d'indiquer, complétement négligé, et qu'un véritable historien ne pourra manquer de mettre en lumière ; c'est ce que j'appellerai *le côté comédien. Comediante*, disait de lui le pape Pie VII à Fontainebleau, et ce mot est resté comme

---

(1) *Mémorial*, 5 septembre 1816. — Diderot avait dit dans les *Principes de politique des souverains* (Maxime 56) : « Rugis quelquefois, cela est essentiel ; sans cette précaution, le souverain est souvent exposé à une familiarité injurieuse. »

une qualification qui lui convient admirablement. La vie de Napoléon est pleine de traits qui la justifient ; j'en ai rapporté quelques-uns, on en pourrait citer bien d'autres.

Après avoir vanté la *bonté inaltérable* que Napoléon témoigna, dans son exil de Sainte-Hélène, à ses compagnons d'infortune (p. 714), M. Thiers veut bien convenir que, sur les champs de bataille, il s'était fait une *insensibilité effroyable* « jusqu'à voir sans émotion la terre couverte de cent mille cadavres ; » mais cette effroyable insensibiblité n'est pour notre historien qu'une *insensibilité de profession;* et, pour prouver que l'âme de Napoléon n'était pas naturellement incapable de pitié, il cite un trait qu'il regarde comme fort concluant : Napoléon, le soir de la bataille de Wagram, descendant de cheval pour secourir un jeune cuirassier étendu par terre, le ranimant avec un spiritueux, et s'écriant : « Il en reviendra, c'est autant de sauvé. » A ce trait j'en veux opposer un autre, qui ne me paraît pas moins significatif en son genre ; je l'emprunte aux *Mémoires* du général Rapp (p. 87). Napoléon, visitant le champ de bataille de Magdebourg, fut frappé à la vue des monceaux de cadavres qui entouraient ceux de quelques-uns de ses soldats ; il s'approcha et reconnut les numéros du 32°. « J'en ai tant fait tuer, dit-il, de ce régiment, en Italie, en Égypte et partout, qu'il n'en devrait plus être question. » M. Thiers dira peut-être que cela rentre dans l'insensibilité de profession;

mais je ne vois pas ce que son héros pourrait gagner à cette dénomination. Sans doute, Napoléon n'était pas cruel, mais il était absolument indifférent à la vie des hommes et la sacrifiait sans pitié à son ambition. Mme de Staël a très-bien peint le complet défaut d'humanité qui caractérisait Napoléon : « Toutes les fois, dit-elle (1), qu'il a trouvé quelque avantage dans la cruauté, il se l'est permise, sans que pour cela sa nature fût sanguinaire. Il n'a pas plus envie de verser le sang qu'un homme raisonnable n'a envie de dépenser de l'argent quand cela n'est pas nécessaire ; mais ce qu'il appelle la nécessité, c'est son ambition; et, lorsque cette ambition était compromise, il n'admettait pas même un moment qu'il pût hésiter à sacrifier les autres à lui. » Tel était en réalité l'homme que M. Thiers croit représenter exactement en disant que « Dieu, après l'avoir fait si grand, l'avait fait bon aussi » (p. 716).

Passons sur les *attachements* où notre historien voit la preuve de la bonté qu'il attribue si bénévolement à Napoléon: Les attachements de Napoléon ! Vous connaissez sa conduite à l'égard de Joséphine, qu'il répudia aux jours de sa prospérité, pour contracter une nouvelle alliance qui flattait son orgueil et qu'il croyait utile à sa fortune. M. Thiers prétend qu'il conserva pour elle, même après son divorce,

---

(1) *Considérations sur la Révolution française*, IVe partie, chapitre Ier.

une tendresse profonde; mais si Napoléon avait eu pour Joséphine une si profonde tendresse, il ne l'aurait pas répudiée (1). Vous connaissez aussi sa conduite à l'égard de ses frères, dont il voulut faire les instruments de sa domination, et qu'il frappa de sa disgrâce lorsqu'ils ne se soumirent pas corps et âme à ce rôle. La vérité est que, comme l'a très-bien dit Channing, « l'amour du pouvoir et de la suprématie l'absorba tout entier, qu'aucune autre passion, aucune affection domestique, aucune amitié particulière, aucune sympathie humaine, aucune faiblesse

---

(1) M. Thiers, d'ailleurs, dans le livre où il raconte le divorce, t. XI, n'a rien trouvé de blâmable, soit dans cet acte même, soit dans les moyens employés pour faire prononcer par l'autorité diocésaine la nullité du mariage religieux entre Joséphine et Napoléon. « MM. de Talleyrand, Berthier et Duroc, raconte-t-il, p. 354, affirmaient que Napoléon leur avait dit n'avoir voulu consentir qu'à *une pure cérémonie*, pour rassurer la conscience de Joséphine et celle du Pape, mais que son intention formelle à toutes les époques *avait été de ne point compléter son union avec l'Impératrice*, ayant la malheureuse certitude d'être obligé bientôt de renoncer à elle dans l'intérêt de son Empire. Ces témoignages relataient des circonstances de détails qui ne laissaient aucun doute à ce sujet. » Ainsi, pour faire prononcer la nullité de son mariage religieux avec Joséphine, Napoléon ne rougissait pas de faire constater par ses affidés que ce mariage n'avait été de sa part qu'une fourberie, et M. Thiers, non-seulement ne songe point à le blâmer, mais il le loue : « Napoléon, dit-il, était donc libre sans avoir recouru à rien de ce qui a déshonoré dans l'histoire les répudiations de princesses, sans avoir recouru à la forme du divorce, peu conforme à nos mœurs, et avec tous les égards dus à l'épouse infortunée qui avait si longtemps partagé et embelli sa vie. Du reste, on ne lui demandait pas *tous ces scrupules*. » M. Thiers se garderait bien aussi de blâmer le trait relatif au prince Eugène que je vais rapporter tout à l'heure comme un exemple de l'*indélicatesse* de Napoléon ; il y voit au contraire une attention délicate, celle « d'entourer Joséphine de ses enfants dans le moment difficile, et de lui préparer ainsi les consolations qu'il pensait devoir lui être les plus douces » (p. 334).

humaine, ne purent disputer son âme à la passion de la domination et au désir de manifester sa puissance avec éclat; que, devant cette passion ou ce désir, honneur, amour, humanité, tombaient comme frappés de prostration. »

M. Thiers avoue pourtant que cet homme n'avait rien de la vertu; mais ce n'est pas assez dire : il fallait montrer en lui, comme l'a si bien fait l'éminent moraliste que je viens de citer, cette singulière perversion du sens moral qui le poussait à se mettre lui-même au-dessus de toutes les grandes obligations qu'il admettait chez les autres hommes, comme si le devoir n'existait pas pour lui, comme si la perfidie, la violence, le crime, devenaient, venant de lui, des actes parfaitement indifférents, et n'étaient coupables que chez les autres. Et non-seulement ce monstrueux esprit de personnalité qui le caractérisait avait dépravé en lui le sens moral, mais il lui avait enlevé jusqu'au sentiment des plus vulgaires convenances. Je citerai à cet égard deux traits, entre tant d'autres, qui ne prouvent que trop cette assertion. Ayant formé, en Égypte, une liaison intime avec la femme d'un de ses officiers, Bonaparte voulait que son beau-fils Eugène, qui remplissait auprès de lui les fonctions d'aide de camp, l'accompagnât dans les promenades qu'il faisait en voiture avec cette femme; celui-ci s'y étant refusé et ayant demandé à passer dans un régiment, pour échapper à la position fausse que lui faisait cette intrigue si publiquement affichée, Bonaparte se livra contre lui à un violent accès de colère. Plus tard, lorsqu'il voulut divorcer avec la compagne de sa vie, pour épouser une archiduchesse d'Autriche, ce fut le fils même de Joséphine, cet Eugène dont je viens de parler, qu'il choisit pour intermédiaire : il l'appela tout exprès d'Italie à Paris, mais sans lui donner aucune explication préalable, lui imposa la mission de décider Joséphine au sacrifice qu'il exigeait d'elle, et le força à aller prendre place au Sénat le jour où l'on notifiait à ce Corps la dissolution du mariage de sa mère.

Tout en accordant que Napoléon n'eut à aucun degré ce qu'on appelle la vertu, M. Thiers ajoute « qu'il eut certaines vertus d'État, et celles notamment qui appartiennent au guerrier et au gouvernant ». M. Thiers veut dire qu'il était sobre, qu'il ne passait que peu de temps à table, qu'il couchait sur la dure ; qu'avec un corps plutôt débile que fort, il supportait, sans s'en apercevoir, les plus rudes fatigues, qu'il n'avait pas peur du danger, etc... Ces qualités, et d'autres qu'énumère l'historien, Napoléon les possédait incontestablement ; mais elles ne sont plus que des dons funestes quand elles sont au service d'une volonté perverse. Mieux eût valu mille fois qu'il eût eu les défauts du *roi d'Yvetot*, « se levant tard, se couchant tôt » ; la France et l'Europe s'en seraient mieux trouvées. M. Thiers retombe, d'ailleurs, dans l'exagération que j'ai signalée tout à l'heure, lorsqu'il lui attribue sans restriction une *sérénité parfaite* dans les situations les plus critiques; il suffit de renvoyer ici l'historien à sa propre Histoire, qu'il oublie en ce moment. Il n'est pas plus exact en avançant que Napoléon montra dans sa chute *la résignation d'un esprit qui se rend justice et accepte le prix mérité de ses fautes.* Fontainebleau, l'île d'Elbe, l'Élysée-Bourbon et Sainte-Hélène sont là pour attester le contraire.

Il termine le portrait qu'il a voulu tracer de l'homme dans Napoléon en disant que si, dans les traits principaux de ce caractère, on peut en détacher un plus saillant que les autres, c'est évidemment *l'intempérance, l'intempérance morale.* Sans doute, l'intempérance morale est un trait saillant du caractère de Napoléon; mais ce trait se rattache lui-même à un autre omis par M. Thiers, bien qu'il ne soit pas moins saillant que le premier et qu'il en contienne le principe : je veux parler de cet esprit d'exagération de soi-même, en d'autres termes, de cette monstrueuse personnalité, de cet égoïsme sans bornes que Channing présente avec tant de vérité comme le trait caractéristique de Napoléon, et où il montre si justement le vice radical qui a perverti ses facultés, égaré son intelligence, dépravé son sens moral, et à la fin attiré sur lui les plus terribles châtiments.

Quoi qu'il en soit, M. Thiers reconnaît que l'intempérance propre à Napoléon a fait de lui un politique insensé, au moins à un certain moment de sa carrière, mais il ajoute, — car il ne manque jamais de chercher à corriger le blâme qu'il ose se permettre, — que « ce n'était pas lui seul, que c'était la Révolution qui délirait en lui, en son vaste génie ». Ainsi Napoléon n'est plus responsable, ou au moins il n'est plus seul responsable : c'est la Révolution qui délirait en lui ! Comme si ce n'était pas lui qui avait étouffé tout ce qu'il y avait de généreux dans l'esprit de la Révolution, et en avait détourné la puissance au profit de sa déplorable ambition.

M. Thiers ajoute encore (et ici nous revenons au rôle que cet historien attribue à son héros) que, si Napoléon, faute d'avoir su se contenir, présenta au monde le triste spectacle du génie descendu à l'état d'un pauvre insensé, il n'en fut pas moins un sage législateur, religieux et civil, et un administrateur accompli. Il rappelle ici comme des titres de gloire, le Concordat, le Code civil, la création de l'administration française. Il ne donne plus précisément Napoléon comme le créateur du Code civil, mais il lui fait encore une beaucoup trop large part dans la confection de cette œuvre, et il ne dit pas que là même Napoléon trouva moyen de fouler aux pieds une des plus précieuses conquêtes de la Révolution française pour rétrograder vers le régime qu'elle avait aboli. Il ne dit pas non plus ce que devint la législation criminelle entre ses mains. Quant à la centralisation administrative, et à cette centralisation religieuse qui s'appelle le Concordat, il faut reconnaître avec M. Thiers qu'elles sont bien, sinon les créations de Napoléon (il n'a eu ici qu'à retourner aux traditions du régime détruit par la Révolution), du moins ses œuvres propres, en ce sens que c'est lui qui les a reconstituées et organisées telles qu'elles existent encore aujourd'hui ; mais il faut reconnaître aussi, quelque admiration que professe pour elles cet historien qui se croit libéral, qu'elles sont les œuvres du despotisme anéantissant à son profit les meilleurs résultats de la Révolution, et que, le jour où la France voudra rentrer dans les voies de la vraie liberté, il faudra qu'elle détruise l'œuvre qu'a construite ou plutôt reconstruite le génie despotique de Napoléon pour reprendre celle qu'il a détruite. Telle fut, en effet, cette *politique de réparation* tant vantée par M. Thiers, qu'elle a établi sur les ruines des plus précieuses conquêtes de la Révolution une organisation administrative plus despotique que celle même de l'ancien régime.

Je ne suivrai pas l'historien du Consulat et de l'Empire dans l'étude qu'il fait de Napoléon comme homme de guerre et dans le précis qu'il trace des progrès de l'art militaire, dont ce capitaine a, selon lui, marqué l'apogée. Je n'examine pas si cet art a, en effet, atteint avec Napoléon ses dernières limites, ou s'il n'est pas destiné à faire encore de nouveaux progrès ; je veux seulement exprimer ici en passant le vœu d'un philosophe : c'est que l'art de la guerre soit poussé si loin qu'il rende la guerre même impossible.

Mais, quelle que soit mon incompétence en matière militaire, il est un point que je ne saurais accorder à M. Thiers : c'est qu'aucune partie de l'homme de guerre n'a manqué à Napoléon, et qu'il ne s'est pas montré moins grand dans les guerres malheureuses que dans les guerres heureuses. Devant cette assertion absolue, les souvenirs de la campagne de 1812 et de celle de 1813 se présentent à l'esprit. Savez-vous comment M. Thiers repousse l'objection que soulève la désastreuse retraite de Moscou ? La réponse est curieuse (p. 769) : « Quand des désastres comme celui de 1812 se produisaient, ce n'était plus une de ces alternatives de la guerre qui nous obligent tantôt à avancer, tantôt à reculer; c'était tout un édifice qui s'écroulait sur la tête de l'audacieux qui avait voulu l'élever jusqu'au ciel. Les armées, poussées au dernier degré d'exaltation pour aller jusqu'à Moscou, se trouvant surprises tout à coup par un climat destructeur, se sentant à des distances immenses, sachant les peuples révoltés sur leurs derrières, tombaient dans un abattement proportionné à leur enthousiasme, et aucune puissance ne pouvait plus les maintenir en ordre. *Ce n'était plus une retraite faisable que le chef ne savait pas faire*, c'était l'édifice de la monarchie universelle qui s'écroulait sur la tête de son téméraire auteur! » Ainsi Napoléon n'a point failli comme capitaine dans la retraite de Russie, par la raison qu'à cette distance de Paris, sous un tel climat et en de pareilles circonstances, *il n'y avait plus de retraite possible*. Mais M. Thiers oublie ici ce qu'il a raconté lui-même de la déplorable conduite de Napoléon dans ce désastre ; et, lorsqu'il donne à entendre que Moreau, qui opéra l'admirable retraite de Bavière en 1796, n'aurait pas été moins impuissant, ce qu'il exprime en disant (ce qui n'est pourtant pas tout à fait la même chose) que Moreau n'eût certainement pas ramené intacte l'armée française de Moscou à Varsovie, il oublie qu'il a écrit, à propos de la campagne de Russie, ces lignes que j'ai déjà eu l'occasion de citer : « Qu'avec l'opiniâtreté de Masséna ou le flegme de Moreau, il eût été possible de tirer quelques ressources de la situation, et de trouver enfin une limite où l'on pourrait arrêter les Russes et rallier les débris de l'armée. » Que l'illustre écrivain, ici encore, se mette au moins d'accord avec lui-même.

M. Thiers, en terminant, passe en revue les grands hommes de l'histoire, Alexandre, Annibal, César, Charlemagne, Frédéric II, dont Napoléon peut être regardé comme l'émule ; et il le compare à chacun d'eux. Il serait trop long de le suivre dans cette revue et dans cette comparaison ; mais je ne puis me dispenser de vous soumettre certaines réflexions que me suggèrent le portrait qu'il fait de Jules César et le parallèle qu'il établit entre ce Romain et Napoléon.

L'historien de Napoléon accuse César de s'être rendu *coupable d'affreux attentats contre la constitution de son pays ;* voilà une accusation nettement exprimée. Il est vrai que, plus bas, il déclare « qu'il faut reconnaître à César *un mérite*, celui d'avoir voulu à la république substituer l'empire, non par le sang comme Sylla ou Marius, mais *par la corruption*, qui allait aux mœurs de Rome. » Mais passons sur cette singulière phrase, qui n'est sans doute qu'une inadvertance de plume, et tenons compte à M. Thiers de l'accusation si nette qu'il a portée d'abord contre César. Ce n'est pas moi qui me chargerai de la repousser ; mais il me semble qu'elle ne s'applique pas moins à Napoléon qu'à César. Napoléon n'a-t-il pas aussi foulé aux pieds les libres institutions de son pays, et cela au lendemain d'une révolution qui avait pour but de les conquérir et qui les avait conquises en effet? Est-il moins coupable pour avoir rétabli le césarisme dans la France du XIXe siècle et dans la société moderne que Jules-César pour l'avoir établi dans le vieux monde romain? Je ne comprends pas qu'on absolve le 18 brumaire, quand on condamne le passage du Rubicon.

Napoléon s'est montré ici plus conséquent que M. Thiers. Il ne s'est point avisé de blâmer César d'avoir passé le Rubicon ; il le blâmait seulement d'avoir hésité à le passer (1). Au reste César n'était pas pour lui un grand homme ; il lui préférait de beaucoup Auguste, auquel M. Thiers a oublié de le comparer. « En 1813 », raconte dans ses *Mémoires*

---

(1) Voyez Edgar Quinet, *Œuvres politiques*, t. II, p. 142.

le général La Fayette, qui déclare tenir le fait de personnes bien instruites, « l'Empereur causant avec M. de Fontanes en présence de plusieurs de ses courtisans sur les grands hommes anciens et modernes, leur dit : César n'était qu'un héros ; il agissait de mouvement, se livrait à son imagination, et s'est laissé assassiner. C'est Auguste bien supérieur à César, qui fut un grand homme ; il sut être cruel quand il le fallait, clément lorsque cela convenait à sa situation. C'était une tête vraiment politique, sachant persuader ce qu'il ne croyait pas, feindre ce qu'il ne sentait pas. » C'est ainsi que Napoléon comprenait le grand homme.

M. Thiers résume ainsi les mérites de Napoléon envers la France : « Au lendemain des agitations de la Révolution française, il ne pouvait nous donner que l'ordre, et il faut lui savoir gré de nous avoir donné avec l'ordre notre état civil et notre organisation administrative. » Je répète à mon tour que, si Napoléon avait été réellement un grand homme, au lieu de détruire la liberté (chose facile), il eût travaillé à la consolider (chose difficile sans doute, mais d'autant plus méritoire); et je ne puis, pour ma part, lui savoir aucun gré de l'espèce d'ordre qu'il a établi dans son pays, c'est-à-dire de la servitude si humiliante à la fois et si désastreuse qu'il a fait peser sur lui. Je ne saurais non plus lui savoir gré d'un état civil qui n'est pas son œuvre, mais celle de la Révolution; et je puis encore moins le remercier d'une organisation administrative qui est sans doute son œuvre, mais qui, par cela même qu'elle est son œuvre, est celle même du despotisme. Je nie que Napoléon ait jeté par ses lois, par celles qui lui sont propres, les bases de la société moderne, à moins que la société moderne ne soit en effet vouée au césarisme.

Malgré son admiration pour Napoléon, M. Thiers convient qu'il a perdu la grandeur de la France, c'est-à-dire qu'après avoir versé des torrents de sang en soixante batailles (1) et fait périr près de deux millions de Français (2) (et combien d'autres hommes!) pour l'agrandir inutilement, il l'a livrée deux fois en proie à l'invasion, et finalement l'a laissée plus petite qu'il ne l'avait trouvée; mais notre historien ajoute qu'il lui a laissé la gloire, qui est la grandeur morale. Quelle grandeur morale que celle qui se fonde uniquement sur la gloire militaire, et quelle gloire militaire que celle qui aboutit à la honte de l'invasion et à la diminution du territoire! Voilà pourtant ce que la France doit à Napoléon. « Qu'avez-vous fait de la France? » disait Bonaparte au Directoire. Un membre du Directoire qui avait survécu à son règne, Gohier, lui renvoie justement cette accu-

---

(1) « On trouve, dit le *Mémorial*, 18-19 novembre 1816, que Napoléon a donné soixante batailles; César n'en avait livré que cinquante. »

(2) Il résulte des chiffres relevés au ministère de la guerre que les pertes des Français, dans les guerres du Consulat et de l'Empire, se sont élevées à un million sept cent mille hommes tués.

sation, en lui disant : « Sous un gouvernement accusé de faiblesse, elle a repoussé tous les efforts des puissances réunies contre elle, et elle a été envahie par ces mêmes puissances sous le gouvernement le plus fort (1). »

Que dire du rôle de Napoléon en Europe ? Il l'a ravagée, conquise, asservie. Mais il y portait, dit-on, les idées de la Révolution française, ces idées qui devaient renverser partout l'édifice du moyen âge. Comme si c'était par le canon, la terreur et la tyrannie, et non par leur libre expansion, que les idées d'un peuple devaient se propager dans le monde moderne ; et comme si, d'ailleurs, représentées par Napoléon, les idées de la Révolution représentaient autre chose que le césarisme, c'est-à-dire un gouvernement si préférable à l'ancien régime ! Ce ne fut pas seulement aux souverains, mais aux peuples que Napoléon fit la guerre. Il ne songea même jamais sérieusement, quelque favorables que fussent les circonstances et quelque avantage qu'il y dût trouver lui-même, à relever la nation polonaise, qui versait son sang pour lui sur tous les champs de bataille de l'Europe (2). Aussi, à quoi en fin de compte a-t-il

---

(1) *Mémoires* de Gohier, t. Ier, p. 166.

(2) Sur les vrais sentiments de Napoléon à l'égard de la Pologne et des Polonais, voyez les lettres publiées par la *Correspondance générale*. — Cf. *Napoléon Ier peint par lui-même*, par Raudot, p. 192-201. J'en extrairai les deux notes suivantes qu'il me paraît curieux de rapprocher pour montrer la parfaite harmonie des dispositions du Premier Consul et de l'Empereur à l'égard de la Pologne : *Au citoyen Talleyrand*, Paris, 17 octobre 1801. « J'ai oublié, citoyen

abouti? A soulever tous les peuples contre la France, et à provoquer une déplorable réaction contre les idées de la Révolution.

Non, le jugement de M. Thiers sur Napoléon ne sera pas celui de l'histoire. « L'histoire », comme l'a très-bien dit un écrivain connu et estimé de vous, « l'histoire, à juger l'ensemble de sa carrière, la prononcera stérile et funeste ». Cet écrivain, que je me plais à citer ici, refuse justement à Napoléon *le vrai génie créateur;* voici comment il le juge :

« Quand on cherche à se rendre compte de ce qu'il a voulu en définitive, de ce qu'il a fait, de ce qu'il a laissé, on ne trouve rien. Il a agi sans but, il a vécu au hasard, il s'est agité dans le vide. Il a sauvé la France (?), mais pour la laisser retomber plus bas qu'auparavant. Il n'a mis son grand esprit au service d'aucune grande idée. Il n'a attaché son nom à aucune œuvre. Il n'a rendu à l'humanité aucun service. Il ne représente rien dans l'histoire. Il a fait cette chose insensée et barbare, la guerre pour la guerre. Il a entassé les conquêtes à la manière des

---

ministre, dans la lettre que j'ai eu l'honneur de vous écrire au sujet de l'*Almanach national,* de vous parler de la Pologne dont le Premier Consul désire qu'il ne soit pas question dans l'état des puissances. Cela est d'une inutilité absolue ». — *Notes sur un projet d'exposé de la situation de l'Empire* (Finkenstein, 18 mai 1807) : « Ne pas parler de l'indépendance de la Pologne et supprimer tout ce qui tend à montrer l'Empereur comme le libérateur, attendu qu'il ne s'est pas expliqué à ce sujet. *Napoléon* ». — Enfin, dans des instructions au général Bertrand (Eylau, 13 février 1807) on lit : « Il (le général Bertrand) laissera entrevoir (à M. de Zartrow) que quant à la Pologne, depuis que l'Empereur la connaît il n'y attache plus aucune importance ». — (Note de la nouvelle édition.)

anciens despotes de l'Orient. Il a rêvé l'empire de Charlemagne, peut-être celui d'Alexandre. Ce coup d'œil qui pénétrait les secrets de la diplomatie, qui prévoyait avec une sagacité surhumaine tous les mouvements d'une campagne, n'a pas vu ce qu'aurait pu lui apprendre le dernier commis des affaires étrangères : c'est qu'il marchait aux abîmes. Napoléon a osé croire à la durée de sa domination, il s'est flatté qu'il la transmettrait à son fils, ou plutôt il n'a rien cru, rien pensé ; il a marché à l'aventure, de victoire en victoire, de conquête en conquête, faisant comme le joueur qui, à chaque coup de dé, double son enjeu, ne pouvant plus se passer des émotions des camps, oubliant dans ses amusements sublimes et insensés qu'il s'agissait de la vie de ses semblables, de l'honneur des nations, du salut de la patrie. Napoléon est de tous les hommes celui qui a fait le mieux toucher au doigt les deux extrêmes de la grandeur et de la petitesse ; c'est le génie au service de la démence.

» Napoléon, continue le même écrivain, n'a pas été un homme d'État, parce qu'il n'a pas eu d'idée politique. Et que faudrait-il dire si, au lieu de nous placer au point de vue de la politique française, nous voulions le juger au point de vue de la civilisation ? La civilisation se compose d'idées morales, et il les a toutes méconnues. Quel mépris de l'humanité, quelle ignorance de ses instincts et de ses besoins ! Quelle inintelligence de la société moderne ! Quel dédain de ce qui est esprit! Il n'a connu que la force, et en fait de pensée, la pensée qui sert la force. Il a foulé aux pieds tous les droits. Comme il n'a compris du gouvernement que les parties inférieures, ainsi il n'a compris de la société civile que les éléments matériels. Il a restauré l'Église, mais pour l'avoir sous la main et la gouverner. Il a réorganisé l'Institut, mais il n'a conçu l'éloquence, la poésie, la littérature, que comme chargées de brûler un encens éternel en son honneur. Il nous a donné un code, mais il nous a refusé des institutions. Il a rétabli nos finances, et il a supprimé nos libertés... Il ne s'est montré, à proprement parler, ni vertueux, ni vicieux. C'était une de ces natures du Midi chez lesquelles l'homme moral est tout simplement absent. Voilà pourquoi il est à la fois si grand et si petit, si étonnant et si vulgaire. »

Qui parle ainsi, Messieurs ? Un homme dont vous appréciez depuis longtemps l'esprit judicieux, pénétrant et impartial, M. Edmond Schérer (1).

Ce jugement complète ou rectifie heureusement celui de M. Thiers. Sauf cette assertion, aussi fausse que banale, que l'auteur du 18 brumaire a sauvé la France, il contient le vrai mot de l'histoire sur le caractère et la carrière de cet homme néfaste. Homme néfaste, est-ce trop dire ? Non, l'homme qui, pénétrant un jour avec ses grenadiers dans le sanctuaire des lois, en chassa les représentants du peuple et

---

(1) *Études critiques sur la littérature contemporaine.*

renversa la Constitution républicaine et toutes les libres institutions qu'avait enfantées la Révolution, pour établir à leur place un despotisme pire que celui de l'ancien régime, le despotisme césarien ; l'homme qui anéantit ainsi, au profit de son ambition personnelle, toutes les conquêtes politiques, si chèrement payées, qui avaient eu pour but d'affranchir l'homme et le citoyen et de rendre à la nation le gouvernement d'elle-même : liberté de la presse, indépendance des tribunaux, séparation de l'Église et de l'État, droit pour les communes et les provinces de s'administrer elles-mêmes, représentation nationale, milices nationales, etc. ; l'homme qui se fit de la guerre un jeu et ensanglanta l'Europe pendant quinze ans pour l'asservir et l'exploiter comme il avait asservi et exploitait la France ; l'homme qui attira deux fois l'invasion étrangère sur le pays dont il s'était fait le souverain et le laissa à la fin plus petit qu'il ne l'avait trouvé ; l'homme qui, avec la violence, ne connut d'autre moyen de gouvernement que l'astuce et la corruption, pervertit le sens des mots, dégrada les caractères, ruina l'esprit public ; l'homme enfin dont le nom devenu, par l'effet d'un incroyable aveuglement, synonyme de gloire et de grandeur nationale, a continué d'exercer, après sa mort, la plus funeste influence ; cet homme-là, on ne le calomnie pas quand on l'appelle un homme néfaste, mais on ne fait qu'exprimer par là le verdict de la conscience et de l'histoire. C'est ce que reconnaîtront avec moi toutes les âmes libres qui m'ont suivi dans cette étude de Napoléon.

Quant à l'*Histoire du Consulat et de l'Empire* de M. Thiers, j'espère avoir justifié, par l'examen que j'en ai fait dans ce cours, le jugement que j'en avais porté dès le début. On a pu me trouver sévère ; je crois n'avoir été que juste. Quelque enclin que je sois à admirer le talent et à rendre hommage au travail, j'ai dû censurer vivement un ouvrage qui laisse si fort à désirer du côté de la moralité, de la logique et de la critique historique ; qui, malgré des restrictions trop tardives et toujours insuffisantes, sacrifie tant à l'idolâtrie napoléonienne ; qui, enfin, a contribué pour une si grande part, et contribue encore chaque jour, à propager cette funeste erreur. Oui, je le dis en terminant, après ces vingt volumes et en dépit de leur immense succès, l'histoire du Consulat et de l'Empire est encore à faire. *Exoriare aliquis*, que quelqu'un paraisse qui élève enfin un monument vraiment historique à la place de la légende reproduite et accréditée par M. Thiers ; il aura bien mérité non-seulement de la France, mais de l'humanité (1).

---

(1) Le vœu que j'exprimais ainsi en 1863 se réalise aujourd'hui dans l'*Histoire de Napoléon*, par M. Lanfrey. (Note de la nouvelle édition.)

FIN.

APPENDICE

PORTRAIT DE NAPOLÉON IER

PAR FICHTE

(Tiré d'une leçon sur l'*Idée d'une véritable guerre*, prononcée en 1813.)

Permettez-moi de jeter un coup d'œil sur l'homme qui s'est placé à la tête de la nation française. Je vous ferai d'abord remarquer qu'il n'est pas Français. S'il l'était, peut-être que des idées sociables, un certain respect pour l'opinion des autres, quelque estime pour autre chose que pour lui-même, se manifesteraient en lui ; peut-être que des faiblesses et des inconséquences bienfaisantes modifieraient son caractère, comme il arriva, par exemple, chez Louis XIV, qui était, à mon avis, la plus détestable personnification du caractère français. Mais il appartient à ce peuple qui déjà, chez les anciens, était célèbre par sa barbarie ; qui, à l'époque où cet homme est né, était abruti par le plus dur esclavage ; qui, pour briser ses fers, avait soutenu une guerre de désespoir, et qui, à la suite de ses combats, fut asservi par un maître rusé et se vit frustré de sa liberté. Les idées et les sentiments que cet état de sa patrie excitèrent en lui furent les premiers moyens qui servirent à développer son intelligence. C'est ainsi que lui apparut d'abord la nation française, au milieu de laquelle il fut élevé : et comme cette époque était celle d'une Révolution dont il put étudier les ressorts intérieurs, il apprit bientôt à connaître cette nation et à la regarder comme une masse extrêmement mobile, susceptible de recevoir toutes les impulsions, mais incapable de se donner elle-même une direction déterminée et durable. Il était redevable de la culture de son esprit à cette nation, qu'il pouvait regarder comme la première de toutes ; il devait donc nécessairement porter sur tout le reste du genre humain le même jugement que sur elle. Il n'avait aucun pressentiment d'une destination plus élevée de l'homme ; d'où l'aurait-il reçu, puisqu'il ne l'avait puisé ni dans d'heureuses habitudes de jeunesse, comme il arrive chez les Français, ni dans les notions claires qu'aurait pu lui fournir plus tard la philosophie ou le christianisme? A cette connaissance exacte des qualités propres à la nation qu'il voulait dominer se joignait en lui une volonté qu'il tenait du peuple énergique dont il était issu, mais qu'il avait retrempée, fortifiée et rendue plus inébranlable par une lutte continuelle, mais dissimulée, contre les entourages de sa jeunesse. Avec ces éléments de la grandeur humaine : une grande netteté de vues et une volonté ferme, il eût été le bienfaiteur et le libérateur de l'humanité, si le moindre sentiment de la destination morale du genre humain eût vivifié son esprit. Mais il n'eut jamais ce sentiment, et il est pour tous les siècles un exemple de ce que ces deux éléments peuvent produire quand ils sont réduits à eux-mêmes, et qu'il ne s'y joint aucune idée de l'ordre spirituel. Il se créa donc un système particulier : il pensa que l'humanité entière était une masse de forces aveugles, ou absolument inertes, ou luttant entre elles irrégulièrement et en désordre ; que ni cette inertie, ni ce mouvement désordonné ne pouvaient subsister longtemps, mais que la stagnation devait faire place à un mouvement dirigé vers un certain but ; qu'à de rares époques, séparées par des siècles, apparaissaient des esprits destinés à donner une impulsion à cette masse; que Charlemagne avait été un de ces esprits et qu'il était son successeur ; que les inspirations de ces esprits étaient les seules réelles, qu'elles étaient vraiment saintes et divines ; que le mouvement du monde n'avait pas de principes plus élevés ; qu'il fallait leur sacrifier tous les autres buts, toute jouissance et toute sécurité, mettre pour elles toutes les forces en mouvement et toutes les vies en réquisition, et que c'était se révolter contre la loi suprême du monde que de s'opposer à une telle impulsion….

C'est dans cette netteté de vues et dans cette fermeté

que réside sa puissance.—Dans cette netteté de vues : toute force non utilisée est à lui, toute faiblesse dans le monde doit concourir à sa force. Comme le vautour qui plane sur les régions inférieures de l'air et cherche une proie, il plane sur l'Europe étourdie, épiant toutes les fausses mesures et toutes les faiblesses pour s'abattre dessus et les faire tourner à son avantage. Dans cette fermeté : les autres souverains veulent bien régner aussi, mais ils veulent en outre beaucoup d'autres choses, et ils ne veulent la première qu'à la condition d'avoir aussi les autres ; ils ne veulent pas sacrifier leur vie, leur santé, leur trône ; ils veulent conserver leur honneur, ils veulent être aimés. Quant à lui, il ne connaît aucune de ces faiblesses : il met en jeu sa vie et toutes les commodités de sa vie ; il s'expose à la chaleur, au froid, à la faim, à des grêles de balles ; il ne se prête pas à des traités restrictifs, tels que ceux qu'on lui a proposés : il ne veut pas être le maître paisible de la France, comme on le lui a offert, mais il veut être le maître du monde, et s'il ne peut y parvenir, il aime mieux ne pas être. Il le prouve maintenant et le prouvera encore par la suite. Ils n'ont aucune idée de cet homme et le font à leur image, ceux qui croient qu'en lui proposant d'autres conditions pour lui et sa dynastie, telle qu'il la veut, ils en obtiendront autre chose que des suspensions d'armes. L'honneur et la loyauté ? Par l'incorporation de la Hollande, il a fait voir qu'un souverain n'y est fidèle que selon les circonstances : s'il lui est avantageux de tenir sa parole, oui ; si cela lui est nuisible, non. Aussi, dans toutes les pièces politiques qui viennent de cet homme, le mot *droit* ne se rencontre-t-il plus : il est pour lui comme effacé de la langue ; il n'y est partout question que du *bien-être* de la nation, de la gloire des armées, des trophées qu'il a élevés dans tous les pays. Tel est notre adversaire....

Veut-on une preuve décisive de son aveuglement absolu pour la destination morale du genre humain ? Que l'on songe au fait précis par lequel il s'est marqué du sceau de sa nature en face de ses contemporains et de la postérité. Il faut le rappeler avec d'autant plus de soin que, suivant le désir de nos propres maîtres et de leurs instruments, ce fait, parfaitement conforme à leurs vues, a été enseveli dans un silence universel et qu'il commence à s'effacer dans la mémoire des contemporains. Ceux qui veulent porter contre lui l'accusation la plus grave montrent toujours le cadavre sanglant du duc d'Enghien, comme si ce meurtre était le pire de ses forfaits. Mais je songe à un autre fait, à un fait auprès duquel le meurtre du duc d'Enghien n'est presque plus rien et n'est pas digne, à mon sens, d'être mentionné, parce que, dans la voie que Napoléon s'était tracée, il lui était imposé par la nécessité.

La nation française était engagée dans une lutte acharnée pour établir le règne de la liberté et du droit, et dans cette lutte elle avait déjà versé le plus pur de son sang.... A peine la conscience de soi-même

commençait-elle à poindre dans cette nation, que la
direction suprême des affaires tomba, — je ne veux
pas rappeler par quels moyens, — entre les mains de
cet homme. Il avait vu autour de lui bien des images
de la liberté; cette idée ne lui était donc pas tout à
fait étrangère. S'il y avait eu le moindre rapport entre
elle et sa façon de penser, si elle avait pu faire jaillir
dans son esprit la plus légère étincelle, il n'aurait
pas supprimé le but, mais cherché le moyen. Il
n'aurait pas manqué de comprendre que ce moyen
était de former la nation française à la liberté par une
éducation régulière, qui aurait peut-être duré plusieurs générations.... Voilà ce qu'il eût fait, s'il y
avait eu en lui la moindre étincelle d'un bon sentiment. Il n'est pas nécessaire de rappeler ici ce qu'il
a fait dans le sens contraire, et comment, en rusant
et en guettant l'occasion, il a frustré la nation de sa
liberté; on voit trop que cette étincelle n'a jamais
brillé en lui.

TABLE

Avant-propos...	vii
Préface de la première édition...	xi
Première leçon. — Objet, but et plan du cours. — La théorie historique de M. Thiers...	1
Deuxième leçon. — Le dix-huit brumaire...	24
Troisième leçon. — Le Consulat...	50
Quatrième leçon. — Le Concordat. — Le Code civil. — La politique extérieure du Consulat...	82
Cinquième leçon. — L'établissement de l'Empire...	110
Sixième leçon. — Le régime impérial en France...	140
Septième leçon. — L'Europe sous l'Empire...	166
Huitième leçon. — L'Europe sous l'Empire (suite)...	199
Neuvième leçon. — La chute de l'Empire...	224
Dixième leçon. — Le retour de l'île d'Elbe et les Cent jours.	265
Onzième leçon. — Waterloo. — Sainte-Hélène...	297
Douzième leçon. — Le portrait de Napoléon...	336
Appendice...	365

 FIN DE LA TABLE.

Paris. — Imprimerie de E. Martinet, rue Mignon, 2.

NOVEMBRE 1868.

LIBRAIRIE GERMER BAILLIÈRE
17, RUE DE L'ÉCOLE-DE-MÉDECINE, 17
PARIS

EXTRAIT DU CATALOGUE

BIBLIOTHÈQUE
DE
PHILOSOPHIE CONTEMPORAINE
Volumes in-18 à 2 fr. 50 c.

Ouvrages publiés.

H. Taine.
LE POSITIVISME ANGLAIS, étude sur Stuart Mill. 1 vol.
L'IDÉALISME ANGLAIS, étude sur Carlyle. 1 vol.
PHILOSOPHIE DE L'ART. 1 vol.
PHILOSOPHIE DE L'ART EN ITALIE. 1 vol.
DE L'IDÉAL DANS L'ART. 1 vol.
PHILOSOPHIE DE L'ART DANS LES PAYS-BAS. 1 vol.

Paul Janet.
LE MATÉRIALISME CONTEMPORAIN. Examen du système du docteur Büchner. 1 vol.
LA CRISE PHILOSOPHIQUE. MM. Taine, Renan, Vacherot, Littré. 1 vol.
LE CERVEAU ET LA PENSÉE. 1 vol.

Odysse-Barot.
PHILOSOPHIE DE L'HISTOIRE. 1 vol.

Alaux.
LA PHILOSOPHIE DE M. COUSIN. 1 vol.

Ad. Franck.
PHILOSOPHIE DU DROIT PÉNAL. 1 vol.
PHILOSOPHIE DU DROIT ECCLÉSIASTIQUE. 1 vol.
LA PHILOSOPHIE MYSTIQUE EN FRANCE AU XVIIIe SIÈCLE (St-Martin et don Pasqualis). 1 vol.

Émile Saisset.
L'AME ET LA VIE, suivi d'une étude sur l'Esthétique franç. 1 vol.
CRITIQUE ET HISTOIRE DE LA PHILOSOP. (frag. et discours). 1 vol.

Charles Lévêque.
LE SPIRITUALISME DANS L'ART. 1 vol.
LA SCIENCE DE L'INVISIBLE. Étude de psychologie et de théodicée. 1 vol.

Auguste Laugel.
LES PROBLÈMES DE LA NATURE. 1 vol.
LES PROBLÈMES DE LA VIE. 1 vol.
LES PROBLÈMES DE L'AME. 1 vol.
LA VOIX, L'OREILLE ET LA MUSIQUE. 1 vol.

Challemel-Lacour.
LA PHILOSOPHIE INDIVIDUALISTE, étude sur Guillaume de Humboldt. 1 vol.

Charles de Rémusat.
PHILOSOPHIE RELIGIEUSE. 1 vol.

Albert Lemoine.
LE VITALISME ET L'ANIMISME DE STAHL. 1 vol.
DE LA PHYSIONOMIE ET DE LA PAROLE. 1 vol.

Milsand.
L'ESTHÉTIQUE ANGLAISE, étude sur John Ruskin. 1 vol.

A. Véra.
Essais de philosophie hégélienne. 1 vol.

Beaussire.
Antécédents de l'Hégélianisme dans la philosophie française. 1 vol.

Bost.
Le Protestantisme libéral. 1 vol.

Francisque Bouillier.
Du Plaisir et de la Douleur. 1 vol.

Ed. Auber.
Philosophie de la médecine. 1 vol.

Leblais.
Matérialisme et Spiritualisme, précédé d'une préface par M. E. Littré. 1 vol.

Garnier.
De la Morale dans l'antiquité, précédé d'une introduction par M. Prévost-Paradol. 1 vol.

Schœbel.
Philosophie de la raison pure. 1 vol.

Beauquier.
Philosoph. de la musique. 1 vol.

Tissandier.
Des sciences occultes et du Spiritisme. 1 vol.

J. Moleschott.
La Circulation de la vie. Lettres sur la physiologie en réponse aux Lettres sur la chimie de Liebig, trad. de l'allem. 2 vol.

H. Buchner.
Science et Nature, trad. de l'allem. par Aug. Delondre. 2 vol.

Ath. Coquerel fils.
Origines et transformations du christianisme. 1 vol.
La Conscience et la Foi. 1 vol.
Histoire du Credo. 1 vol.

Jules Levallois.
Déisme et Christianisme. 1 vol.

Camille Selden.
La Musique en Allemagne. Étude sur Mendelssohn. 1 vol.

Fontanès.
Le Christianisme moderne. Étude sur Lessing. 1 vol.

Saigey.
La Physique moderne. Étude sur l'unité des phénomènes naturels. 1 vol.

Mariano.
La Philosophie contemporaine en Italie. 1 vol.

Faivre.
De la Variabilité des espèces.

Letourneau.
Physiologie des passions. 1 vol.

Stuart Mill.
Auguste Comte et la philosophie positive, trad. de l'angl. 1 vol.

Ernest Bersot.
Libre philosophie. 1 vol.

A. Réville.
Histoire du dogme de la divinité de Jésus-Christ. 1 vol.

W. de Fonvielle.
L'Astronomie moderne. 1 vol.

C. Coignet.
La Morale indépendante. 1 vol.

Chacun de ces ouvrages a été tiré au nombre de trente exemplaires sur papier vélin. Prix de chaque exemplaire. 10 fr.

FORMAT IN-8.
Volumes à 5 fr. et 7 fr. 50 c.

JULES BARNI. **La morale dans la démocratie.** 1 vol. 5 fr.
AGASSIZ. **De l'espèce et des classifications**, traduit de l'anglais par M. Vogeli. 1 vol. in-8. 5 fr.

BIBLIOTHÈQUE D'HISTOIRE CONTEMPORAINE

Volumes in-18, à 3 fr. 50 c.

CARLYLE. **Histoire de la Révolution française**, traduite de l'anglais par M. Élias Regnault. — Tome Ier : LA BASTILLE. — Tome II : LA CONSTITUTION. — Tome III et dernier : LA GUILLOTINE.

VICTOR MEUNIER. **Science et Démocratie**. 2 vol.

JULES BARNI. **Histoire des idées morales et politiques en France au XVIIIe siècle**. 2 vol.

AUGUSTE LAUGEL. **Les États-Unis pendant la guerre** (1861-1865). Souvenirs personnels. 1 vol.

DE ROCHAU. **Histoire de la Restauration**, traduite de l'allemand par M. Rosenwald. 1 vol.

EUG. VÉRON. **Histoire de la Prusse** depuis la mort de Frédéric II jusqu'à la bataille de Sadowa. 1 vol.

HILLEBRAND. **La Prusse contemporaine et ses institutions**. 1 vol.

EUG. DESPOIS. **Le Vandalisme révolutionnaire**. Fondations littéraires, scientifiques et artistiques de la Convention. 1 vol.

THACKERAY. **Les quatre Georges**, traduit de l'anglais par M. Lefoyer, précédé d'une préface par M. Prévost-Paradol. 1 vol.

BAGEHOT. **La constitution anglaise**, traduit de l'anglais. 1 vol.

FORMAT IN-8.

SIR G. CORNEWALL LEWIS. **Histoire gouvernementale de l'Angleterre de 1770 jusqu'à 1830**, traduite de l'anglais et précédée de la Vie de l'auteur, par M. MERVOYER. 1 vol.   7 fr.

DE SYBEL. **Histoire de la Révolution française**. 3 vol. in-8, traduit de l'allemand (*sous presse*).

TAXILE DELORD. **Histoire du second empire**, 1848-1869. Tome I. 1 fort vol. in-8 de 700 pages.   7 fr.

ÉDITIONS ÉTRANGÈRES.

AUGUSTE LAUGEL. **The United States during the war**. 1 beau vol. in-8 relié.   7 shill. 6 d.

H. TAINE. **Italy** (Naples et Rome). 1 beau vol. in-8 relié. 7 sh. 6 d.

H. TAINE. **The physiology of art**. 1 vol. in-18, rel.   3 shil.

H. TAINE. **Philosophie der Kunst**, 1 vol. in-8.   1 thal.

PAUL JANET. **The materialism of present day**, translated by prof. Gustave MASSON, 1 vol. in-18, rel.   3 shil.

PAUL JANET. **Der Materialismus unserer Zeit**, übersetzt von prof. Reichlin-Meldegg mit einem Vorwort von prof. von Fichte, 1 vol. in-18.   1 thal.

OUVRAGES
De M. le professeur VÉRA
Professeur à l'Université de Naples.

INTRODUCTION
A LA
PHILOSOPHIE DE HÉGEL
1 vol. in-8, 1864, 2ᵉ édition.... 6 fr. 50

LOGIQUE DE HÉGEL
Traduite pour la première fois, et accompagnée d'une Introduction et d'un commentaire perpétuel.

2 volumes in-8............ 12 fr.

PHILOSOPHIE DE LA NATURE
DE HÉGEL
Traduite pour la première fois, et accompagnée d'une Introduction et d'un commentaire perpétuel.

3 volumes in-8. 1864-1866........ 25 fr.
Prix du tome II... 8 fr. 50.— Prix du tome III... 8 fr. 50

PHILOSOPHIE DE L'ESPRIT
DE HÉGEL
Traduite pour la première fois, et accompagnée d'une Introduction et d'un commentaire perpétuel.

1867. Tome Iᵉʳ, 1 vol. in-8. 9 fr.

L'Hégélianisme et la Philosophie. 1 vol. in-18. 1861. 3 fr. 50
Mélanges philosophiques. 1 vol. in-8. 1862. 5 fr.
Essais de philosophie hégélienne (de la *Bibliothèque de philosophie contemporaine*). 1 vol. 2 fr. 50
Problème de la certitude. 1 vol. in-8. 3 fr. 50
Platonis, Aristotelis et Hegelii de medio termino doctrina. 1 vol. in-8. 1845. 1 fr 50

REVUE DES COURS

Reproduisant, soit par la sténographie, soit au moyen d'analyses revisées par les professeurs, les principales leçons et conférences littéraires ou scientifiques faites à Paris, en province et à l'étranger.

Direction : MM. EUG. YUNG et ÉM. ALGLAVE.

LA REVUE DES COURS SE PUBLIE EN DEUX PARTIES SÉPARÉES.

REVUE DES COURS LITTÉRAIRES

DE LA FRANCE ET DE L'ÉTRANGER

Collège de France, Sorbonne, Faculté de droit, École des Chartes, École des beaux-arts, cours de la Bibliothèque impériale, Facultés des départements, Universités allemandes, anglaises, suisses, italiennes, Sociétés savantes, etc.

Soirées littéraires de Paris et de la province. — Conférences libres.

REVUE DES COURS SCIENTIFIQUES

DE LA FRANCE ET DE L'ÉTRANGER

Collège de France, Sorbonne, Faculté de médecine, Muséum d'histoire naturelle, École de pharmacie, Facultés des départements, Académie des sciences, Universités étrangères.

Soirées scientifiques de la Sorbonne. — Conférences libres.

Les deux revues paraissent le samedi de chaque semaine par livraisons de 32 à 40 colonnes in-4°.

Prix de chaque revue isolément.

	Six mois.	Un an.
Paris................	8 fr.	15 fr.
Départements........	10	18
Étranger.............	12	20

Prix des deux revues réunies.

	Six mois.	Un an.
Paris................	15 fr.	26 fr.
Départements........	18	30
Étranger.............	20	35

L'abonnement part du 1er décembre et du 1er juin de chaque année.

La publication de ces deux revues a commencé le 1er décembre 1863.

Chaque année forme deux forts volumes in-4° de 800 à 900 pages.

Les cinq premières années (1864, 1865, 1866, 1867 et 1868) sont en vente, on peut se les procurer brochées ou reliées.

**

LA
PHILOSOPHIE POSITIVE

Revue paraissant tous les deux mois par livraison de 10 feuilles

DIRIGÉE PAR

E. LITTRÉ et G. WYROUBOFF

PRIX DE L'ABONNEMENT :

PARIS.	DÉPARTEMENTS.	ÉTRANGER.
Six mois... 12 fr.	Six mois... 14 fr.	Six mois... 16 fr.
Un an..... 20	Un an..... 23	Un an..... 25

Prix de chaque numéro : 3 fr. 50. — Paraissant depuis le 1er juillet 1867.

L'Art et la vie. 1867. 2 vol. in-8. 7 fr.

BARNI (Jules). Voy. KANT.

BAUDRIMONT. **Théorie de la formation du globe terrestre** pendant la période qui a précédé l'apparition des êtres vivants. 1867, in-8. 2 fr. 50

BEAUSSIRE. **La liberté dans l'ordre intellectuel et moral**, études de droit naturel. 1866, 1 fort vol. in-8. 7 fr.

BÉRAUD (B. J.). **Atlas complet d'anatomie chirurgicale** topographique, pouvant servir de complément à tous les ouvrages d'anatomie chirurgicale, composé de 109 planches représentant plus de 200 figures dessinées d'après nature, par M. Bion, et avec texte explicatif. 1865, 1 fort vol. in-4.
    Prix, figures noires, relié. 60 fr.
    — figures coloriées, relié. 120 fr.

CL. BERNARD. **Leçons sur les propriétés des tissus vivants**, faites à la Sorbonne, publiées par M. Émile Alglave. 1866, 1 vol. in-8 avec 92 figures. 8 fr.

BOUCHARDAT. **Le travail**, son influence sur la santé (conférences faites aux ouvriers). 1863, 1 vol. in-18. 2 fr. 50

BOUCHARDAT et H. JUNOD. **L'Eau-de-vie et ses dangers**, conférences populaires. 1 vol. in-8. 1 fr.

BOUCHUT et DESPRÉS. **Dictionnaire de thérapeutique médicale et chirurgicale,** comprenant le résumé de la médecine et de la chirurgie, les indications thérapeutiques de chaque maladie, la médecine opératoire, la matière médicale, les eaux minérales et un choix de formules thérapeutiques. 1866, 1 vol. gr. in-8 de 1600 pages à deux colonnes, avec 900 figures intercalées dans le texte. 23 fr.

BRIERRE DE BOISMONT. **Des maladies mentales.** 1867, brochure in-8 extraite de la *Pathologie médicale* du professeur Requin. 2 fr.

BRIERRE DE BOISMONT. **Des hallucinations, ou Histoire raisonnée des apparitions,** des visions, des songes, de l'extase, du magnétisme et du somnambulisme. 1862, 3ᵉ édition très-augmentée. 7 fr.

BRIERRE DE BOISMONT. **Du suicide et de la folie suicide.** 1865, 2ᵉ édition, 1 vol. in-8. 7 fr.

CASPER. **Traité pratique de médecine légale,** rédigé d'après des observations personnelles, par Jean-Louis Casper, professeur de médecine légale de la Faculté de médecine de Berlin ; traduit de l'allemand sous les yeux de l'auteur, par M. Gustave Germer Baillière. 1862. 2 vol. in-8. 12 fr.
— Atlas colorié se vendant séparément. 15 fr.

CHASERAY. **Conférences sur l'âme,** 1868, 1 vol. in-18. 1 50

CHASLES (Philarète). **Questions du temps et problèmes d'autrefois,** Pensées sur l'histoire, la vie sociale, la littérature. 1 vol. in-18, édition de luxe. 3 fr.

Conférences historiques de la Faculté de médecine faites pendant l'année 1865. (*Les Chirurgiens érudits,* par M. Verneuil. — *Gui de Chauliac,* par M. Follin. — *Celse,* par M. Broca. — *Wurtzius,* par M. Trélat. — *Rioland,* par M. Le Fort. — *Levret,* par M. Tarnier. — *Harvey,* par M. Béclard. — *Stahl,* par M. Lasègue. — *Jenner,* par M. Lorain. — *Jean de Vier et les Sorciers,* par M. Axenfeld. — *Laennec,* par M. Chauffard. — *Sylvius,* par M. Gubler. — *Stoll,* par M. Parrot.) 1 vol. in-8. 6 fr.

Sir G. CORNEWALL LEWIS. **Histoire gouvernementale de l'Angleterre.** Voy. page 3, *Bibliothèque d'histoire contemporaine.*

COQUEREL (Athanase). **Libres Études.** (Religion. — Critique. — Histoire. — Beaux-arts. — Voyages). 1868, 1 vol. in-8. 5 fr.

Sir G. CORNEWALL LEWIS. **Quelle est la meilleure forme de gouvernement ?** Ouvrage traduit de l'anglais ; précédé d'une Étude sur la vie et les travaux de l'auteur, par M. Mervoyer, docteur ès lettres. 1867, 1 vol. in-8. 3 fr. 50

DELEUZE. **Instruction pratique sur le magnétisme animal,** précédée d'une Notice sur la vie de l'auteur. 1853. 1 vol. in-12. 3 fr. 50

DOLLFUS. **De la nature humaine**, 1868, 1 vol. in-8.   5 fr.

DU POTET. **Manuel de l'étudiant magnétiseur**, nouvelle édition, 1868, 1 vol. in-18.   3 50

DU POTET. **Traité complet de magnétisme**, cours en douze leçons. 1856, 3ᵉ édition, 1 vol. de 634 pages.   7 fr.

DURAND (de Gros). **Essais de physiologie philosophique**, suivis d'une Étude sur la théorie de la méthode en général. 1866, 1 vol. in-8 de 620 pages.   8 fr

ÉLIPHAS LÉVI. **Dogme et rituel de la haute magie**. 1861, 2ᵉ édit., 2 vol. in-8, avec 24 figures.   18 fr.

ÉLIPHAS LÉVI. **Histoire de la magie**, avec une exposition claire et précise de ses procédés, de ses rites et de ses mystères. 1860, 1 vol. in-8, avec 90 figures.   12 fr.

ÉLIPHAS LÉVI. **La Science des esprits**, révélation du dogme secret des Kabbalistes, esprit occulte de l'Évangile, appréciation des doctrines et des phénomènes spirites. 1865, 1 vol. in-8.   7 fr.

FAU. **Anatomie des formes du corps humain**, à l'usage des peintres et des sculpteurs. 1866, 1 vol. in-8 et atlas de 25 planches. 2ᵉ édition.
  Prix, figures noires.   20 fr.
  Prix, figures coloriées.   35 fr.

FERRON (de). **Théorie du progrès** (Histoire de l'idée du progrès. — Vico. — Herder. — Turgot. — Condorcet. — Saint-Simon. — Réfutation du césarisme). 1867, 2 vol. in-18.   7 fr.

GAVARRET. **Des images par réflexion et par réfraction**. 1867, 1 vol. in-18 de 190 pages avec 80 figures dans le texte. 3 fr. 50

GIRAUD-TEULON. **De l'œil**, notions élémentaires sur la fonction de la vue et de ses anomalies. 1867, 1 vol. in-18 avec figures. 2 fr.

GROVE. **De la corrélation des forces**, traduit de l'anglais par M. l'abbé Moigno, avec des notes par M. Seguin aîné. 1 vol. in-8.   7 fr. 50

HÉGEL. Voy. page 4.

HUMBOLDT (G. de). **Essai sur les limites de l'action de l'État**, traduit de l'allemand, et précédé d'une Étude sur la vie et les travaux de l'auteur, par M. Chrétien, docteur en droit. 1867, in-18.   3 fr. 50

ISSAURAT **Les alarmes d'un père de famille**, suscitées, expliquées, justifiées et confirmées par lesdits faits et gestes de Mᵍʳ Dupanloup et autres. 1868, in-8.   8 fr.

ISSAURAT. **Moments perdus de Pierre-Jean**. Observations pensées, rêveries, antipolitiques, antimorales, antiphilosophiques, antimétaphysiques, anti tout ce qu'on voudra. 1868, 1 vol. in-18.   3 fr. 50

KANT. **Éléments métaphysiques de la doctrine du droit**, suivis d'un Essai philosophique sur la paix perpétuelle, traduits de l'allemand par M. Jules BARNI. 1854, 1 vol. in-8. 8 fr.

KANT. **Éléments métaphysiques de la doctrine de la vertu**, suivi d'un Traité de pédagogie, etc.; traduit de l'allemand par M. Jules BARNI, avec une Introduction analytique. 1855, 1 vol. in-8. 8 fr.

LAFONTAINE. **Mémoires d'un magnétiseur**. 1866, 2 vol. in-8. 7 fr.
    Avec le portrait de l'auteur. 8 fr.

LANGLOIS. **L'homme et la Révolution**. Huit études dédiées à P. J. Proudhon, 1867. 2 vol. in-18. 7 fr.

LEYDIG. **Traité d'histologie comparée de l'homme et des animaux**, traduit de l'allemand par M. le docteur Lahillonne. 1 fort vol. in-8 avec 200 figures dans le texte. 1866. 15 fr.

LIEBIG. **Le développement des idées dans les sciences naturelles**, études philosophiques. In-8. 1 fr. 25

LITTRÉ. **Auguste Comte et Stuart Mill**, suivi de *Stuart Mill et la philosophie positive*, par M. G. Wyrouboff. 1867, in-8 de 86 pages. 2 fr.

LONGET. **Mouvement circulaire de la matière dans les trois règnes**, tableaux de physiologie, avec fig. coloriées. 1866. 7 fr.

LONGET. **Traité de physiologie**, 1869, 3e édition. 3 vol. grand in-8. 34 fr.

LUBBOCK. **L'Homme avant l'histoire**, étudié d'après les monuments et les costumes retrouvés dans les différents pays de l'Europe, suivi d'une Description comparée des mœurs des sauvages modernes, traduit de l'anglais par M. Ed. BARBIER, avec 156 figures intercalées dans le texte. 1867, 1 beau vol. in-8°, prix, broché. . . . . 15 fr.
    Relié en demi-maroquin avec nerfs . . . . 18 fr.

MAREY. **Des mouvements dans les fonctions de la vie**, leçons faites au Collège de France. 1867, 1 vol. in-8, avec 150 figures dans le texte. 10 fr.

MARTIN-PASCHOUD. **Le Disciple de Jésus-Christ**. Revue du christianisme libéral, publiée sous la direction de J. MARTIN-PASCHOUD (30e année, 1868). Paraît le 1er et le 15 de chaque mois.
    — Les abonnements partent du 1er janvier ou du 1er juillet.
    Paris et départements.. Six mois, 6 fr. Un an, 10 fr.
    Étranger. . . . . — 7 fr. — 12 fr.

MENIÈRE. **Études médicales sur les poëtes latins**. 1858, 1 vol. in-8. 6 fr.

MENIÈRE. **Cicéron médecin**, étude médico-littéraire. 1862, 1 vol. in-18. 4 fr. 50

MENIÈRE. **Les Consultations de madame de Sévigné**, étude médico-littéraire. 1864, 1 vol. in-8. 3 fr.

MERVOYER. **Étude sur l'association des idées**. 1864, 1 vol. in-8. 6 fr.

MEUNIER (Victor). **La Science et les Savants.**
   1re année, 1864, 1 vol. in-18. 3 fr. 50
   2e année, 1865, 1er semestre, 1 vol. in-18. 3 fr. 50
   2e année, 1865, 2e semestre, 1 vol. in-18. 3 fr. 50
   3e année, 1866, 1 vol. in-18. 3 fr. 50
   4e année, 1867, 1 vol. in-18. 3 fr. 50

MILSAND. **Le Code et la liberté.** Liberté du mariage, liberté des testaments. 1865, in-8. 2 fr.

MIRON. **De la séparation du temporel et du spirituel.** 1866, in-8. 3 fr. 50

MORIN. **Du magnétisme et des sciences occultes.** 1860, 1 vol. in-8. 6 fr.

Notions d'anatomie et de physiologie générales.
   TAULE. *Notions sur la nature et les propriétés de la matière organisée.* 1866. 3 fr. 50
   ONIMUS. *De la théorie dynamique de la chaleur dans les sciences biologiques.* 1866. 3 fr.
   CLÉMENCEAU. *De la génération des éléments anatomiques*, précédé d'une introduction par M. le prof. Robin. 1867, 1 vol. in-8. 5 fr.

PILLON. **L'année philosophique.** Études critiques sur le mouvement des idées générales dans les divers ordres de connaissances, avec une introduction par M. Ch. Renouvier (1re année, 1867). 1 vol. in-8 de 600 pages. 6 fr.

POUGNET. **Hiérarchie et Décentralisation.** 1866, 1 vol. gr. in-8 de 160 pages. 3 fr.

Revue des Sociétés savantes, publiée sous les auspices du Ministre de l'instruction publique (partie scientifique), paraissant tous les mois par cahier de 4 à 5 feuilles. Prix de l'abonnement annuel. 9 fr.

RAMON DE LA SAGRA. **L'âme**, démonstration de sa réalité déduite de l'étude des effets du chloroforme et du curare sur l'économie animale. 1868, 1 vol. 2 fr. 50

ROBIN. **Journal de l'anatomie et de la physiologie** normales et pathologiques de l'homme et des animaux, dirigé par M. le professeur Ch. Robin (de l'Institut), paraissant tous les deux mois par livraison de 7 feuilles grand in-8, avec planches.
   Prix de l'abonnement, pour la France. 20 fr.
   — pour l'étranger. 24 fr.

SIÈREBOIS. **Autopsie de l'âme**, sa nature, ses modes, sa personnalité, sa durée. 1866. 1 vol. in-18. 2 fr. 50

SIÈREBOIS. **La Morale** fouillée dans ses fondements. Essai d'anthropodicée. 1867. 1 vol. in-8. 6 fr.

THULIÉ. **La folie et la loi.** 1867. 2ᵉ édit. 1 vol. in-8. 3 fr. 50
VIRCHOW. **Des trichines, à l'usage des médecins et des gens du monde,** traduit de l'allemand avec l'autorisation de l'auteur, par M. É. Onimus, élève des hôpitaux de Paris. 1864, in-8 de 55 pages et planche coloriée. 2 fr.
VULPIAN. **Leçons de physiologie générale et comparée du système nerveux,** faites au Muséum d'histoire naturelle, recueillies et rédigées par M. Ernest Brémond. 1 fort vol. in-8. Prix. 10 fr.
ZIMMERMANN. **De la solitude,** des causes qui en font naître le goût, de ses inconvénients, de ses avantages et de son influence sur les passions, l'imagination, l'esprit et le cœur ; traduit de l'allemand par M. Jourdan. Nouvelle édition. 1840, in-8. 3 fr. 50

LES MÉTAMORPHOSES

LES MŒURS ET LES INSTINCTS

DES INSECTES

PAR

ÉMILE BLANCHARD

Membre de l'Institut, professeur au Muséum d'histoire naturelle.

Un magnifique volume grand in-8, avec 200 fig., dessinées d'après nature, intercalées dans le texte, et 40 planches hors texte.

    Prix broché............ 30 fr.
    Relié en demi-maroquin...... 35 fr.

La compétence universellement reconnue de l'auteur, et consacrée par tant de travaux importants, donne à cet ouvrage un cachet d'exactitude scientifique qui lui assure une place dans la bibliothèque de tous les savants.

Mais il a été rédigé en même temps de manière à être accessible aux gens du monde et à leur dévoiler les détails si intéressants et si curieux découverts par la science moderne sur la vie et les transformations pleines d'étrangeté de la classe d'animaux la plus nombreuse dans la nature. C'est l'histoire d'un monde à part se renouvelant sans cesse autour de nous, dans lequel on trouve aussi une vie publique et privée, des luttes, des passions, des révolutions, qui se mêle à notre existence à tout instant, et dont le travail lent, mais continu, produit des résultats prodigieux.

HISTOIRE

DU

SECOND EMPIRE

PAR

TAXILE DELORD

TOME PREMIER

1 volume grand in-8°

Prix : 7 francs.

Les Tomes II et III paraîtront à intervalles rapprochés.

PARIS. — IMPRIMERIE DE E. MARTINET, RUE MIGNON, 2.

BIBLIOTHÈQUE D'HISTOIRE CONTEMPORAINE.

Volumes in-18 à 3 fr. 50 c.

CARLYLE. **Histoire de la Révolution française**, traduite de l'anglais. 3 vol.
    Tome Ier : LA BASTILLE.
    Tome II : LA CONSTITUTION.
    Tome III et dernier : LA GUILLOTINE.

VICTOR MEUNIER. **Science et Démocratie**, 2 vol.

JULES BARNI. **Histoire des idées morales et politiques en France au XVIIIe siècle**, 2 vol.
    Tome Ier (Introduction. — L'abbé de Saint-Pierre. — Montesquieu. — Voltaire).
    Tome II (Jean-Jacques Rousseau. — Diderot. — D'Alembert).

JULES BARNI. **Napoléon Ier et son historien M. Thiers.** 1 vol.

AUGUSTE LAUGEL. **Les États-Unis pendant la guerre** (1861-1865). SOUVENIRS PERSONNELS, 1 vol.

DE ROCHAU. **Histoire de la Restauration**, traduite de l'allemand par M. Rosenwald, 1 vol.

EUG. VÉRON. **Histoire de la Prusse** depuis la mort de Frédéric II jusqu'à la bataille de Sadowa, 1 vol.

HILLEBRAND. **La Prusse contemporaine et ses institutions**, 1 vol.

EUG. DESPOIS. **Le Vandalisme révolutionnaire**. Fondations littéraires, scientifiques et artistiques de la Convention, 1 vol.

THACKERAY. **Les quatre Georges**, traduit de l'anglais, par M. Le Foyer, précédé d'une Préface par M. Prévost-Paradol, 1 vol.

BAGEHOT. **La Constitution anglaise**, traduit de l'anglais, 1 vol.

EM. MONTÉGUT. **Les Pays-Bas**, impressions de voyage et d'art, 1 vol.

VOLUMES IN-8.

SIR G. CORNEWALL LEWIS (chancelier de l'échiquier sous le ministère Palmerston). **Histoire gouvernementale de l'Angleterre** depuis 1770 jusqu'à 1830, traduite de l'anglais et précédée de la vie de l'auteur par M. Mervoyer, 1 vol.   7 fr.

TAXILE DELORD. **Histoire du second Empire** (1848-1869). Tome Ier (5e édition), 1 fort vol. in-8.   7 fr.

DE SYBEL (membre du parlement de l'Allemagne du Nord). **Histoire de l'Europe pendant la Révolution française**, t. Ier, 1 fort vol. in-8.   7 fr

AUGUSTE LAUGEL. **L'Angleterre contemporaine.** (*Sous presse.*)

PARIS. — IMPRIMERIE DE E. MARTINET, RUE MIGNON, 2.

www.ingramcontent.com/pod-product-compliance
Lightning Source LLC
Chambersburg PA
CBHW050423170426
43201CB00008B/519